雪のサンタ・マリア（日本二十六聖人記念館所蔵）

司祭に告解をするキリシタン
（南蛮屏風図より，南蛮文化館所蔵）

ミサを挙げる司祭
（南蛮屏風より，神戸市立博物館所蔵）

日本歴史叢書 新装版

キリシタンの文化

五野井隆史〔著〕

日本歴史学会編集
吉川弘文館

目次

口絵

挿図

挿　表

はじめに

キリシタンの文化は、その中核をなすキリスト教とその思想、およびキリスト教の宣教活動を通じて日本にもたらされ移植された宗教色の濃いヨーロッパ文化を指す。キリシタンの文化の荷担者・媒介者はキリスト教を宣《の》べ伝えた宣教師であり、彼らはポルトガル、スペイン、イタリア出身の南欧人いわゆる南蛮人であった。

キリシタンの文化は、長崎出島のオランダ人によってもたらされた、いわゆる紅毛《こうもう》文化に対比されて南蛮《なんばん》文化とも言われる。寛永の鎖国以前ほぼ一世紀にわたって来航したポルトガル船が南蛮船と言われ、その乗組員や商人が南蛮人と称されたこと、またポルトガル人に遅れて五〇年後に来日したスペイン商人や船員もまた南蛮人と言われたことから、一般には南蛮キリシタン文化とも呼称される。宣教師以外の世俗の南蛮人に由来した南蛮風俗や、彼らが伝えた造船技術や航海術、あるいは火器・火薬の製造法などの実学もまた南蛮文化の範疇《はんちゅう》に入る。

キリシタン文化全体についての最初の著述、新村出《しんむらいずる》『日本吉利支丹文化史』（地人書館）が刊行されたのは昭和十六年（一九四一）のことで、すでに七〇年前のことである。同書では、「吉利支丹の文化事業」において教育、活字印刷機の伝来、芸術、慈善事業について言及され、「吉利支丹版」ではキリシタン版についての解題がなされ、特に語学書について述べられる。同書の中核をなす「吉利支丹文学」では、室町末期の天文《てんぶん》末年から徳川初期の寛永年間に至る日本文学の沈滞期に南蛮人天主《てんしゅ》教徒によって伝えられた西洋文学並びにその翻訳、それによって新たに創作された宗教文学を吉利支丹文学と規定した上で、吉利支丹宗教文学と、宗教文学以外の教外文学である西洋古典を含む西洋文学、ヨーロッパ人宣教師が日本語習得のために利用した日本文学、さらに古逸《こいつ》吉利支丹小説について展開する。「吉利支丹学術の伝来とその研究」では、宣教師の日本語研究のための日本文典と辞書の編纂に注目し、天文《てんもん》暦学、医学、博物学、地理学、兵器・兵術、さらに南蛮学の実用として造船、航海術、採鉱、冶金《やきん》等に及んでいる。同書によってキリシタン文化研究の骨格が与えられた、と言える。

昭和三十三年（一九五八）に刊行された海老沢有道《えびさわありみち》『南蛮文化』（至文堂）は、戦地から戻られた著者が昭和二十三年に著した『キリシタン文化概説』（青年評論社）の構成を若干変更して増補修正したものである。序篇の「近世日本の萌芽」、「イエズス会の近世的性格」では、ポルトガル貿易による地理的世界的視野の拡大と共に、キリシタン宗門が人間観・世界観という思想性を直接もたらしたとし、世界的視野の展開は全人類的意義、哲学的そして科学的世界観によって基礎づけられたこと、キリシタン宗門の急速な発展はその思想・文化・科学的活動がなお意識下にあった時代意識・庶民層の欲求に応じるところがあったためである、と指摘する。本篇の九節では、「キリシタンの社会事業」、「キリシタンの矯風《きようふう》活動」、「キリシタンの教育事業」、「キリシタン文学」、「キリシタン美術」、「キリシタン科学」、および「近代的思想の成長」について扱われる。新村出の前著に比べキリシタン文化全般について言及され、特にキリスト教思想および倫理に基づくキリスト教的人間観、世界観の展開・実践という視点が基調となっている。

岡田章雄《おかだあきお》「南蛮キリシタン文化」（『日本歴史大系3　近世』山川出版社、一九八八年）は小論であるが、「天文・地理学と航海術」、「火術・医術・採鉱冶金」を技術中心の文明という観点から、イエズス会宣教師の果たした役割とポルトガル人・スペイン人によるヨーロッパ技術の導入について述べている。「生活文化への影響」、「南蛮キリシタン文化」と「キリシタンの信仰と風俗」のうち、後者二項目では精神的側面を中心としたキリシタン文化について略述している。

キリシタン史研究は一九六〇〜七〇年以降著しい進展を遂げ、原文史料に基づく研究と同時に原文史料の翻訳・紹介が多くなされた。またキリシタン版の翻字・翻訳が一段と進み、キリシタン史各分野において豊富な研究成果が蓄積されてきた。そうした成果に基づいた新しい「キリシタンの文化」が書かれる時期が訪れ、その条件も十分に整ったかと言えるようである。

日本におけるキリスト教の歴史は、周知のように前近代における徳川幕府による禁教迫害政策によって苦難の道を辿り、キリシタンは二五〇年ものあいだ潜伏を余儀なくされ、開国を機にして復活の緒《いとぐち》を見出すことができた。

著者は、フランシスコ・ザビエルの宣教に始まるキリシタンの文化を、人間の一生に照らして叙述することができないかと長いこと考えてきた。試みにキリスト教の信者であるキリシタンの信仰の始まりとその生活、医療・救貧活動をキリシタン文化の揺籃《ようらん》期と見、キリシタンの学校設立によって始まった教育、教科書作成のための活字印刷機導入と、その成果としてのキリシタン版の印刷、教会音楽や絵画・工芸品の製作を成長期・青年期、キリシタンの信仰共同体である慈悲の組や信心会の活動を壮年期、キリシタンの葬礼と墓碑および潜伏キリシタンの信仰生活を老齢期（死期）になぞらえて把握できないものかと考え、そのことを意識しつつ本書を組み立てた。かなり無理な構成であることは承知の上である。

本書の執筆を依頼されてからすでに二〇年が経ち、日本歴史学会と吉川弘文館には多大なご迷惑をおかけした。怠慢を愧《はじ》るばかりである。

二〇一二年四月十九日

五野井隆史

第一　日本に伝えられたキリスト教とキリシタン信仰の形成

一五七〇年（元亀元）に来日した日本イエズス会布教長フランシスコ・カブラルは、翌年九月に上洛した後、一五七三年九月にも肥前《ひぜん》（長崎）口之津《くちのつ》を発って豊後《ぶんご》（大分）府内《ふない》および博多《はかた》（福岡）を経由して上洛する途次、山口に三ヶ月間滞留した。ザビエルが山口を去ってから二二年、前布教長コスメ・デ・トルレスが同地を出てから一七年後である。その滞留中にザビエルから洗礼を授かった古キリシタン数名が彼を訪れた。ザビエル、トルレス時代のキリシタンで針櫛《はりくし》を行商するマテウスから九年前に石見国《いわみ》（島根）のある旅籠《はたご》でキリスト教に導かれたという者もカブラルを訪ねて来て正式に洗礼を授かった。この者が語るには、マテウスはキリシタンたちが守っているデウスの戒《いまし》めがいくつかあるが、自分が知っているのは、「あなた方がなすべき事は、あなた方が悪いと思うことは行なわず、善しと考えることを行なうことであって、これがすべてである」（『大日本史料』十之十九）というものであった。

マテウスはザビエルが説いていたキリスト教の教えの核心を直感的に感じ取って、それを宣《の》べ伝えていたようである。ザビエルが説いたキリスト教の教えの根幹となったのは「二十九ヶ条の教理」であり、主日《しゅじつ》（日曜日）や祝日のミサでは『聖書』の福音書《ふくいんしょ》などが数節朗読され、これについての解説と説教がなされた。ザビエルの教理は一五五六年（弘治《こうじ》二）に来日したイエズス会インド管区副管区長メルシオール・ヌーネス・バレトによって改訂され、その指導下にバルタザール・ガーゴ神父が新たに「二十五ヶ条の教理書」を編集した。一五六八年（永禄《えいろく》十一）には同会のマルコス・ジョルジェ編纂（一五六六年）の子供を対象にした対話式の教理書がもたらされ、日本の事情に合わせて修正・改訂された。これは「日本のドチリナ」と称され、書写されて広く流布していたが、一五九〇年（天正《てんしょう》十八）にポルトガルから活字印刷機が持って来られると、翌年、肥前加津佐《かづさ》で印刷に付された。いわゆる、国字本『どちりいな・きりしたん』である。キリシタンたちの信仰はこうした教理書に導かれてその骨格が形づくられ、さらに修養書『コンテンツス・ムンヂ』（『デ・イミタティオ・クリスティ De Imitatione Christi』）によって深められて豊かになり、『聖人伝』によって彼らの信仰はさらに高められて堅固なものとなった。

一　キリシタンの教理

二十九ヶ条の教理　キリスト教が一五四九年（天文《てんぶん》十八）に伝えられて以降、キリシタンたちの信仰を形づくり、その糧となったのが教理および教理書である。宣教師たちが携帯した『聖書』は印刷

図1　キリシタン教理を説く司祭
（南蛮屏風図より，南蛮文化館所蔵）

されず、司祭（パードレ・神父）はこれを占有してミサにおいて朗読し、これに関する説教がなされたに過ぎなかったから、キリシタンたちが直接ラテン語の『聖書』に触れることはなかったし、日本語に翻訳されて彼らに配布されることもなかった。宣教師を補佐して教理を教え説いていたカテキスタ（伝道士、のち一五七九年ころからは「同宿《どうじゅく》」と称された）もそれを読むことはなかったであろう。ただし、降誕祭《こうたんさい》（クリスマス）や復活祭には、『聖書』の中の物語が一部日本語に翻訳されて朗読され（一五五二年、山口）、またミステリョ劇（聖劇）として演じられた（一五六〇年、府内）。したがって、基本的には教理および教理書がキリシタンたちのキリスト教信仰の形成にもっとも大きな役割を担ったことになる。

その教理が一つのまとまった形をとって印刷され、キリシタンたちの間に広く行きわたるまでにはザビエルの「教理」から四〇年以上の歳月を要した。一五九一年（天正十九）に印刷された前記教理書『どちりいな・きりしたん』は一六〇〇年（慶長五）に『どちりな・きりしたん』として再版されたが、キリシタン大名高山右近《たかやまうこん》旧領地、摂津（大阪）茨木《いばらき》の潜伏キリシタンに大正年間まで伝存した教理書は一五九一年版の書写本であった。こうした書写本の存在は、二回の印刷にもかかわらず、印刷本のみでキリシタン全体の需要を満たしえなかったことを示している。

ザビエルが自ら編集した「ドチリナ・キリシタン」（短いカテキスモ）、通称「二十九ヶ条の教理」は、鹿児島で彼を同地に導いたパウロ・アンジローの助けを得て日本語に翻訳され、のち山口において漢字に改められたとされる。この教理書はリスボンのインド商館商務官でインドに関する著述『アジア史』を執筆したジョアン・デ・バロスが作成した「教理」をザビエルが若干改訂し、これに一一ヶ条（以下＊で記す）を追加したものである。

その箇条は、「二　使徒信経」、「三＊　信仰の宣言」、「四　主の祈り」、「五　天使祝詞」、「六　デウス（神）の十戒」、「一一＊　聖母への願い」、「一二　教会の戒め（掟《おきて》）」、「一三　元后《げんこう》あわれみ深き御母」、「一四　告白の祈り」、「一五　七つの大罪」、「一六＊　七つの倫理徳」、「一七　三つの対神徳」、「一八　四つの枢要徳」、「一九　七つの身体的慈善の業」、「二〇　七つの霊的慈善の業」、「二七＊　聖母への祈り」、「二八＊　聖ミゲル（ミカエル）への祈り」、「二九　食前の祈り」等からなる。

これらの各箇条は一五九一年に印刷された教理書に受け継がれ、肉付けされてさらに内容が豊かになる。なお、使徒信経（クレド）、主の祈り（パーテル・ノステル Pater Noster）、天使祝詞（ガラサ）、デウスの十戒《じっかい》は、「四つの祈り」として特に重視されたが、使徒信経 Credo はもっとも古い教理の規準、すなわち信仰箇条であり、キリシタンたちはこれをケレドと称して信仰を告白・表明した。また彼らの生活を厳しく律した教えが「神の十戒」であった。

二十五ヶ条の教理　ザビエルの「教理」は一五五六年に改訂された。ヌーネス・バレトは、一五五二年に来日して日本の事情に通じ仏教用語を多く用いていた従来の教理説明の誤りを五〇語以上訂正していたガーゴ神父を指導して「二十五ヶ条の教理書」を編集させた。ヌーネス・バレトは日本人の改宗に至る道筋を、インド・コーチンからの書翰で次のように述べている。

　最初に日本人たちの〔信じている〕諸宗派の誤りと悪魔の虚偽を彼らに提示し、彼らが過誤を犯していることを十分に理解したのちに、デウス（神）の存在などを彼らに証明する。こうした本質的な事象を教えてから、デウスの御子《おんこ》（キリスト）の託身と、それが何故必要であるか、また私たちの聖信仰と至聖なる三位《さんみ》一体《いったい》の神秘性を認知させる。彼らが信じるに至ったときに洗礼を授ける（一五五八年一月一日付）。（〔　〕内は訳者の補足）

一五六三年（永禄六）に来日し、その二年後に上京して畿内《きない》地方の宣教活動に従事していたルイス・フロイス神父は、日本語に翻訳されていたこの教理書を用いた。彼が一五六八年十月四日付の書翰で、日本人の改宗について概括的に述べていることは、ヌーネス・バレトが前記書翰で報じていることにほぼ一致する。この教理書は一五七〇年ころまで使用された。

フロイスが教理説教のために作成した草稿の一部が残っている。教理の説明と説教は一週間くらい継続して行なわれたようであるが、その草稿は第三日と四日目（後半の第二～四章は第五日目の可能性がある）の内容である。第三日目には、「第一章、人間の創造について」、「第二章、霊魂について」、「第三章、霊魂の不滅」、第四日目には、「第一章、アダムの家族の始まりについて」、「[第二章、天使の能力・資質?」（前欠）」、「第三章、天使たちの堕落について」、「第四章、偶像崇拝について」である。フロイスは天使の堕落に関して日本の天狗に当たるデモニオ demonio（悪魔）について述べ、偶像崇拝のカミス camis・ホトケの説明には多弁である。

日本のドチリナ　前記ジョルジェ編集の問答体の教理書は、一五七〇年に新布教長カブラルが天草《あまくさ》島志岐《しき》で開催した宣教師会議において採用され、一般成人用に改編された。これは前述したように「日本のドチリナ」と称されてその写本は広く流布した。活字印刷機が将来されると、イエズス会は禁教令下にあったキリシタン教界が渇望していた出版物の印刷を急ぎ、キリシタンたちの信仰を堅める必要から彼らの間に流布していた対話式の教理書出版に着手した。

国字本『どちりいな・きりしたん』の出版に続いて、翌一五九二年（文禄元）にローマ字本『ドチリナ・キリシタン』が刊行され、一六〇〇年（慶長五）にはこれらの国字本・ローマ字本は共に再版された。一五九二年刊行のローマ字本の巻末には、「諸々のキリシタン知るべき条々の事」一〇ヶ条が付載されているが、他の三本では割愛している。また一五九一・九二年版の二本の末尾にある「食前のオラショ（祈り）」と「食後のオラショ」は一六〇〇年刊行の二本にはない。一六〇〇年版では、「第四　アベ　マリヤの事」の中に、新たに「たつときビルゼン（童貞）マリヤのロザイロとて百五十ぺんのオラショの事」、「御よろこびのくはんねん（観念）五かでうの事」、「かなしみのくはんねん五かでうの事」、「ゴラウリャ（グロリア）のくはんねん五かでうの事」――後者三項はロザリオの十五玄義《げんぎ》を指す――、「コロハ coroa（冠）のオラショの事」が挿入されている。これは、マリア信仰の高まりに加えて、フランシスコ会の来日に伴う新たな宣教状況に対応したものとされる（海老沢有道『キリシタン教理書』）。

NIPPONNOIESVS
no Companhia no Superior
yori Christan ni sŏtŏ no cotouari uo tagaino
mondô no gotoqu xidai uo vacachi tamŏ
DOCTRINA.

EGOSVMVIA,ETVERITAS,ETVITA

IESVS NO COMPANHIA NO COLLE-
gio Amacusa ni voite Superiores no von yuru
xi uo cŏmuri,core uo fan to nasu mono na
ri. Toqini go xuxxe no NENQI. 1592.

図2『ドチリナ・キリシタン』の表紙（地球をもつキリスト，財団法人東洋文庫所蔵）

なお、一六〇〇年版では、天正《てんしょう》遣欧使節の副使で帰国後にイエズス会に入会したイルマン（修道士）原マルティーニョが訳語の改変・文章の調整に関わった、と天正使節をローマに引率したディオゴ・メスキータ神父は指摘している。

教理書と信・望・愛　教理書『どちりいな・きりしたん』の眼目は、その序文に見られる。

御主《おんあるじ》ぜずきりしと御在世の間、御弟子達に教えをき玉ふ内に、とり分教へ玉ふ事は、汝等に教へけるごとく、一切人間に後生《ごしょう》を扶《たす》かる道の真《まこと》のおきてをひろめよとの御事也。是即がく者達の宣《のたま》ふごとく、三の事にきはまる也。

後生、すなわち、来世に救いを得るための掟は三つであると極言している。

一つは信じること。神デウスを信じることである。これは「ひいです fides（信仰）の善にあたり、人間の分別の及ばない事である。これらの事を弁《わきま》えなければ、後生のみちに迷う事が多い」。二つは頼もしく思うこと。神による救いを信頼することである。これは「ゑすぺらんさ esperança（希望）の善にあたる事であり、でうすがきりしたんに与える約束の事である。この儀を知らなければ難儀にあう時には頼む所がないと思って心を失うことになり、あにま（霊魂）に大きな障りである」とする。三つには身持ちを以ってつとめること。これは愛の実践であり、「かりたあて caridade（愛）の善にあたり、この事を心得なければ、でうすの掟にそむくことが度々ある」という。キリシタンの教えとして三つの善がキリシタンの後生のために不可欠であるとされた。

序文ではさらに続けて、「肝要なる所を選び取って版にちりばめ（印刷し）、迷いを照らす鏡となす。しかれば、後生のために専らなることをきりしたんに教えるために小さき経にそなへ（入れ）、これを名付けて、どちりいなきりしたんといふ。是すなわちきりしたんの教へといふ心也」と言い切る。三つの善とは「信・望・愛」の徳であり、神デウスの根本的な教えであると同時に、後生すなわち来世での扶かり・救いを得る道理である。この三つの善徳は、ザビエルの教理でいう「三つの対神徳（信徳・望徳・愛徳）」に当たる。この三つの善徳については、教理書『どちりいな・きりしたん』の本論「第三　ぱあてる―なうすてるの事」で再び言及される。

弟〔子〕　正しく信じ、よく頼み奉り、又身持をよく修むる為には、此三様の事より外に、別の肝要なる儀有りや。

師〔匠〕　中々、肝要なる儀あり。是即そうべれなつらる sobrenatural（超自然）のだうねす dones（賜物）とて、でうすより直に与へ玉ふ三の善也。正しく信ずる為には、ゐすぺらんさ、身持をよく修むる為には、ぱあてる―なうすてる（パーテル・ノステル）のおらしょを知る事、肝要なる儀なれば、今教ゆべし。

さらに「第十二（十二）　此外きりしたんにあたる肝要の条々」においても、「てよろがる theological（神的）のびるつです virtudes（徳）三あり。一にはひいです。二にはゐすぺらんさ。三にはかりだあで、是也」と、三たび言及されている。

御大切と隣人愛　一六〇〇年の改訂版では、「てよろがれすのびるつうですといふ三の善あり。一には、ひいですとてD（でうす）の御をしへをまことにしんじ奉る善なり。二には、ゐすぺらんさとて後生のたすかるべき事をたのもしく思ひ奉る善也。三には、かりだあでとてばんじにこえてDを御大切にぞんじ奉りぽろしもproximo（隣人）をもDにたいし奉りて大切に思ふ善これなり。」とあり、一五九一年版に比べ、説明は詳しくなっているが、ザビエルの教理における「一七　対神徳は三つです。第一は信徳、第二は望徳、第三は愛徳です。」が、これに当たることは前述した。神デウスを信じること、神による救いを望むこと、御大切すなわち愛を実践すること、これがすべてであった。特にキリストの人性に現れた神の愛、御大切が強調され、隣人に対する御大切、すなわちデウスに対すると同じ隣人愛が一段と強く説かれている。

「第七　でうすの御掟の十のまんだめんとmandamento（戒め）の事」において、その結論として「十ヶ条のまんだめんと」は「二つに極まる」。一には、「［ただ御一体のでうすを］万事にこえて、御大切に思ひ奉ること。二には、わが身を思ふごとく、ぽろしもを大切に思ふ事。」とあり、さらに次のような問答がなされる。

弟　ぽろしもをわが身のごとく、何と様に思ふべきや。

師　でうすの御掟に随て、わが身の為に望むほどのよき事を、ぽろしもに対しても望むべき者也。

これは、冒頭に述べた山口の針櫛行商人マテウスが宣べ伝えていたことに一致する。この隣人愛は「第三章一」（六十八頁）で後述するように、「慈悲の所作」の実践を通して実行されるものであった。

なお、信仰の書とも言うべきものに一五九八年（慶長三）に印刷された『サルバトール・ムンヂ』の表題をもつ一書がある。内容的には、扉表紙裏の書名「Confessionarum（告解《こっかい》）」から『告解手引書』となるべきものである。第一章から三章では、告解の秘跡の意義とそれに与る心得を説き、第四・五章では、一から一〇までのマンダメントス（十戒）、第六章では、七つのもるたる科《とが》（大罪）と良心の糺明《きゅうめい》、第七章では、「善作に日を送るべき為に保べき条々」すなわち守るべき祈り（食前・食後の祈り）を捧げ、でうすのがらさ（神の恩寵《おんちょう》）を乞うように勧める。

「御出生《しゅっしょう》以来千六百三歳　慶長八年四月下旬　こんちりさんのりやく」の題をもつ写本の原本は伝わっていないが、この「コンチリサン contrição（痛悔《つうかい》）」の祈りがキリシタンの間で広く唱えられたことは、潜伏キリシタンに多く伝存されてきた事実から推知される。この写本は、一八六九年（明治二）にパリ外国宣教会のプチジャン神父によって『胡无血利佐無の略』として印刷された。

一五九三年ころに天草《あまくさ》で出版されたとされる『ばうちずもの授けやう』、別名『病者を扶くる心得』（いずれも仮題）は、本文が「ばうちずもの授けやうとびようじゃ（病者）にへにてんしゃ penitencia（悔悛《かいしゅん》）をすすむるけうけ（教化）の事」をもって始まり、九章からなる。司祭の不足・不在のためにキリシタンが病人に洗礼を授け、終油《しゅうゆ》の秘跡を行なう方法、病人の告解のための準備、あるいは完全な痛悔を起こすために彼らを扶助する方法、囚人（罪人）の教化などについて書き及んでいる。キリシタンたちの信仰の深まり、あるいはキリシタン教界の増加と、それに応じきれない少数の司祭の問題、そして禁教下の厳しい状況が、教理書『どちりな・きりしたん』以外の祈禱書《きとうしょ》や関連の教書の紹介と創出を促したようである。

二　修養書『コンテンツス・ムンヂ』とキリシタン

「新しい信心」運動と『霊操《れいそう》』

キリシタンたちの信仰の骨格を形づくった教理書『どちりな（どちりいな）・きりしたん』に加えて、彼らの信仰を豊かに育みこれを深める役割を担ったのが、『デ・イミタティオ・クルスティ』（『キリストの倣《まね》び』）である。同書は、十四世紀末にネーデルランドに始まったキリスト教革新運動の一つ、「新しい信心 Devotio moderna」運動の精神的拠り所となった書物であり、『聖書』からの引用が多いこともあって、ヨーロッパ中世世界では『聖書』についで広範囲に愛読されたといわれる。

イベリア半島を含む南ヨーロッパでは、書名『De Imitatione Christi et Contemptus omunium vanitatem mundi』の後半の文言をとって、『Contemptus Mundi』（『世の軽視（すべての世俗的虚栄を蔑《べっ》視《し》）』）と呼称された。本書には「新しい信心」運動の霊性の特色が見られるとされる。この霊性刷新運動は、十三、四世紀に主流であったスコラ哲学の影響下に思弁的で観念的となっていた「古い信仰」に対する反省の下に、キリストの神性よりも人性（人間性）を評価しキリストの人性をその信仰の中心に据える。この世におけるキリストの生涯について黙想しながら、キリストの人間的な徳を自分の模範にしようと努め、キリストに倣《なら》おうとするものであった。アシジの聖フランシスコがキリストを倣《ま》ねた信仰生活の在り方が「新しい信心」運動の原点とされ、その運動は十五世紀にはドイツ、ベルギー、スペイン、イタリアに浸透した。

イエズス会は、その成立当初から「新しい信心」運動と『デ・イミタティオ・クリスティ』（後『デ・イミタティオ』と略記）に強い影響を受けた。同会の創始者イグナティウス・デ・ロヨラは宗教的回心ののち聖地エルサレムへの巡礼を決意し、先ずスペイン国内の巡礼地モンセラートを訪れて、同地のベネディクト修道院の礼拝堂で霊的戦士として生きることを誓った。彼が同地に近いマンレサでの修業とカルドネ河畔における神秘的経験、霊的書物からの強い影響を受けて執筆したのが『霊操』である。彼は特に二つの書物から強い影響を受けた。モンセラートのベネディクト修道院はスペインにおける「新しい信心」運動の中心の一つであって、ロヨラはここでトレドの大司教でアルカラ大学の創設者であるヒメネス・デ・シスネーロスがスペイン語に訳した『デ・イミタティオ』を親しく読んだ。他の書物は、同修道院長ガラシア・デ・シスネーロスの著書『霊的信心の精神 Ejercitario de la vida espiritual』である。同書は「新しい信心」運動の精神に則《のっと》って『デ・イミタティオ』を典拠にして、修道者と巡礼者のための瞑想の手引書として書かれた。巡礼者ロヨラは、モンセラートの修道院でシスネーロスの手引書によって黙想の指導を受けたことで、「新しい信心」運動の精神に触発され、『霊操』を執筆するに至った。「新しい信心」運動と上記書物がロヨラの『霊操』を生み出す契機になった。ロヨラのこの「新しい信心」運動の精神は、ザビエルによって日本に伝えられることになる。

日本への伝来と邦訳　イエズス会は同会会員に『霊操』に基づいた修業を義務付けていたため、会員には『霊操』と共に『デ・イミタティオ』すなわち『コンテンツス・ムンヂ』が必携の書物であったことが推測される。一五五四年ゴアを発って日本に向かったヌーネス・バレトは、その携帯品目録によれば、自ら『コンテンツス・ムンヂ』と『トマス・ダ・ケンピスの作品』各一冊を携行し、同行のガスパール・ヴィレラ神父は『ジェルソン』一冊、当時まだイルマンであったルイス・フロイスも『ジェルソン』一冊を携行していた。イエズス会のヨゼフ・ヴィッキによれば、『トマス・ダ・ケンピスの作品』も『ジェルソン』も『デ・イミタティオ』を指す。文書の上では確認されないが、ロヨラの薫陶《くんとう》を親しく受け、『霊操』の指導を受けたザビエルが同書を携えて来日したことは否定できない。

一五五〇年代に日本に数冊もたらされていた『コンテンツス・ムンヂ』の翻訳は早くより着手され、その部分訳の写本は武士層や医師、元仏僧などの有識層に流布していたようである。河内（大阪）三《さん》箇《が》の国人領主三箇《さんが》頼照《よりてる》サンチョが一五六七年（永禄十）に「霊的書物」に傾倒し、それまでに日本語に訳された多くの書物を書き写してきた、とフロイスは伝える（同年七月八日付書翰）。この邦訳された「霊的書物」の中に『コンテンツス・ムンヂ』が含まれていたことが予測される。ヌーネス・バレトらが携帯して来日してからすでに一〇年以上が経っていたことからすれば、同書の一部が翻訳されて写本で流布していたと見るのが自然である。

印刷・出版　一五八二年（天正十）二月十五日付で作成された『一五八一年度イエズス会日本年報』によると、前年十二月二十四日に豊後臼杵《うすき》に開設されたノビシアド Noviciado, Casa de provação（修練院）のために『コンテンツス・ムンヂ』が翻訳された。これは同書が完訳されたことを意味するのであろう。一五八二年二月に長崎を出発した天正遣欧使節は、教皇グレゴリウス十三世薨去《こうきょ》後の一五八五年五月に新教皇シクストゥス五世に謁見し、その折、邦訳『コンテンツス・ムンヂ』の読者のために免償《めんしょう》（贖宥《しょくゆう》）を与えられた。

　ご出生《しゅっしょう》以来一五八五年目に、パッパ　シストより日本のコンパニャ（イエズス会）のパデレ懇望《こんもう》によって授け給う御功力の事。誰にてもあれ、この経のうち一ヶ条を読む度ごとに十年のインヅルゼンシャ（免償）を蒙《こうむ》るものなり。ベアティシマ・マリア　尊とまれたまえ（海老沢有道『キリシタン南蛮文学入門』）。

これは、オックスフォード大学ボードレアン文庫に所蔵される、天草刊、ローマ字本『コンテンツス・ムンヂ』（一五九六年刊）の表紙に続く遊び紙裏にある旧蔵者のローマ字のメモである。同書は当時未刊であり、使節一行が携行した翻訳稿本に免償を授かったのか、あるいは近い将来に出版が予定されている同書に免償が与えられたのか、明確でない。

同書の印刷は、活字印刷機の将来される以前に計画されていた。大坂で宣教に従事していたイタリア人パードレ、アントニオ・プレネスティーノは、「私たちがすでに他の作品と一緒に日本語にしたジェルソン、……またコンテンツス・ムンヂも日本人たちが読むためにまもなく印刷される予定である。」（一五八七年十月十日付書翰）と報じる。同書翰は、細川忠興《ほそかわただおき》夫人（玉子・ガラシア）がこの書を愛読し侍女たちに読み聞かせている、と伝える。一五八七年ないし翌年には国字本を木活字で印刷する計画があったようであるが、一五八七年七月筑前博多で伴天連《ばてれん》追放令が発令されたために、同書の出版計画は頓挫したのであろう。フロイスは著述『日本史』で、細川ガラシアは洗礼を受ける前に大坂の教会の司祭から日本語に翻訳された『コンテンツス・ムンヂ』を贈られてこれを愛読し、祝祭日には侍女たちに読み聞かせた、と報じる。

読者層の拡大　天草で一五九六年に印刷されたローマ字本 letra latina y lengua japonia『コンテンツス・ムンヂ』は二本現存する。前述のオックスフォード大学ボードレアン文庫蔵本は初版、他の一本はミラノのアンブロジアーナ図書館が所蔵し、これは改訂版とされる。ガブリエル・マトス神父作成の「一六〇三年度日本年報」は、「本年（一六〇二年）、日本人たちが好み大いに活用しているコンテンツス・ムンヂが日本の言葉と文字で em lingua, e letra de japão　印刷された」（一六〇三年一月一日付）と報じる。イエズス会が長崎内町《うちまち》の年寄で主要なキリシタンの後藤宗印《ごとうそういん》トメに委嘱して出版したものとされるが、未確認である。しかし、これに拠ると思われるのが一六一〇年に京都において木活字で em taboas 印刷された国字本『こんてむつすむん地』である。これは「都の原田アントニオ Farada Antonio の印刷所」の記銘をもち、裏表紙には「世をいとひイエズス・キリストをまなび奉るの経」の副題がある。メスキータ神父は、木版での日本の文字を使用した印刷については不完全であるとの批判がイエズス会内部にあったが、多数の「コンテンツス・ムンヂ」を売るために都で印刷することはキリシタン教界のために大きな助けとなるとの認識であった（一六一三年十二月二日付、長崎発書翰）。

国字本『こんてむつすむん地』は一般のキリシタンを対象にしたため、司祭や修道者に関わる章が割愛され、ローマ字本（一一九章）のほぼ半分（六八章）に省略された。文章もローマ字本よりも平易になって読みやすく流暢でこなれた日本語になっているのは、原マルティーニョ神父が改訂作業に関与した結果であって、優美さを添えて一層日本人の気に入るものになった、とメスキータは評価する。ローマ字本では漢語の多い硬い文章であるが、これを和らげ、本質的に必要でない外語や仏教語の使用を避けて、一般的に分かりやすい文章とすることに努めた、との指摘がある（柊《ひいらぎ》源一『吉利支丹文学論』）。文章が平易にされたのは、女性や一般庶民のキリシタンが読むことができるように配慮されたためである。同書の需要は多く、メスキータは一六一三年十二月二日の時点で、「私たちの印刷所で毎日一三〇〇丁が刷り出されて、現在、一三〇〇部が印刷されている」と報じる。しかし、その二ヶ月後の一六一四年一月（慶長十八年十二月）に全国的な禁教令が発令されたために、印刷済みの一三〇〇部が製本されて全国のキリシタンたちに頒布されたか否かについては定かでない。同書がかなり多数のキリシタンに読まれていたことは確かである。読者層の大半は武士や富裕な市民、庄屋層を含む有力農民からなる有識者のキリシタンであり、彼らを通じて一般のキリシタンたちに朗読され読み説かれたようである。一六〇二年に薩摩で死去した前八代城代小西美作《こにしみまさか》（行重《ゆきしげ》）ディオゴは『コンテンツス・ムンヂ』を愛読し、その息子ディオゴもまたこれを手放すことはなかった（マトス年報）。

本書の内容は、ラテン語原文では「巻一　霊的生活に有益な訓戒」、「巻二　内的生活に関する訓戒」、「巻三　内的な慰めについて」、「巻四　祭壇の秘跡」となっている。霊的生活の発達段階は、五、六世紀にプソイド・デオリジオによって、浄化の道、照明の道、一致の道の三段階に分けられ、中世全体にこの分類が守られてきたとされ、神と一致するためにまず第一の段階で、罪や汚れから浄化されなければならず、次に第二段階で、聖霊の照らしを受けて暗い困難な道を歩み諸徳を身に付けなければならないとされ、各修道会はこの三分法を基本的に守って、神との神秘的一致をめざした、とされる（門脇佳吉《かどわきかきち》『霊操』）。本書と霊的生活の発達段階との関わりについて言えば、巻一は浄化の書、巻二は照明の書、巻三は神との一致の書、巻四は聖体拝領についての勧告の書ということになり、そのための心の準備および拝領により与えられる恩寵について述べたものである（『吉利支丹文学集』上）。

三　『聖人伝』と殉教《じゅんきょう》のための教育

時宜を得た出版　国字本『どちりいな・きりしたん』が印刷された一五九一年に、大部の出版物が印刷された。聖人伝『サントスの御作業の内抜書《うちぬきがき》』である。あたかも活字印刷機の到着を待っていたかのような時宜を得た出版物であった。それは、天正遣欧使節が帰国する三年前に伴天連追放令が発令されて、イエズス会の宣教師は潜伏活動を余儀なくされ、キリシタン教界の大旦那高山右近が改易《かいえき》されて知行《ちぎょう》を失い、キリシタン大名の多くが信仰を否定して領民のキリシタンに棄教《ききょう》を強いる最悪の状況に追い込まれていたからである。豊後の大友領では、一五八九年七月に二つの殉教《じゅんきょう》事件があって指導的キリシタン二人を含む六人が処刑されていたため、「聖人伝」の出版が急がれ、待望されていた。

「聖人伝」は初期教会時代のエルサレムやローマで殉教死した者たちの殉教伝が大部分を占め、いわば「殉教伝」そのものであった。当時、殉教のことを「マルチリヨ」といい、ポルトガル語 Martyrio をそのまま用いた。殉教者を「マルチル Martyr」といい、漢字で「丸血留」と書いた。「マルチリヨ」にも「丸血留」を宛てた。一五九五年に天草のコレジオで印刷出版された『羅葡日辞書《らぽにち》』には「マルチル」「マルチリヨ」について次のように説明される。

Martyr: testimunha: Xôconin, xôjeqinin. Deusno go fócôni taixite caxacuuo vqe, inochiuo sasageraretaru jennin　証拠人、証跡人。デウスのご奉公に対して呵責を受け、命を捧げられたる善人。

Martyrium (Martyrio): Testimunho: Deusno gofôcôni taixite caxacuuo vqe, inochivo sasaguru cotouo yù　証拠。デウスのご奉公に対して呵責を受け、命を捧ぐることを言う。

Martyr の語源は、ギリシャ語 *μαρτυς*（martys）で、マルチスとは裁判所で真理のために証拠を立てる人、すなわち証言する人を意味する。キリスト教の宣教を通じて、キリシタンたちはイエス・キリストによって与えられた救いの福音を知ると共に、イエスが十字架に懸けられ復活したことを常に想起しながら信仰生活をした。彼らが早くより『デ・イミタティオ・クリスティ』（『キリストに倣いて』）に触れ、「聖人伝」を読み聞かせられたのは、イエスと共に生きることを強く求められたからである。十字架に付けられた神の子イエスの受難（パション）を常に意識してその証し人となること、そのためにイエスに倣って一命を捧げるための教育が宣教の当初から行なわれた。このため、「聖人伝」も宣教開始の早い時期に日本語に翻訳されてその書写本が流布し、伴天連追放令の発令を機にいつでも印刷できるように準備されていたようである。

最初の殉教者　日本に二年三ヶ月滞在したザビエルは、日本の宣教事業に大きな期待を抱きながら、決して楽観的とはいえず、「日本はあらゆる種類の罪の温床地」であると見なして、日本に派遣される宣教師の苦難を予想し宣教の困難さを強調して「絶え間ない明らかな危険に曝《さら》されている」（一五五二年一月二十九日付書翰）と述べる。彼は中国への渡航を前にしてゴアの同僚たちに語った講話の中で、日本宣教のために派遣しうる人材、日本宣教のための役割を担い、その資格および能力を持った者を彼らの間に見出せないと言い切った（フロイス、一五七六年一月十七日付書翰）。ザビエルの指摘は日本に派遣される宣教師に対する迫害と宣教の困難についてのものであるが、それは、キリスト教徒となった日本人信者にも共通する重い課題であった。

最初の殉教事件は、平戸と博多で一五五八・五九年に起こった。平戸では宇野氏の下僕アントニオが棄教を拒絶したために斬られ、一有力者の下女マリアお仙も棄教を拒んだために殺された。姉崎正治《あねさきまさはる》は彼女を最初の殉教者とする。博多では、山口から避難して来た武士アンドレが一五五九年三月に殉教した。彼はエルサレムで最初に殉教した聖エステヴァン（ステファーノ）がしたように跪《ひざまず》いて祈りながら斬られた。イルマンのジョアン・フェルナンデスは、「アンドレは聖エステヴァンを模範としたので、彼を殺す者のために祈ったことはまちがいない」と報じる（同年十月五日付書翰）。一五九七年に長崎・西坂で二六人が殉教する以前に、すでに二四人が殉教している。

「聖人伝」の邦訳

「聖人伝」の日本語への翻訳は、永禄（一五五八～六九）・天正（一五七三～九一）年間に個々の宣教師によって行なわれた。山口出身のアンドレが殉教者ステファーノを尊崇していたことは、「聖人伝」が宣教開始当初からキリシタンに読み聞かされていたことを示唆する。一五五九年ヴィレラ神父は、比叡山延暦寺《ひえいざんえんりやくじ》の許可を持たずに入京することに逡巡していた日本人イルマンのロウレンソを、「サントスの御作業」について語って励ました。「作業」とは「行状・行ない」のことで、「サントスの御作業」とは「聖人の行状」の意味である。一五六〇年京都で受洗した漢方医養方《よう》（養方軒《ほうけん》）パウロは、四年後に堺でヴィレラを助けて「聖徒の華 Flor Sanctum」を翻訳したとされ、京都から追放されて堺に避難していたフロイスも、日本人イルマン、ダミアンの協力をえて「若干の聖人伝」を邦訳した。

天正使節が帰国した一五九〇年に、一緒に来日したポルトガル人マノエル・バレト神父は、日本語習得のために主日《しゅじつ》のミサに用いられた日本語の福音書の聖句をローマ字でまとめて、いわゆる「バレト写本」を編集したが、その後半部分に「サントス（諸聖人）およびサンタス（諸聖女）の栄光と生涯」と題した三二編の聖人伝を収載した。諸聖人と諸聖女の伝記が一冊二巻にまとめられたのが、一五九一年刊行の『サントスの御作業の内抜書』である。ほぼ完璧な「聖人伝」が出版されるまでに三〇年ちかい歳月を要したが、十分な準備のうえに刊行されるに至ったと言うことができる。

『サントスの御作業の内抜書』巻二の後半部分に、殉教の意義について述べた「マルチリヨの理《ことわり》」が収められている。これは、当時リスボンに居住していたスペイン人ドミニコ会士ルイス・デ・グラナダが一五八二年に著した『信仰序説』から引用・抄訳されたものである。グラナダは一五八八年に同書を改訂要約したが、その改訂版の五部が一五九二年に天草で印刷出版された『ヒデスの導師』であり、同書の巻二においても殉教伝が紹介されている。一五八五年八月、天正使節一行は彼の日本語に訳された著書をもって彼を表敬訪問した。

イエズス会の準管区長ペドロ・ゴメスがコレジオのテキストとして編集した『講義要綱』（一五九三年）の第三部「神学」（日本語本「真実ノ教 Veritas Compendio」）では、「マルチルにならん為に、如何《いか》なる仕合《しあわせ》ある時、敵の手に身を渡すべきやと云う事」が論じられている（尾原悟《おばらさとる》『イエズス会日本コレジョの講義要綱Ⅱ』)。殉教に関する著述がにわかに多く見られた背景には、伴天連追放令以降禁教と迫害に対するキリシタンたちの不安と動揺が広がっている状況があった。一五九七年二月五日、長崎・西坂における二六人の殉教は全国のキリシタンに対し迫害の強化を予想させた。このため、ゴメス神父は彼らの動揺を鎮《しず》め、彼らの堅信のためにマルチリヨに関する短い書き物を作成し、これを日本語に訳して印刷した。彼はその中でマルチリヨの誉れとその有効性、マルチリヨに要求される条件、迫害時代に持つべきマルチリヨへの意向とそのための準備について言及した(フランシスコ・パシオ、一五九八年十月三日付書翰)。

「聖人伝」は前述したように「殉教伝」でもあった。「聖人伝」は、殉教が神の証し人となる尊い行為であることを初代教会における事蹟をもって証明し、異教世界のローマに宣べ伝えられたキリスト教が苛酷な迫害のなかで多くの殉教者を出しながらも繁栄してきたこと、そしてその殉教者たちが流した血が種子となってローマ教会の礎《いしずえ》が置かれ固められてきたことを語る書である。日本に来た宣教師たちは、異教世界の日本における多難な宣教活動とキリシタン教界の現状がローマ初代教会の有りように余りにも酷似しているとの認識を持っていたのであろう。しかればこそ、キリシタンたちの殉教についての知識と理解を深める必要性を痛感したようである。キリシタンの多くは、十字架に懸けられた神の子イエスの受難に思いを致し、これに倣って一命を捧げたローマ時代の殉教者に関する「聖人伝」を通じて、自らの信仰を高め堅めることを得たのであろう。「聖人伝」がキリシタンたちの信仰の指標としてあり、彼らの信仰の支えとなっていたことは確実である。

浦上一番崩れと「殉教の書」　浦上の潜伏キリシタンが摘発された浦上一番崩れ（寛政二～七年、一七九〇～九五）の際に、長崎奉行所《ぶぎょうしょ》はキリシタンの書き物類（写本）を没収した。「耶蘇教叢書」と名付けられ、姉崎正治はこれを『寛政没収教書』として、殉教に関わる三つの書を翻刻して『切支丹宗門の迫害と潜伏』に収めた（本書はこの三つの書を「殉教の書」と称す）。第一の書は三童貞女の殉教記で「マルチリヨの鑑《かがみ》」（仮題）とされる。第二の書は「マルチリヨの勧め」（仮題、日本思想大系『キリシタン　排耶書《はいやしょ》』では「丸血留の道」とする）では、当時の武士社会、封建社会の通念に対応して、イエス・キリストがキリシタンに与えた「ご恩」と、キリシタンがイエス・キリストに報いるべき「奉公」が主題となっており、「マルチリヨ（丸血留）」の意味、品格、それに対する覚悟とその準備のほどが説かれる。デウスがペルセギサン（迫害）をキリシタンに課した理由は、迫害から生じる量《はか》りしれない功徳《くどく》（徳義）のためであるとする。そして、「エケレンジャ（教会）はペルセギサンを以て衰え給わず、却って栄え給う」のであり、「マルチレス（殉教者）の御血はキリシタンダデ（教界）の種子の如《ごと》」きものであること、またヒイデス（信仰）を最後まで持ち続けることがイエス・キリストの御大切（愛）と御パション（受難）に対する奉公である、と説いている。

さらに、「大事なる時節にこそ真実の知音《ちいん》（友人）は顕われる」こと、第一に優れたるカリダデ（愛）はデウスのために命を捧げることであり、「是を指して御主の御言（ことば）に、知音に対して命を捨つるよりも勝りたる大切（愛）なし、と宣（のべたまう）也。是即丸血留の位《くらい》也」として、殉教こそがデウスに対する最高のご奉公である、と明言する。

第三の書は、ゴメス神父が一五九八年に執筆した書き物との関連が伺われるが、同書は、禁制下パードレもイルマンもいない状況のなかで、キリシタンたちが自らのヒイデス（信仰）を堅持することと共に、肝要な時にはヒイデスを言葉と所作に顕すべきこと、また丸血留に直面した時の対応、丸血留の定義・条件が一四項にわたり述べられている。

浦上四番崩れ（一八六七年七月）により指導的キリシタン六八名が逮捕され、高木《たかぎ》仙右衛門《せんうえもん》一人を除く全員が改心（棄教）した。「うらかみのキリシタンは、みなたのもしき心を失うておりました」と述懐する仙右衛門は、長崎奉行の再三にわたる改心説得に対し、「天主」について語り、自分が恐れるのは人ではなく「ただ天の主ばかり」であり、もしも改心することがあれば、「それは御あるじ様、サンフランセスコザベリヨ、また日本のまるちれす（殉教者）に対してもすまぬ事」であると述べて、堅信を守った。ザビエルが伝えたキリシタン信仰の光りが、絶えることなく灯《とも》し続けられたことが確認できる。

第二　キリシタンの生活の有りよう

キリスト教に改宗した人びと、すなわちキリシタンたちの生活は、その後どのように変わっていったのであろうか。ザビエルの宣教からイエズス会インド管区巡察師アレシャンドロ・ヴァリニャーノが来日する一五七九年七月までの三〇年間、いわゆる初期キリシタン時代における彼らのキリスト教信仰を中心にした生活はどのようなものであったのか、ということである。

キリシタンたちは、宣教師の数が少ない初期キリシタン時代には主体的に信仰共同体を維持し、新たに導入された暦（教会暦）に基づいて生活し、従来用いてきた護符や数珠《じゅず》等に代わる新しい信心《しんじん》道具（信心具）を活用した祈りの生活に入った。その生活規範となったのが神の十戒《じっかい》であり、これは仏教の説く五戒に通底するところがあった。しかし、結婚と離婚が容易に行なわれていた当時の日本社会にあって一夫一婦制の遵守《じゅんしゅ》が強く求められたことは、キリシタンを始めとした日本人に新しい倫理観を強く認識させることになった。

一　初期キリシタンの共同体と信仰

薩摩市来《いちき》のキリシタン信仰　最初期のキリシタン共同体（教界）が薩摩の市来に形成されたのは一五五〇年（天文十九）である。その中心人物は市来城主新納《にいろ》伊勢守康久《やすひさ》の老臣ミゲルで、彼は鹿児島でザビエルから洗礼を授かった。ザビエルは平戸への途次二度同地を訪れ、城主夫人とその子供たちや武士たちに授洗した。一五ないし一七名からなるキリシタンの共同体は、ザビエルが遺していった聖母の小画像、苦行用の鞭《むち》（ジシピリナ）、ラダイーニャ（連禱《れんとう》）のいくつかが書かれた書物を拠り所にした。ジョアン・ロドリゲスによると、ザビエルはミゲルに対し、毎日曜日と祝日には信者を集めて、主の御生涯と御受難について朗読し、信者は祈りと諸聖人の連禱を唱え、毎金曜日には悔悛詩篇と連禱を唱えるよう依頼して教会暦と聖水を祝別して与えた（『日本教会史』）。画像は「霊魂のための薬」、ジシピリナは「肉体の薬」と見なされ、病気を患うとイエスとマリアの御名を唱えながら五回軽く叩けば健康になるとされた。老臣ミゲルは司祭不在の教会を世話する坊主（一五七九年ころから看坊《かんぼう》と称される）の役割を担っていた。

一一年後の一五六一年（永禄四）十二月に同地を訪れたイルマンのルイス・デ・アルメイダは、ミゲルから洗礼を受けた者たちに正式に洗礼を授け、同城滞在中に新たに七〇名を改宗させた。その間に、キリシタンたちは城中に「たいへん敬虔《けいけん》で立派に整えられた教会」を作って、ここに「訪問の聖母マリア」の画像を掲げた。アルメイダは、この城を「修道者たちの家」と形容した（アルメイダ、一五六二年十月二十五日付書翰）。

ザビエルの伝えた教えは天竺《てんじく》教・天竺宗と称されていたが、市来のキリシタンたちが一〇数年間にわたり神デウスを「大日《だいにち》」として唱えてきたことに対し、アルメイダはこれを改めてデウスを崇《あが》めさせ、ガーゴ神父が編纂した「二十五ヶ条の教理書」の説明と解説を二度行なった。それ以降、市来の信仰共同体についての情報は、一五七七年（天正五）の復活祭（四月七日）後に鹿児島を訪れたイルマン・ミゲル・ヴァスによって伝えられるが、彼が来訪するまでの薩摩領内におけるキリシタン信仰は公に表明できない状況下にあった。市来から川辺《かわなべ》に異動していた新納氏は一六〇五年にキリスト教に対する態度を硬化させ、聖母像等の信心具をキリシタンから取り上げて売却した（「一六〇五年度日本年報」）。市来のキリシタン共同体は領主の川辺異動と時を同じくして解体・消滅したようである。

山口におけるキリシタンの様相　ザビエルが山口で洗礼を授けた者は五〇〇人前後とされる。同地のキリシタンは一五五三年十月に一五〇〇人以上、一五五五年九月に二〇〇〇人以上と宣教師たちは見積もった。一五五二年に来日したイルマン・ペドロ・アルカソヴァは二年後にゴアで書いた書翰において山口のキリシタンについて、「彼等はミサに来て、ミサが終わると彼等のために行なわれる説教を聴きますが、これは当地のキリスト教徒達が他の異教徒の土地（インド）のキリスト教徒達と大いに異なる所です。」と述べる。

イルマン・ドゥアルテ・ダ・シルヴァはアルカソヴァの離日後の教会の様子について、「山口では、いつもミサと説教があり、日本語にされた一冊の書物が読まれました。説教の際にはいつもキリスト教徒で溢れています。」と伝える。山口のキリシタンの大多数は一般庶民であったが、上層階層の者も若干名見られた。アルカソヴァは「山口の市（町）cidade には修道士かと思われるような数多くのキリスト教徒達がいます。」と報じる。これは医師や元仏僧のような有識者を指しているのであろう。京都出身の多武峰《とうのみね》の学僧キョウゼン（パウロ）とセンヨー（ベルナベ）は、トルレスとの宗教論争ののちキリスト教を受け入れ、ローマ字の書物を学んで日本語による教理書作成に尽した。また、教養と分別を具えた五〇歳の高名な人物は、日本の諸宗教はすべて空しいとして崇拝せず、改宗してパウロを名乗り、邦訳された書物を悉く書き写し、疑問点をトルレス神父に質《ただ》す一方、兄弟や友人・知人多数を改宗に導いた。大内義隆《よしたか》の侍医イエサン・パウロはザビエルから授洗したと思われ、琵琶《びわ》法師ロウレンソもまたザビエルから洗礼を受けた。彼はトルレスの許で説教師として奉仕し、一五五六年にイエズス会のイルマンとなった。彼はトルレスの指図で山口近在の宮野村の宣教に従事した。同地の農民は読み書きはできなかったが、神の事柄には甚だ熱心であり、学問ある者たちは口を閉ざし、仏僧も彼らとの対決に敗れて離村したという。一五五五年九月の時点で同地のキリシタンは三〇〇人を数え、パーテル・ノステル（主の祈り）を知らない者は誰もいなかった、とされる。

有力武士の改宗もあった。長門守護代の内藤興盛《おきもり》父子の他に、七、八〇歳の老武士は熱心な偶像崇拝者で息子と共に改宗して自領に礼拝堂の建造を決意し、領民に教理を教えるために日本語と日本の文字に翻訳された一冊の書物を書写した（シルヴァ、一五五五年九月十日付書翰）。

しかし、改宗者は貧者たちが圧倒的に多く、有識者の改宗は報告されているほどではなかった。トルレス神父は、「貧者達は引き続き説教を聴きに来て、彼等の中からキリスト教徒になる者があり、毎日彼等は祈禱を学び祈りに来ています。その後、彼等はいくらかの施し（銭一枚）を与えられます。彼等は私達の主が自分達にこれほど豊かな恵みを与え給うたので感謝を捧げながら慰められて立ち去ります。」（一五五四年八月二十日付書翰）と、彼らと教会の結びつきについて言及する。貧者の多数がキリシタンとなり、ほぼ毎日修院を訪れて祈ったのちに銭を与えられていたことを、トルレスは別の書翰（同年十月発信）でも書き、教会内における富裕層の貧者への対応を、次のようにも報じている。

日曜日には、貧者達は順番に従って着座し、ミサを聴きに来たキリスト教徒達は彼等に施しをします。富裕な者達は［貧者達がそれを受取り、また］その秩序正しさを見て、たいへん喜びます。［皆が］過去の悪しき生活を彼等に悟らせ給うた神に感謝を捧げています。

貧者の救済　山口のキリシタンたちは、教会成立後まもなく宣教師に頼らずに自発的に救貧活動に当たっていた。彼らは毎月一回貧者たちに食事を与えることを決め、このために米を買い入れる容器を修院に置いた。貧者たちに食事を与える時が来ると、容器はつねに溢《あふ》れるほどで、食前にパードレが臨席して彼らに十戒の講話を一つ、あるいは説教をした（アルカソヴァ書翰）。貧者への救恤《きゅうじゅつ》は多い時には月に三、四回にもなった。

貧者救済のために家の建造が計画されたのは一五五四年十月ころである。建設用地はキリシタンが寄進し、寒気の去る時期に着工すべく金が集められた。ガーゴの一五五五年九月二十三日付の書翰からは、貧者のための家一軒がすでに開設され、キリシタンたちが毎月喜捨する分から貧者たちに食物が与えられていたことが知られる。貧者の家は復活祭（四月十四日）ころまでには完成した。

豊後のキリシタン共同体と信仰　豊後では一五五三年に建造された府内の教会が宣教の拠点になった。この教会にも貧者と病者が集まった。一五五六年に日本の視察に来たヌーネス・バレトは、一五五八年一月十日付のコーチン発信書翰の中で、貧者と病者とからなる府内教会のキリシタンの実態を的確に述べている。

豊後（府内）のこのようなキリスト教徒達はそのほとんどが貧しい人たちです。改宗のきっかけも多くの場合、なんらかの必要、とりわけ病気が原因です。病気の時、同地の人たちはパードレの許へ行くと、パードレ達から慈愛溢れる扱いを受けられる、つまり治療してもらえるからです。……この人たちはパードレ達と聖なる信仰によって健康を取り戻せることを知ると、身内の者や子供達、友人達を連れて来ます。このため、その中から大勢のキリスト教徒が生まれています。……私達現在、豊後（府内）及びその周辺にはすでにゆうに一〇〇〇人以上の受洗者がいます。……私達の主は貧しい人、病んでいる人を改宗させます。一方、富める者、貴人は頑《かたくな》に自分達の誤りを守っています。

病気の癒《い》えた者たちが自らの霊魂を救済し、さらに神の意思に委ねてキリシタンになる者が府内で多く見られた。一五五五年に彼らのうち三〇〇人以上が改宗し、彼らはさらに多くの者をキリスト教に導いた。病人たちに与えられた肉体のための薬は祝別された聖水であった。イルマン・シルヴァは

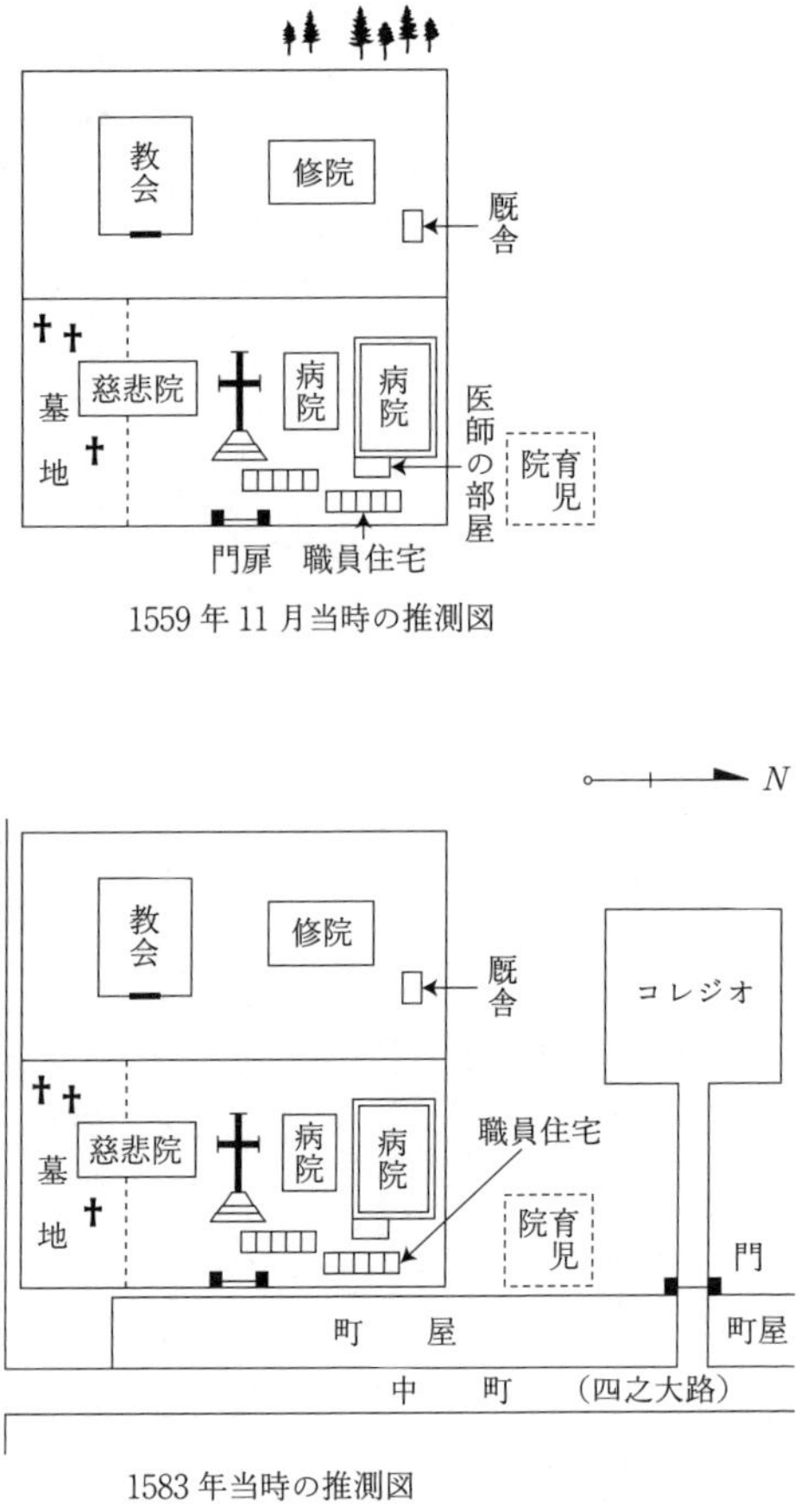

図3　豊後府内の教会領域

その評判と効用について、「豊後国内では聖水のことがよく知られているので、各地からこれを求めて来ます。眼病を患った人びとはそれによってたいへん良くなっています。これは当地では最も一般的な病気です。」と述べている。

府内では、キリシタンとなった者たちは祈りを学ぶために何度も教会を訪れ、その後喜捨のため街へ出て行ったが、同地のキリシタンもまた山口同様に貧しかったのである。

府内における宣教の方法　ガーゴ神父は、従来府内の教会では日本語で記されたキリストの生涯に関する書物によって説教を行なっていたが、一五五五年現在、主日ないし祝日の福音をキリシタンたちに朗読しこれについて説教している、それは彼らにはこれを理解する能力があり、教理説教が彼らに相応しいからである、と総会長イグナティウス・デ・ロヨラに報じる（同年九月二十三日付書翰）。彼はさらに日本語に翻訳された書物に言及し、「この地の文字と言葉で書かれた書物が二冊作られています。一冊はキリストの生涯に関するもの（キリスト伝）であり、他の一冊は万物の始源について取り上げたものです。しかし、書かれた物は言葉ほどには表現しません。このため、この地の言葉を学ぶには……十分に教導された若者のイルマン達が必要です。」とも述べる。豊後では、キリシタンたちに直接邦訳書を読み聴かせることよりは、その中に語られていることをキリシタンたちに言葉巧みに読み解き説教する能力が求められていたようである。

ガーゴは同日付の同僚宛書翰で、キリシタンに対する宣教の方法について詳しく説明する。「この地のキリスト教徒に対して私達が採っている方法は、毎日ミサを立てることです。いつもは数人の者しか来ませんが、しかし主日には多数の者が参列していますので修院は一杯になります。ミサが終わると、当地方で私達を扶養している私達の君主である国王とその領国（ポルトガル）、また航海者達、そして教会の立場と当地方の発展のために、主の祈りとアヴェ・マリア（天使祝詞）を三度唱えます。主日にはつねに、彼等は福音についての説教を聴聞し、道徳上の事柄を理解します。」福音に関する説教が重視されていたことが確認される。

キリシタンの熱意と宣教活動　シルヴァは前記書翰で、府内のキリシタンたちの熱意について率直に語っている。「今年（一五五五年）、四旬節の初めから聖霊の祝日まで、毎日ミサと説教があり、キリスト教徒達は早朝に集まりました。それによって、彼等は熱意と信仰においてたいへん成長しましたので、翌日のために村々からここの修院に泊まりに来ました。夜明けの二時前に来る者がおり、修院に収まりませんでした。」また、次のようにも述べている。

たいへん懇《ねんごろ》ろに告解《こっかい》を乞い、何度も告解することを望む多数のキリスト教徒がいます。絶えずミサと説教があります。……彼等はキリスト教徒になった後にその生活を改めたことによって、親類や知人達にたいへん感化を与えています。……彼等はキリスト教徒であることによって、世間から最大の侮辱を受けた者ほど最も祝福された者であると見なしています。

府内のキリシタンたちの熱意は、教会を訪れてミサに与《あずか》るということだけでなく、自らデウスの教えを説き回って善き教え（福音）を宣べ伝える行為にも見られた。宣教が始まったばかりの府内には次のような光景が見られた。「あるキリスト教徒は神の事柄を説くことに多大な熱意をもち、彼が住んでいる街には、私達の聖なる信仰を受け入れるために理解力を持っている他の多くの者たちと共に、キリスト教徒とならない家は［一軒も］ありませんでした。」また、「別のキリスト教徒の鍛冶屋《かじや》は、神の事柄に大きな熱意を抱いており、絶えず街を説教しながら歩いています。そして、誰かキリスト教徒になりたいと望む者があると、彼等をキリスト教徒にするためにすぐにパードレの許に連れてきます。」（アルカソヴァ書翰）。

四〇歳を過ぎていたパウロは、仏教特に禅宗の経典に精通し、妻子がすでにキリシタンであったことに感化されて改宗した。彼は日本語に訳されたものを書き写したり、仏教徒らへの説教を行なうようになり、宣教師からは「福音の偉大な説教師」と称され、ガーゴの平戸宣教旅行に同行するほどであった。

府内以外の地の教界　一五五五年の時点で豊後には、府内以外に三つのキリシタンの共同体があった。朽網《くたみ》のルカスは朽網鑑康《くたみあきやす》の老臣で、府内の商人アントニオによってキリスト教に導かれた。翌一五五五年の四旬節にガーゴ神父らが同地を訪れてルカスの一族六〇人と、他に二〇〇人に洗礼を授けた。彼は自宅脇に教会を建て、同地のキリシタン全員からは父のように仰がれた。府内に隣接する高田の領主は一五五四年ころに受洗して洗礼名をアンセルモと称した。ガーゴは彼の求めにより同地に赴き、彼の家族や他の者たちに授洗した。五、六〇人の信仰共同体が生まれた。高田は豊臣秀吉の禁教以降豊後キリシタン教界の中心地として宣教師が居住し、また堅信を守ったキリシタンたちは多くの殉教者を同地から出した。府内に近い敷戸《しきど》の地にも高田とほぼ同数のキリシタンがいた。

農村部への巡回宣教　村に住むキリシタンの大多数が農民であったために、宣教師の農村巡回は厳しい寒さのために仕事を休む時期に集中的に行なわれた。多数の村 aldea と集落 lugar があり、広い地域に少数のキリシタンが散在していた豊後では、宣教師自らが農村部をくまなく訪れることはできず、キリシタンたちが気を遣って時折府内の教会にパードレを訪ねた（ベルシオール・デ・フィゲイレド、一五六七年九月二十七日付、豊後発進書翰）。宣教師は農繁期を避けて冬期に農村部を巡回することが一般的であり、教会や修院等の建築に際しての勤労奉仕も当然農繁期を避けてなされた。

しかし、キリシタンが多かった朽網を含む五ヶ村には宣教師が府内から定期的に巡回した。村や集落では有力農民の家や御堂 ermida に祭壇が設《しつら》えられて、そこにキリシタンたちが集まって礼拝した。パードレの巡回時にはそこが説教場となり、ミサもそこで挙げられた。ミサや説教は農作業を妨げないように配慮されて早朝や夜間に執り行なわれた。また安息日（日曜日）の労働を避けるように指導がなされ、宣教師はその習慣化に努めた。

初期キリシタン時代に領主の改宗によって領内全体がキリシタン領国化した事例は少ないが、キリシタンの共同体（教界）は、十字架を掲げた教会堂（仏寺が教会に改修され和洋折衷の教会も含む）を有し、その背後の山腹ないし教会の広場に大きな十字架を立て、またキリシタンのための墓地を造った。これまで見られることのなかった村や街の風景が展開した。籠手田《こてだ》領の度島《たくしま》や生月島《いきつきしま》、平戸島西岸の春日《かすが》・獅子《しし》・根獅子《ねしこ》・飯良《いいら》、大村領の横瀬浦《よこせうら》、島原の有馬領口之津、豊後の府内や臼杵、および野津《のつ》や由布院《ゆふいん》、天草島の志岐や河内浦《かわちうら》、河内の三箇・岡山・若江、大和の沢《さわ》そして摂津の高槻《たかつき》などの城下町や村々では、キリシタン信仰の浸透・深まりに伴って次第に従来とは異なった景観に変わっていったことが推測される。

二　教会暦とキリシタンの行事

キリスト教に改宗した日本人の日常における大きな変化は、教会の暦（典礼暦）に則《のつと》った信仰生活への切り替えであった。彼らは教会を生活の中心におき、主日には教会のミサに与り、教会が定めた祝日を守る規則正しい生活をするように導かれた。従来の仏教に帰依《きえ》した静的な生活に比べ、彼らは教会を核とし意識的に教会に集う信仰生活を営むように努めた。

カレンダリオ（教会暦）　教会が一年間の各日に定められた典礼祭儀を行なっていくために用いられる暦が典礼暦（教会暦）である。典礼暦の頂点である復活祭は、第一ニカイア公会議（三二五年）で春分の日のあとの満月の次の日曜日に祝うことが正式に承認された。典礼暦は、待降節《たいこうせつ》第一主日に始ま

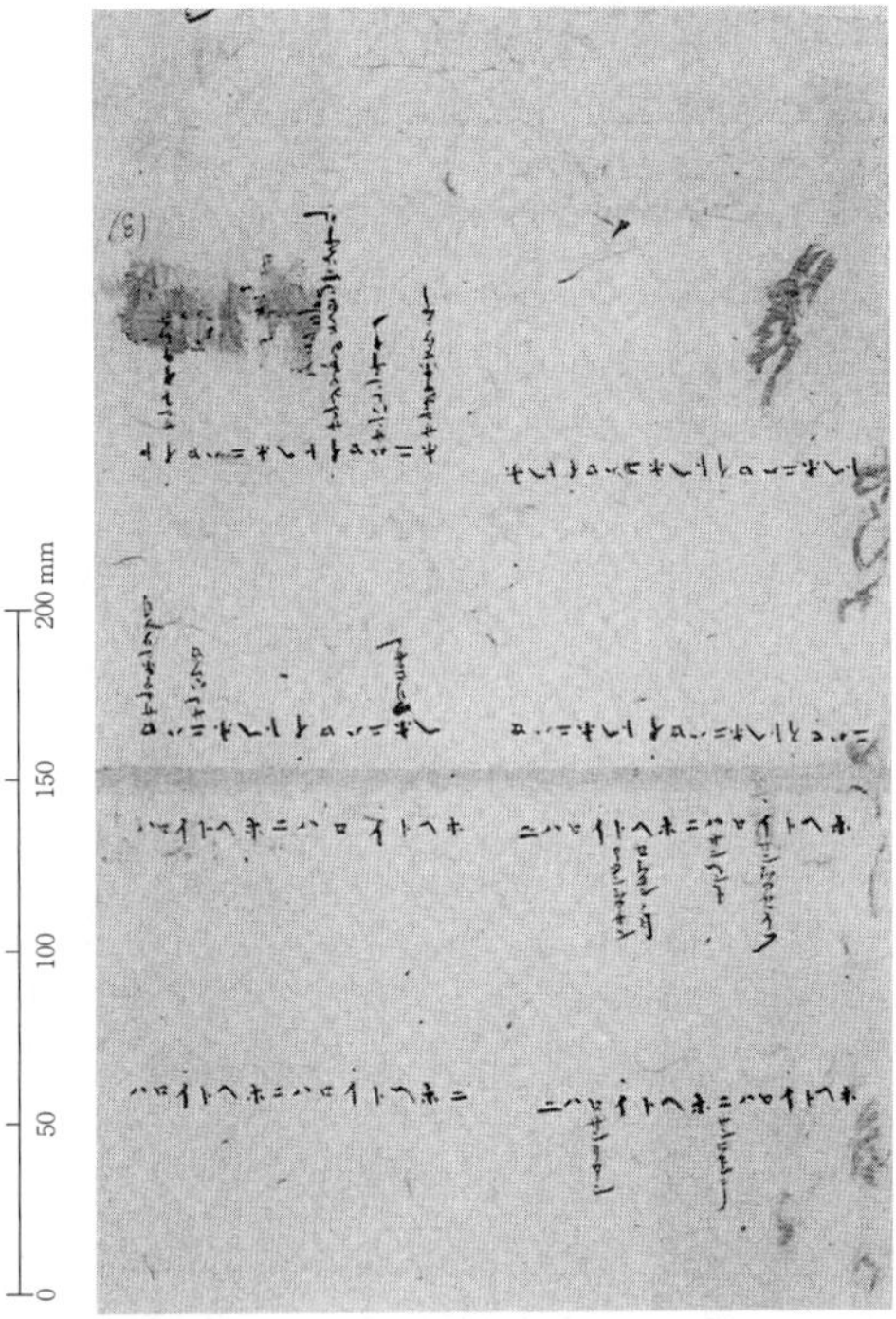

図４「カレンダリオ（暦）」（屏風下張り文書，エヴォラ市立図書館所蔵）

り年間を第三四週の土曜日で終わる、一年間を周期とする暦である。この典礼暦の一年の周期は、キリストの秘儀のさまざまな側面を構成する諸節とそれ以外の期間からなる。前者は、待降節、降誕節、四旬節、聖なる過越《すぎこし》の三日間、復活祭からなる（『新カトリック大事典』3）。教会暦は典礼の執行や信心生活において、主日（ドミンゴ）その他の祝日、殊に移動祝日、斎日（大斎《たいさい》・小斎《しょうさい》）を知るために不可欠であった。ジョアン・ロドリゲスは、ザビエルが市来のキリシタンたちに教会暦の写本を与えたと記す（『日本教会史』）。キリシタンの時代には、暦はカレンダリオ Calendário と称され、ザビエル以降、写本としてキリシタン教界に頒布されたようである。そのカレンダリオは、「固定した陽暦表に七曜を示すドミニカ文字を付して永久に使用できるようにし、それに移動祝日の算出法を付記した万年暦が作成された。」（『日本キリスト教歴史大辞典』）。

教皇グレゴリウス十三世により一五八二年二月二十四日の大勅書をもって公布された新暦が日本の教会で使用されたのは一五八五年夏とされる。ザビエルが残した暦の写本はローマ帝国以来用いられてきたユリウス暦ということになる。一五八〇年代半ばころに作成されたカレンダリオがポルトガルのエヴォラ図書館に残っている。いわゆる『エヴォラ屏風文書』の中に二丁確認される。それは一月二十三日から四月十日に該当し、暦註の記載、すなわち聖人と斎日（セシュン（断食《だんじき》）jejum）が一九日分記されている。ドミニカ文字 Literae Dom[inicales] は、「イロハニホヘト」で表記される。「イ」は月曜日を指す。

一五九〇年に天正遣欧使節がもたらした活字印刷機によって暦も印刷された可能性は高いが、伝本はない。その成立が十七世紀初頭、使用期間が慶長末年から寛永年間と推定される林若樹《はやしわかき》旧蔵本は、暦註の聖人祝日が年間を通じて毎日記入され、移動祝日算出法も記入のある最も整ったキリシタン暦とされ、移動祝日は付箋《ふせん》で年ごとに付していた跡がある（海老沢有道『南蛮学統の研究』）。ドミニカ文字は「イロハニホヘト」を用いている。水戸藩が寛永年間に下野《しもつけ》（栃木）で没収した『諸聖人記念日表』と『吉利支丹古暦断簡』（影印複製『吉利支丹叢書』、大阪毎日新聞社、一九二七〜二八年）は、フランシスコ会系の暦と推定され、また林氏旧蔵本と同種の暦とされ、年間全日にわたって祝日名が記されている。

「ローマ暦 Kalendarium Romanum」（仮題）が、司教ルイス・デ・セルケイラによって一六〇五年

(慶長十)に長崎で印刷された『サカラメンタ提要』の冒頭に掲げられている。現存する唯一の刊本暦である。ドミニカ文字(Abcdefg)と月齢周期を付し、主要な固定祝日のみが記載される。以上の暦はいずれも陽暦による年度暦である。この「ローマ暦」は、司教から教区司祭や各修道会に公布され、各修道会は所属の司祭を通じて各教会にこれを頒布していたようである。これは、基本的な暦である林氏旧蔵本と多くの共通点があるとされる(海老沢前掲書)。

浦上一番崩れ(一七九〇~九五年)の時に、長崎奉行所が潜伏キリシタンから没収した書付『耶蘇教叢書』(仮題)の中に書写されてある「覚　寛永十一年(一六三四)暦」は陰暦による年度暦で、「陰暦二月二十六日(三月二十五日〈陽暦の書込みがある〉)」より、翌年「正月三日(二月二十日)」までの記載がある。末尾に「天明七未年(一七八七)正月十四日ニ写之　ト見イス幾助」とある「ト見イス」は「ト見イ古」、すなわち「ドミニコ」が訛ったものであろう。「寛永十一年暦」には主なる祝日の他に、「ト見イゴ(ドミンゴ・日曜日)が四六回記載されるが、ドミニカ文字にあたる「イロハニホヘト」も「Abcdefg」も見られない。祝日の数は「ローマ暦」や林氏旧蔵本に比べると圧倒的に少ないが、祝日は上記二本に共通しているものが多い。「ローマ暦」の流れを汲むものであろう。「寛永十一年暦」には他の暦にない記載がある。「十月十二日(十二月二日)　日本ノ切支丹タアテノ御カイサン」の一節である。「日本キリシタン教界の御カイサン」の「カイサン」は「開山」に当たり、日本教界の開山者ザビエルの命日(死没は十二月三日)を指すのであろう。

潜伏キリシタンが用いていた「バスティアンの日繰《ひぐ》り（キリシタン暦）は、「寛永十一年暦」そのもので、同年の暦は宣教師が作成した最後の暦とされる。潜伏キリシタンはこの最後の暦を参考にして各年の祝日や忌み日を繰り出していた。

降誕祭（クリスマス）　ザビエルは一五四九年の降誕祭を鹿児島で祝ったはずであるが、それについては明確でない。山口における一五五二年の降誕祭は、トルレス神父の司式の許にガーゴ神父とイルマン三人、日本人説教師ロウレンソ等が参加して、歌ミサで執り行なわれた。同夜に六回のミサがあり、ミサを挙げる理由がキリシタンたちに説明された。最初のミサではガーゴが助祭を務めて福音書と書翰（パウロ書翰カ）を朗読し、イルマン三人が歌って応誦《おうしょう》した。キリシタンたちは宣教師たちが歌うことには不快であると言っていたけれども、「神の事柄に対する敬愛の念が私達の歌を彼らに気に入らせた」。ミサの合間にイルマン・フェルナンデスが聖書について朗読し、彼が疲れると、ポルトガル語を読むことができたキリシタンの少年が代わって朗読した（アルカソヴァ書翰）。

翌年の降誕祭には、山口の教会は身分の高いキリシタンで一杯になり、夜の一時から日本人のベルシオールとイルマン・シルヴァが交互に、アダムから世の終末までを六つの時代に分けて、日本語で著されていた一冊の書物を朗読した。

　人類の創造、罪を犯す前の状態、そして罪が記されており、物語がそれぞれの時代ごとに記されていました。すなわちノアの大洪水、言語の分裂、偶像崇拝の発端、ソドムの滅亡、ニネベとヤコブの息子ヨセフの物語、イスラエルの子孫達の捕囚、そしていかにして彼等がモイゼス（モーゼ）によって解放され、彼等に教えが与えられたか……私達はそれらを夜中にかけて読みました。……読み終わると、パードレは、祈禱、福音、序唱を歌ってミサを挙げました（シルヴァ書翰）。

昼のミサ後にも、シルヴァは第六の時代の始めについて朗読した。ミサと説教後にキリシタン全員がトルレス神父やイルマンたちと一緒に修院で食事をした。しかし、貧者がミサに参列したとの記載がないことは、彼らが教会内でのミサに出席できなかったことを示唆しているようである。

一五五六年に府内の教会では、多数のキリシタンが各地から参集して歌ミサに参加した。トルレスが予め府内近郷のキリシタンに通達して出席を促したために、彼らは教会と修院、また旧教会と修院に泊まり込んで降誕祭を祝った（ヴィレラ、一五五七年十月二十八日付、平戸発信書翰）。同教会では一五六〇年の降誕祭に、キリシタンたちが数日をかけて準備した聖書劇が演じられた。聖書からさまざまな物語が選ばれ、これに関して日本風の歌が作られ絶えず歌われたとアルメイダは報じる（一五六一年十月一日）。イルマンのアイレス・サンシェスによると、一五六二年には他の祝日にも降誕祭同様の劇が演じられ、聖書の中の聖句についての語りと説明があり、また聖書の物語の他に、聖人伝か宗教劇（ミステリオ劇）が、舞あるいは狂言の形をとって演じられた（同年十月十一日付、豊後発信書翰）。都の四条・姥柳《うばやなぎ》町の教会でも一五六〇年に、初めて降誕祭のミサが執り行なわれ、一〇〇名ほどのキリシタンが参加した。

四旬節　灰の水曜日から始まり、キリスト復活の日曜日前までを四旬節という。イルマン・アルカソヴァは山口における一五五三年の四旬節の様子について以下のように報じている。「灰の日（灰の水曜日、一五五三年二月十五日）、パードレは灰を祝別して、それが意味していることを説明しながら、最初に自分に、その後にキリスト教徒達に振りかけました。これによって、彼等はたいへん慰めを得ました。四旬節の間ずっと断食をするキリスト教徒が多数いますし、［また土曜日に断食する女性達が多数います」。それは彼等にはたいへん苦痛です。なぜなら、彼等は午前中に食事をするのを習慣としているからです。」

翌一五五四年の四旬節は二月七日の灰の日をもって始まった。府内教会では、キリシタンが篤い信仰をもって告解をし、四旬節の期間中、多くの断食があった（シルヴァ書翰）。

聖週間　聖週間は四旬節の最後の週、すなわち復活祭前の一週間であり、四旬節の第六主日である受難の主日から始まる。その後半、聖木曜日の主の晩餐の夕べのミサから復活祭の主日の晩の祈りまでは聖なる過越の三日間として一年の典礼の頂点となる。

一五五三年の哀悼の金曜日（三月三十一日）には、イルマン・シルヴァによると、山口ではトルレスが十字架の祈りの祭式を行ない、キリシタンたちに十字架を拝ませた。その祭式が終わると、シルヴァが受難の節を朗読し、その夜は数多くのキリシタンが修院に泊まった（同書翰）。翌年の聖週間には、山口のキリシタンたちは断食をし、修院に泊まり込んで夜には彼らの間で霊的講話がなされた。聖金曜日にも多数のキリシタンが教会に集まって十字架の務めを、その日になされる通りに実践し、その後で日本語でキリストの受難について聴聞した。

一五五五年の府内の教会には、哀悼の金曜日にあらゆる地方からキリシタンが参集したために、教会は彼らで一杯になった。その夜、鞭打ちの苦行があり、また受難の説教があった。ガーゴは聖木曜日の洗足式の様子を、次のように伝える。

［聖］木曜日には洗足式についての説教があり、私達は一二名の貧しいキリスト教徒の足を洗って、［食事を与えました。そして］夜には受難についての説教があり、神よ、［あなたの大いなる慈悲によって］私を哀れんでください（Miserere mei Deus）、と詩編（五一）を唱えている間に、鞭打ちの苦行を行ないました。およそ一五〇人の者がいたでしょうが、修院にはそれ以上収容できる余裕はありませんでした（一五五五年九月二十三日付、平戸発信書翰）。（［　］内は、別本より補足）

復活祭　日本における復活祭についての最初の報告は、イルマン・アルカソヴァがゴアから報じた一五五三年の山口に関するものであるが、彼はその当時ゴアに戻るため平戸にいたため伝聞であり、復活祭そのものについて言及していない。「復活祭の日（四月二日）、キリスト教徒達は、その土地にいる貧者すべてに食事を与えました。それで、彼等はここ私達のカーザ（修院）で食事をしました。このように、私がすでに述べましたように、彼等（キリスト教徒達）は毎月一度、彼等に食事を提供しており、彼等が食事を貧者達に提供する日には、葬礼の時のように、祭壇の前に一枚の青い布を敷いて、二本の蠟燭《ろうそく》を立てます。そして、パードレは応誦を唱え、キリスト教徒達はその死者のために別の祈りを唱えます。」とあるように、復活祭のミサ祭儀後の貧者に対する慈善に重きをおいた報告となっている。

一五五四年の復活祭（三月二十五日）について、シルヴァは「復活祭の日には、［祝福されし神よ］多数の人びとがキリスト教徒になり、終日説教があり、夜の二時まで続きました。」と述べるに過ぎない。彼は、翌年の府内教会の復活祭（四月十四日）については、復活祭に至るまでの聖週間における信仰の高まりと、復活祭以後聖霊の祝日に至るまで毎日説教が行なわれたことについて報じるだけである。

聖霊の祝日、すなわち聖霊降臨祭は復活祭から五〇日目に当たる日曜日で、降誕祭・復活祭と同様、キリシタンたちが重視した祝日の一つである。さらに固定した祝日の聖母被昇天の祝日（八月十五日）、日本教会の守護の聖人である大天使ミカエルの祝日（九月二十九日）、諸聖人の祝日（十一月一日）、死者の記念日（十一月二日）などは、キリシタンたちが特に尊崇した祝日であった。キリシタンは四旬節と四季の斎日には断食をし、毎金曜日には肉食をしなかった。

三　キリシタンの信心の道具（信心具）

信仰の行為において、そのための道具は欠かせないものである。キリシタンの信仰においても宗教の道具、信心の道具（信心具）がその教えの中で重要な位置を占めていた。

キリシタンの道具　キリシタンの道具とは、キリスト教の信者が祈るために用いる信心のための道具（信心具）と、司祭（パードレ）がミサなどの祭儀において用いる祭祀のための道具（祭具）とからなる宗教道具を指す。しかし、キリシタンの道具という呼称は彼ら自身が使ったのではなく、キリシタンを取り締まる側が禁教開始と同時に用い始めたのであり、キリシタン宗門の道具あるいは伴天連の道具と通称されて、幕府や諸藩がこれを捜索・摘発の対象として以来用いられてきた言葉である。

キリシタンたちは、パードレが教会や個人の家でミサを挙げる際に用いた祭儀用の道具を、一般に「おこないの道具」、「ミサの道具」と言っていた。

キリシタン個人が信仰のために用いる信心の道具、いわゆる信心具は、（一）携帯・護身用のもの、および机上、壁掛け、戸口などの家庭用のもの、（二）祈禱・信心を深めるためのもの、（三）苦行《くぎょう》のための道具とからなる。（一）には念珠《ねんじゅ》（コンタ・コンタツ・ロザリオ）、メダイ（メダリャ・メダル）、小型十字架、聖灰、香（くろやき）、イマセ・イマヘン imagem（聖画像）、（二）には書物（教理書・信心書・

修養書）、書付《かきつけ》（祈禱文・聖句）、（三）には苦行鞭《むち》（ジシピリナ）、苦行衣、苦行帯がある。コンタ conta（珠一個）の複数がコンタツ contas で、ロザリオ rosário を指す。ロザリオはバラの花冠の意味でカトリック教会では祈りを数える念珠を指す。一連が小珠一〇個と大珠一個からなる五連、すなわち小珠五〇個と大珠五個からなる念珠で、これに鎖でつないで小珠三個と大珠二個さらに十字架が付いている。信仰の奥義《おうぎ》（玄義）を黙想しながら小珠をつまぐりながら天使祝詞一〇回、主の祈りを一回唱え、これを五回繰り返した。ロザリオの祈りは十五世紀初頭に初めて天使祝詞一〇回ごとに主禱文一回を挟むことが行なわれ、玄義の数は一五〇、一六五、二〇〇を数えるようになったという（浅野ひとみ「コンタツ論」）。一五九一年印刷の教理書『どちりいな・きりしたん』において「ロザリオ十五の観念」が説かれ、イエズス会は毎日ロザリオの祈りを唱えるよう勧めている。

図5　メダイ（山中與八郎氏所蔵）

初期キリシタンの信心具　初期のキリシタンたちがコンタツ（ロザリオ）やヴェロニカ（メダイ）等の信心具に深い思いをよせ、これらを強く求めていたことが知られる。トルレスはインド管区長に送った一五六一年十月八日付、豊後発信の書翰で次のように報じている。

キリスト教徒皆が、祝福されたコンタツに抱いている信心には甚だ篤《あつ》いものがあります。なぜなら、彼等は私達の兄弟達が送ってくれた僅かのコンタツと、いくつかの共同の場所にあるコンタツに祈ることを止めないからです。もし、幸いにも誰かが何かコンタツを手に入れたならば、それは絶えず手から手に渡っていきます。これらのキリスト教徒の一人に行なうことのできる最大の恩恵は、祝別されたコンタツを一個彼に与えることです。尊師が私達の主のために私達にいくつかのコンタツを送って頂ければと思います。

数少ないコンタツを共同の場で手渡しして、これを用いて祈りを唱えている光景があちらこちらで見られた。ゴアからの将来品の中で日本のキリシタンから最も高い評価を得ている物の一つがコンタツであると重ねて強調する文面からは、初期キリシタンたちがコンタツをいかに渇望していたかを知ることができる。トルレスは府内近在のキリシタンのために配慮して、イルマンのアルメイダに府内の教会に来ることのできないキリシタンのために指図した。「彼は彼等が日曜日及び祝日ごとに集まってデウスに祈ることを定めにするよう、私に命じました。私は彼等のために各祭壇に祝別されたコンタツを置き、その［使用に際しての］規則を書面にして添えました。」（一五六二年十月二十五日付書翰）。宣教師の指導の下に、数少ない限られた数のコンタツは、キリシタンたちが等しく用いることができるように工夫されていたのである。

一五六三年七月、大村領の新しい港横瀬浦《よこせうら》に着いたルイス・フロイス神父は、日本人キリシタンがコンタツやヴェロニカのメダイに対して異常なほどの愛着を抱いていることに驚嘆し、彼らが信心具を最も有効に活かしていることを、一年後の書翰でも高く評価している。

この世界で日本人ほどコンタツを尊び崇め、意味あるものたらしめる人びとは他にいないように思われます。人びとは一年前からコンタツを手に入れたいと絶えず口にし、激しく涙を流し、コンタツが手に入るようにと繰り返し祈りを捧げています。そして、ひとたびこの願いが叶った時には、そのコンタツによって恩寵《おんちょう》が得られるよう寸暇を惜しんで勤めることでしょう。……日本人キリスト教徒は、聖なる品を私たちに劣らず貴重なものとしており、いかなる苦難、病気、戦争、海の危険に見舞われても強い信仰と篤信《とくしん》の心でそれにすがります。その姿は古くから信仰を抱いている者の心を激しく動かします。」（一五六四年九月二十四日付書翰）。

フロイスはまた同書翰で、パードレたちが数個のアニュス・デイ（神の子羊）のメダルを持ってきたことを知ったキリシタンたちがそれらを手に入れたいと懇願したために、メダイを細かくして一五〇〇人のキリシタンに分ち与えたと伝え、こうしたものは日本人にはすべて実に意味あるものになるとし、日本人はそれを受けるに相応しい資質を具えている、と強調する。多分に誇張癖のあるフロイスであるとは言え、三〇歳そこそこの若き司祭は、日本の新しい信者たちの熱意に圧倒され、新しい教界の息吹を感じとったのであろう。

畿内地方のキリシタンとコンタツ　畿内地方のキリシタンもまた、ロザリオの祈りを重視しコンタツを重用した。河内・飯盛《いいもり》城主三好《みよし》氏の家臣で小領主の三箇頼照サンチョは篤信で知られ、一三歳の息子に信仰生活に関する規則を与え、聖母マリアのロザリオの祈りを三つに分けて毎日、朝・昼・夜に祭壇の前に跪いて祈り、その後に祝福されたコンタツを用いていくつかの祈りを唱えるよう指導していた。

舶来の信心具には限度があり、ヨーロッパからのものはゴア、マラッカ、マカオを経由して来るために日本にもたらされたものは極めて少なかった。キリシタンの増加に伴いその需要が高まり、日本での調達が喫緊《きっきん》の問題となった。摂津・高槻の領主高山飛驒守友照ダリオは京都から一人の挽物師《ひきもの》(轆轤《ろくろ》師)torneiroを招いて、コンタツを製作させた。彼は挽物師に俸給と必需品を与えて説教を聴かせ、ついに彼をキリスト教に改宗させた。高山ダリオは家臣団の改宗に努め、彼らが改宗するとその祈りの習熟度に応じて錫製の十字架とヴェロニカを分ち与えた（フロイス、一五七七年八月二十日付、臼杵発信書翰）。これらの信心具のすべては先の挽物師が製作したものであり、高槻ではほぼすべての信心具が製作され調達されていたようである。なお、一九九八年（平成十）七〜八月に高槻城址に隣接するキリシタン墓地の発掘調査が実施され、木棺墓二七基が発見された。そのうち二基の木棺から木製の珠が出土したが、一基からは小珠約九〇個、大珠二個、変形珠三個が確認されている（高槻市教育委員会『高槻城キリシタン墓地』)。

福岡市教育委員会が一九九八〜九九年に実施した福岡市博多区奈良屋町の博多遺跡群からは、メダイ一個およびメダイと十字架の鋳型一個が出土している(『博多八五―博多小学校建設に伴う埋蔵文化財発掘調査報告書―』)。

大型メダイ(メダリオン)は「イマセ(imagem)」、「ごえい」、「みえい」とも言われ、その片面に「無原罪の聖母」のレリーフがある。弦月《げんげつ》を踏んで合掌する聖母立像の頭上に七星を巡らし、鋸歯状《きょしじょう》の光背が描かれ、方形の四隅に天使の顔が彫られている。マドリードの王室造幣局でカルロス一世(在位一五一六〜五六年)の代に造られたとされるメダリオンが数点確認され、日本で複製されたと思われるものも若干見つかっている。複製品はかなり精巧なできばえである。

尾張(愛知)花正《はなまさ》のキリシタン、コンスタンティーノは高山ダリオがキリシタンに改宗したのち大和(奈良)沢城の教会を世話していた。沢落城後に郷里に戻ってキリスト教の宣教に努めた。彼は毎年数回上洛してパードレに会って指導を受け、尾張に戻る際には必ずコンタツを始めとした多数の信心具を贈られ、また自らも調達に努めた。フロイスはそのことに触れて、「尾張には祈るためのコンタツのロザリオ rosario de contas を作る人がいないので、それらはポルトガル人の若者がマカオから売るために持ってきたものです。」(一五七三年四月二十日付、都発信書翰)と述べている。マカオのポルトガル人たちが、日本人キリシタンの信心具入手に対する異常さに目ざとく反応して、それに商品価値を見出すにいたったことは当然のことである。

舶来品の信心具は、数量的に僅少で、そのために珍重され、宣教師はコンタツを貴重品と見なして中央の身分あるキリシタンに贈答品とした。それについて、フロイスは来日した翌年の一五六四年九月二十四日付の書翰で、「尊師の送って下さった聖なる品とコンタツは［手紙と］一緒に受け取りました。コンタツはいずれも直ちに立派な器に収め保管しました。大きな国reinoである都で、このコンタツを待っている身分の高いキリスト教徒数人に分けることにしています。」と伝えている。フロイスは十数年後の東インド管区巡察師アレシャンドロ・ヴァリニャーノに対する一五七七年八月十日付の書翰で、日本に持参すべき土産《みやげ》等に付いて助言し、日本では身分ある者の訪問には、土地の者も他国の者も、僧侶であれ俗人であれ、何か品物を携える習わしがあること、京都や他地方の身分あるキリシタンの貴人のために種々の意匠の銀製聖宝匣《せいほうばこ》一〇ないし一二個を注文されるように、また祈禱用のコンタツを余り大きくもなく小さくもないもの、さらにもしあれば琥珀《こはく》色のコンタツを望むこと、またインドのサン・トメの木で作ったコンタツが非常に珍重されていると伝える。また、主なるキリストか聖母マリア、諸聖人の画像、また何よりも祝福されたコンタツを一般のキリシタンのために求めることを助言している。コンタツは九州の片田舎だけでなく京都や他都市でも等しく常に待ち望まれていた信心具であった。

護符としての信心具　信心具は、一方で、お守りとしての機能をあわせ持っていた。（一）戦場、災難、厄災等における護身具として、(二) 病気、安産、悪魔払い、悪魔除け等のお守りとして、の機能である。フロイスは、堺近隣の戦場における戦闘について述べ、「数名のキリスト教徒の武将がいた戦場にはキリストの十字架を付けイエズスの名を書いた大きな旗があり、多数のキリスト教徒の冑《かぶと》にはその額の箇所にイエズスの名やキリストの十字架を記した金または銀の大きなメダイをつけて」いたと報じる（一五六六年六月三十日付、堺発信書翰）。俗人のポルトガル人も、畿内での戦闘に関しキリシタン武将アルヴァロなる者が、敵方に出くわして戦った相手方の頸《くび》に懸けられたコンタツが胸元から現われ、十字架のクルスと絵が背中に描かれているのを認めて、戦闘を止め健闘を称えあった、と伝える（一五六九年八月十五日付、日本発信書翰）。イルマン・アルメイダは、五島《ごとう》のキリシタン武士が出陣に際し聖遺物あるいは聖福音書の言葉や祈禱文を書いたものを彼に要求したため、聖遺物の代わりに十字の印やイエズス・マリアの御名を書いて与え、それに救いを求めるべきで、それ以外のことは必要ないと説いて納得させた（一五六六年十月二十日付、志岐発信書翰）。薩摩・市来のキリシタンたちが、ザビエルが書いて遺した福音書の聖句や祈禱書の一部であるラダイーニャやジシピリナ等によって病人を癒し病気を克服していたことは、すでに述べた。

日本のマボリ（お守り）・護符　アルメイダは一五六六年の前記書翰で、「当地の異教徒は存命中に来世のために多くの遺物や宥免《ゆうめん》［の札］を買う習慣があり、救われるために全財産をそれに費やす人が数多くいる。キリスト教徒になった後にはそれらのマボリと称されるものを悉く焼き捨てる。」と述べて、日本人が来世での救いを得る手立てとしてお守りを買っていたと指摘する。フロイスも上洛した当時の書翰で同様のことを報じている。

俗人達のすべての家には、悪魔から彼等を護る書付《かきつけ》が多数ある。これは彼等（坊主）が売り付けているものである。彼等はまた交換のため来世でガラリン galarim に払う銭を受け取り、人びとが死んだ時には、そこ（来世）で返礼（報い）を受けられるようセキメ xequimeaco（血脈）と称する書付を交付している（一五六五年二月二十日付、都発信書翰）。

アルメイダの前記書翰によると、五島の有力武士の老母は、救われるために多額の銭を費やして法《ほ》華経《けきょう》の経文が書かれた衣や文字の書かれた手拭二枚を持っていたが、改宗後は仏教の数珠をアルメイダに差し出して代わりに十字架の付いたコンタツを与えられた。

キリシタンたちがコンタツやメダイを珍重し尊崇したのは、これらを日本古来の護符や数珠に代わる物として違和感なく受け入れることができたということであろう。特に、念珠のコンタツは数珠に酷似し、十分にその代償物になり得たからである。また、護符やお札《ふだ》が家の戸口に貼り付けられていたように十字架の描かれた紙も同じように戸口に貼られ、室内にも十字架像や聖画像が飾られた。平戸生月島のある漁師は妻の出産時に半紙に描いた十字架を室内の壁に留めてこれに男児の出産を祈ったが、生まれた男児が突然死すると十字架の描かれた紙を小刀でずたずたに切り刻んで捨ててしまった（フロイス『日本史』一部二一章）。このことは、初期のキリシタンが従来からの迷信や偶像崇拝を完全に払拭《ふっしょく》しきれない状況にあったことを示唆している。キリスト教の新しい信心具には特別な思いというよりは従来の神仏の信心具の代わりにという意識が強く働いていたようである。来日して二〇年以上の経験をもつフロイスは、キリスト教に改宗したキリシタンたちがコンタツやメダイ等を強く求めこれらに執着したのは、護符や飾り物を失ったために喪失感に襲われて空虚感を感じ物足りない気分になったためであろうと指摘する（一五八四年十二月十三日付、加津佐発信書翰）。

ジシピリナの苦行

ジシピリナ、すなわち鞭打ちの鞭が病気の癒《いや》しなどのために薩摩・市来で早くより用いられていたことはすでに述べた。ジシピリナを使った苦行は、四旬節の期間の金曜日と、復活祭前日までの聖週間に行なわれた。一五五五年の復活祭を迎える前の金曜日（四月十二日）の夜に府内教会でジシピリナと受難についての説教がなされたこと（シルヴァ書翰）、実際に前日の聖木曜日にジシピリナの苦行がなされたことが、先に紹介したガーゴ神父の書翰から知られる。すなわち、洗足式についての説教があり、ガーゴらが貧しいキリシタン一二名の足を洗ったのちに受難の説教がなされ、詩編（五一）が唱えられている間、鞭打ちの苦行が行なわれた（一五五五年九月二十三日付、平戸発信書翰）。復活祭を迎える聖週間には、特に聖木曜日と聖金曜日に詩編（五一）「ミゼレレ・メイ・デウス」が唱え歌われる中で、苦行のジシピリナが毎年恒例としていずれの教会でも行なわれた。

アルメイダは一五五七年十一月一日の書翰で、同年の四旬節と聖週間の府内教会におけるキリシタンのジシピリナについて詳述し、四旬節の金曜日にキリスト受難の説教が終わると、鐘が鳴り、詩編

（五一）の歌が始まり熱心に鞭打ちをし、自分の身体がまるで本物の敵であるかのように激しく鞭打ちし涙を流した、と報じる。ヴィレラ神父によると、この苦行には老若男女一〇〇名が参加し、十字架上のキリスト像を掲げて行列した（一五五七年十月二十八日付書翰）。

ジシピリナの厳しい苦行についての報告は、時代が下っても各地で見られた。平戸では、「四旬節の最初の日から聖土曜日まで実行した鞭打ち業には誠に目を見張るものがありました。毎日真夜中に教会でその業を行なっておびただしい血を流しただけでなく、自分の家でもなんらかの方法で自らを苦しめます。」と報じられ（フロイス、一五六四年九月二十八日付、平戸発信書翰）、京都では、ヴィレラとフロイスが追放された翌一五六六年の四旬節に、キリシタンたちは金曜日に鞭打ちの苦行を行ない、さらにほとんど毎日厳しい苦行用の粗い毛の帯を身につけようとしたが、パードレはこれが過度の苦行であるとして禁止した（フロイス、一五六六年六月三十日付、堺発信書翰）。

キリシタン、特に貧しかった彼らの多くが厳しい鞭打ちの業に熱心であったのは、宿世《すくせ》からの罪の報いとしての貧困や病気から逃れるために、あるいは滅罪の行為として苛酷なジシピリナの苦行を実践することによって救霊を実現しようとし、また実現できるとの思いであったからかも知れない。キリシタンたちの信心具に寄せる思いとその様子については、宣教師がゴアやヨーロッパの同僚たちに特に強調して報じたところがある。宣教師自身が日本の初期教会の有りようを原始教会になぞらえて、新しいキリシタン教界の将来に大きな期待をよせていたからである。

四　キリシタンの婚姻

フロイスの日本人女性観　フロイスは、一五八五年に肥前加津佐でまとめた『日欧文化比較』の第二章「女性とその風貌、風習について」において箇条書きして、日本の結婚と離婚、女性の行動等についてヨーロッパと比較した。滞日二二年目の彼の日本・日本人観でもある。「日本の女性は処女の純潔を少しも重んじない。それを欠いても、名誉も失われなければ、結婚もできる。」「日本では意のままに幾人でも離別する。妻はそのことによって、名誉も失わないし、また結婚もできる。」「日本では、しばしば妻が夫を離別する。」等々の所感である。

教理書『どちりな・きりしたん』によって、キリシタンたちはキリスト教倫理に基づいた結婚観を学び、日本の婚姻の慣習を克服するよう努めた。教理書「第七　でうすの御掟の十のまんだめんと（神の十戒）の事」は、その「六」で「邪淫《じゃいん》を犯すべからず」、その「九」で「他の妻を恋すべからず」と規定する。彼らがキリスト教倫理に従って生活するようになり、彼らの間では従来の日本人の結婚観・結婚の在り方に変化が見られた。一方、後継者の問題を抱える武士層には困難が伴った。

ヴァリニャーノと日本人の婚姻　一五七九年に来日した巡察師ヴァリニャーノは日本の視察後、一五八三年十月にコーチンで『日本諸事摘要（要録）Sumario de las cosas de Japón』を著し、その二章で日本人の習俗に関して言及し、婚姻について以下のように述べている。

彼ら（日本人）が有する第一の悪の特性は、それがつねに異教徒の習慣であるように、色欲上の悪習と罪に溺れることです。この点で、日本人達は女性達をたいへん信頼しているので、既婚女性に対し死罪があり、夫や親族達を姦通者《かんつう》と一緒に殺すことはあるにはあるが、彼女達が罪（不義）を犯すとはほとんど考えていない。……一般に彼らは正妻一人を持っているが、誰もが望む限りの女性を有している。正妻と離婚しようとする時にはこれを捨てて、他の女性を娶《めと》るが、そのためにいずれにも悪感情が残ることはない。彼らはこうしたことを平静に行なっており、驚くべきことである。なぜなら、親族の間にはいかなる感情も生じないばかりか、むしろ訪ねあって以前のように付き合い、話しているからである。

ヴァリニャーノの日本人の婚姻に関する理解はかなり的確であったと思われるが、二年半の日本滞在で把握できるような内容ではない。在日歴が長いフロイスや、同じイタリア人オルガンティーノ神父（一五七〇年来日）やジョヴァンニ・バプティスタ・モンテ神父（一五六三年来日）の助言があったであろう。女性が貞潔を守り、一夫一婦制が一般的であるが、男はその資力次第であったとの印象を持っていた。離婚がいとも簡単に行なわれ、それに伴う精神的葛藤のようなものが微塵《みじん》もないと痛感していたことも事実であった。

大友宗麟《そうりん》の再婚問題　宗麟の再婚問題は、教会が日本における離婚と再婚に対してどのような対応をしたかについて知りうる好事例である。宗麟が妻の大宮司奈多《なた》鑑元《あきもと》の女《むすめ》を離縁して、新しい妻を迎えようとして彼女への授洗をカブラル神父に願った時、同神父が宗麟に述べた文言がある。

彼女がキリスト教徒である以上、正式な夫人となるには、殿下（宗麟）が異教徒と言っても、命ある限り彼女と共に暮らす決心が必要であり、さらに言えば、殿下が将来キリスト教徒となる場合には、すでに離縁した最初の婦人との結婚は正当な理由によって非合法かつ無効なので、救い主への大いなる侮辱となり、再び同棲することはできないと答えた（フロイス、一五七八年十月十六日付、臼杵発信書翰）。

宗麟は一五七八年（天正六）八月二十八日にカブラル神父から洗礼を受け、教会で婚姻の秘跡を受けて新夫人ジュリアと共に正式に結婚した。彼は夫人ジュリアを伴って日向《ひゅうが》出陣のため十月四日に臼杵を出帆した。彼は日向滞陣中に教会のために尽力し、婚姻の掟を守り、肉の罪によって己の魂を穢《けが》すことはしないとの三つの誓約をし、日向撤退後の降誕祭の第三のミサ終了後にも、妻ジュリアの前でフロイス立会いのもと再び誓約を行なった（「一五七九年度日本年報」）。離縁された先妻（通称イザベル）はそのまま臼杵の丹生島《にゅうじま》城に留まった。

ローマ教会は、トリエント公会議（一五六三年の第二四回総会）で「婚姻」に関する改革を行なって教会法「婚姻規定」を集成し、「神が定めたもうた婚姻をキリストの秘跡Sacramentaとする」として、婚姻を教会の公認とすることを規定した。異教の国日本の教会に婚姻に関する教会法を適用することには困難があった。日本では離婚がたやすく行なわれて結婚の永続性についての認識がまったくなかったし、一夫多妻が行なわれていたからである。一五九二年二月に長崎でイエズス会日本管区第一回総会が開催され、「庶子に対し発布された小勅書 brevis」（第三九章）について検討された。すなわち、最初の配偶者がまだ存命中なのに別の者と結婚することは、日本人たちの間では非常に多くの例のあることで、合法的なこととされている。このような場合は［修道会の入会は］拒否してのことである。同様に、近親間で契約された結婚および異宗婚によって生まれた者も、すべて日本においては嫡出《ちゃくしゅつ》とみなされるがよい（『日本第一回管区総会議議事録』、ヴァリニャーノ著、家入敏光《いえいりとしみつ》編『日本のカテキズモ』）。

ヴァリニャーノはローマに管区代表として赴くヒル・デ・ラ・マタ神父に託して、スペインの神学者ガブリエル・バスケスに「婚姻問題」を含む五項目について諮問《しもん》した。バスケスは一五九五年に回答し、日本人の結婚は、それが無条件な形でなされるにせよ、あるいは気に入らなければ自由に離別するという、妻の性格を試す意図を以ってなされるにせよ、無効である。結婚には自ずから永続的な絆と、永続的な義務が存在するために、日本人の結婚には結婚の永続性に反する明確な条件がある。日本では意のままに妻を離別するという全般的な習慣があるために、これには親族の誰も、また妻自身さえも不平を述べず、不名誉な侮りを受けることもなく、日本人の間では結婚の契約が永続的でないと考えられている、と結論している（López Gay, Un Documento Inédito del P. G. Vázquez）。

セルケイラと婚姻の秘跡　一五九八年来日の府内司教ドン・ルイス・デ・セルケイラは、一六〇五年に長崎で『サカラメンタ提要』を出版した。同書の基本はトリエント公会議の決定に基づき、第一部では、洗礼・悔悛・聖体・婚姻および五つの秘跡に関して通常の司祭の日用に供するためのものであり、第二部は、司祭が病者に死の善き準備をさせるための教えと祈禱、あるいは勧めからなる。特に、結婚の秘跡に関しては日本の特殊事情を考慮した上で、キリスト教的婚姻観を日本に適応させようとしたものであった。

婚姻の秘跡は、「ロウマのカテキズモの教に従ってマチリモウニョについての教のこと」と「マチリモウニョを授かるべき時、永く離別すること叶わざる儀についてすべき別のこと」の二つからなる。前者では、「このサカラメント（秘跡）は奥意深く、その位も、徳も少なからず。これを清き心にて授かる人は存命の間、互の堪へ難きことをも快く凌ぎ、きりしたんの夫婦にあたる身持をよく守るためのガラサ Graça（恩寵）を受け奉るなり。」とあり、それは、またこの道をもって夫婦が互いに身の上の不足を合力し（補い合い）、軽め、老衰の時の扶けとならんためである、とする。後者では、婚姻の秘跡は「生得の法度《はつと》と、デウスの御掟と、我らが御主イエス・キリスト IESV Christo の御定めに従って、夫婦の中一方死せざる中《うち》に、離るまじきとの堅き契約 qeiyacu なり。」（ヨハネス・ラウレス「新に発見された『長崎サカラメンタ』附録の邦文テキスト」）と明言する。キリシタンたちは婚姻が契約であるとの観念を強く教え込まれていたようである。

ラテン語版の『サカラメンタ提要』ではさらに詳述されて、第一部の「婚姻秘跡の執行に関する教会法および公文書」では五三条にわたって、第二部では「婚姻秘跡を挙行する典礼」について説明される（河野義祐《こうのよしすけ》「『サカラメンタ提要』における婚姻の秘跡」）。これらの規定が厳密に遵守され執行されたか否かは明確でない。しかしたとえば、禁教・迫害によって宣教師が追放され、潜伏した宣教師も各地のキリシタン教界に赴くことができなくなっていたために、主任司祭や証人の立会いを必要とした婚姻の挙式が不可能となりつつあったことが、セルケイラ司教のパウロ五世宛一六一三年三月二十四日付書翰から知られる（H・チースリク「セルケイラ司教の報告書」）。

第三　キリシタンの医療と救貧活動

日本人のキリシタンが医療活動に積極的に関わるようになったのは一五五九年（永禄二）のことであるが、その基礎は一五五七年（弘治三）にイエズス会によって豊後府内に築かれた。キリスト教宣教の初期に、先ずイエズス会によって医療事業と活動が主導され、のち、それは日本人キリシタン、特にミゼリコルディアMisericordia（慈悲の組）に受け継がれ、イエズス会は徐々に医療事業から手を引くことになる。キリシタン自身による本格的な医療事業は、一五八三年（天正十一）長崎に設立されたミゼリコルディアによって推進される。

一五九〇年代に来日したフランシスコ会は医療活動に力点を置いて宣教を推進したため、同会経営の病院が各地に建てられ。病院が宣教活動の一拠点となった。宣教師が日本にもたらした医学は外科が主流であり、それは南蛮医学と称せられたが、江戸時代には禁教・迫害が強化されると、南蛮の名称は忌避され紅毛医学の名で伝えられた。

一　救貧活動と医療

救貧と慈悲の所作　キリストの教えが隣人に対する御大切・隣人愛であること、そしてその実践にあることは、すでに第一の「キリシタンの教理」で述べた。隣人愛の実践は、ザビエルの「二十九ヶ条の教理」において、「一九　七つの身体的慈善の業」、「二〇　七つの霊的慈善の業」として説かれ、のち一五九一年に印刷・出版された国字本『どちりいな・きりしたん』の「第十二　此外きりしたんにあたる条々」において、その肝要なことの一つとして「慈悲の所作」十四ヶ条が明示された。「慈悲の所作は十四有。初め七は色身《しきしん》にあたり、後の七は、すぴりつにあたる也。」とある。「色身」はすなわち肉体に関わる所作・行為である。そこでは、「一には、飢へたる者に食を与る事。二には、渇したる者に物を飲ますする事。三には、膚《はだへ》をかくしかぬる者に衣類を与る事。四には、病人をいたはり見舞ふ事。五には、行脚《あんぎゃ》の者に宿を貸す事。六には、とらはれ人の身を請くる事。七には、死骸を納むる事、是なり。」と教え諭している。

山口および府内の教会で、キリシタンたちが降誕祭や復活祭に貧者に対して食事を供するなど救《きゅう》恤《じゅつ》に当たっていたことは、その一端である。

育児院の開設　平戸から豊後府内を訪れたユダヤ系ポルトガル人ルイス・デ・アルメイダが、日本における間引きや堕胎による乳幼児の死が際立って多いことに心を痛めて、イエズス会のガーゴ神父にその救済について助言し資金援助をすることを申し出たのは、一五五五年のことである。ガーゴは早速大友義鎮《よししげ》（のちに宗麟《そうりん》と号す）に育児院開設の支持と保護を得ることについて、すなわち、「私達がそのために彼（義鎮）から入手する家に幼児達を連れて来るようにとの命令を得るため」（一五五五年九月二十三日付書翰）交渉した。フロイスは、アルメイダの訃報記事の中で、「豊後の私達の修院に隣接する育児院 hospital を造ることを考えたのは彼であった。」（『日本史』二部一章）と述べる。義鎮からイエズス会に育児院開設のために家一軒が与えられたことが知られる。育児院には、「異教徒達の子供である捨てられた幼児が収容された。それは、彼らが生まれた時、貧困のためにこれを殺すことがより良い解決策であると見なしているからである。」という。アルメイダは育児院のために一〇〇〇クルザードをガーゴに提供した。育児院を世話するキリシタンの乳母数名が雇い入れられ、幼児に牛乳を飲ませるために牝牛二頭が飼育された。育児院の世話と管理は、のちにはイエズス会の手を離れ、ミゼリコルディアの会員たちに委ねられたであろう。

二〇〇二年（平成十四）に大分県教育委員会が実施した「中世大友府内町跡」遺跡発掘調査によって、一五五三年建造の教会の敷地周辺から一七基の木棺が出土し、そのうち幼児の遺体一一体の埋葬が確認されている（大分県教育庁埋蔵文化財センター『豊後府内6』、調査報告書（五））。うち八基は七〜八歳以下の幼児で一五六〇年代、他の三体は一五七〇年代を中心とする時期の埋葬とされる。幼児の遺体が納められた木棺が一一基も確認された事実は、育児院で亡くなった子供たちが教会敷地内の墓地に埋葬されたことを示している。育児院は一五八七年ころまで存続したと推測されるが、埋葬者の多数が三〇数年の存続期間中の初期ないし前期（一五六〇〜七〇年代）に集中しているようであり、後期に幼児の埋葬者が減少したと思われるのは、幼児の死亡者が激減したか、捨て子が少なくなったということであろうか。

医療施設の建造　布教長トルレスが医療事業に着手することを構想し病院の開設について決断したのは、一五五六年十二月の降誕祭後のことであったようである。同年、トルレスらが戦乱の山口を避けて六月に府内に至り、七月初旬にヌーネス・バレト一行がゴアから府内に到着したことで、府内の修院は居住者が倍増して手狭になっていたため、大友義鎮は宣教師たちの便宜を考慮して杉材で造った家屋数軒をイエズス会に寄進した。この機会に、イエズス会は義鎮が寄進した家屋が建つ敷地を購入することを決めて彼と交渉し、これを入手した。購入地は一五五三年に義鎮から寄進されて教会と修院が建てられていた土地に隣接し、この土地よりも一段と高い所に位置していた。イエズス会は購入した地所に建つ家屋を一時移して整地し、再び家屋を移転して新しい教会と修院に改修し、十一月一日の諸聖人の祝日に新教会の献堂式がヌーネス・バレトの司式で行なわれた。空き家同然となった下の土地の旧教会と旧修院の活用が模索された。十二月二十六日に府内を発って朽網《くたみ》を訪問中のイルマン・ジョアン・フェルナンデスが府内に呼び戻されたのは、その数日後のことであった。一五五七年一月早々にトルレスは義鎮を訪ねて病院設置計画について開陳した。この時、その通訳を務めたのがフェルナンデスである。義鎮はこの病院設置構想に賛同を示し、旧教会の病院への改修改造工事は一月末ないし二月初めにも着手され、復活祭（四月十八日）前の聖木曜日（四月十五日）までに完了した。

病院開設の背景　トルレスが病院開設を決意するに至った理由はどのようなものであったのであろうか。一つには、府内の町に医療を求める人々が余りにも多かったことである。視力のほとんどない者がキリシタンになって一年が経ち視力を回復したことが話題となった。イルマン・シルヴァによると、「その時以来、あらゆる地方から、あらゆる病気の患者達、すなわち盲目の人、癩病《らいびょう》（ハンセン病）の人、聾唖《ろうあ》者、熱病やその他の病気の患者達が、ここに集まりました。」（一五五五年九月十日付、豊後発信書翰）。二つには、育児院が設けられてから一年が経過して、その成果がイエズス会内部および外部から高く評価されていたこと、三つには、一五六五年にイエズス会に入ったイルマン・アルメイダがポルトガル国王の外科医免許状を所持し、育児院での治療と介護、あるいは医療を求めて教会にやって来る人々への彼の適切な医療処置などが厚い信頼を得ていたことであった。トルレスはアルメイダの医療における技量を高く評価し、それを活用したいとの意向であった。こうして、アルメイダは「心の薬師《くすし》」としてだけでなく、実際に「肉体の薬師」としても本領を発揮する機会を与えられた。

病院は二つの病室からなっていた。トルレスによると、「当病院は二つに仕切られています。すなわち、当地に数多くいるハンセン病患者用であり、もう一つは他の諸々の病気のためのものです。」

(一五五七年十一月七日付書翰)。一つは腫瘍《しゅよう》およびハンセン病患者のための病室、他の一つは「諸々の病気」すなわち外科と内科を兼ねた病室であった。

貧者の家の建造　病院が完成して医療業務が始まっていた同じ年の九月ころに、下の敷地内にあった旧修院の改造工事が進行していた。九月六日新しい修院に招かれた義鎮は会食後に家臣を通じて扶《ふ》持《ち》renda を与える旨をイエズス会に伝えたが、同会は「私達にはまったく必要ではないが、貧者達のための家一軒を造っていて、その家では大いに必要としているので、その家のために私達に与えてくれるよう願いました。」(トルレス前記書翰)。下の地所を再活用する計画の一つとして、旧修院を貧者のための家に転用するための増改築が八月に着手されていて、工事は十月ころまで続いたようである。フロイスは『日本史』で、一五五八年のこととして、「府内のかの貧者達の病院 hospital において私達の主であるデウスになされた奉仕は甚だ大きいものであった。」(第一部一九章)と述べているが、「貧者達の病院」とは、トルレスが伝える「貧者の家 una casa pera pobres」のことである。この家は一五五九年に慈悲院 Casa da Misericordia と呼称されるようになる。

病院の新築・拡充　病院の評判が高まり広く喧伝されるようになって多くの病人がやって来たため、イエズス会は病院の拡充・拡大を考えることになり、病院の新築・拡充に着手した。工事は一五五九年復活祭(三月二十六日)以降に着工され、七月一日に落成した。ガーゴ神父は一五五九年十一月一日付書翰で、新しい病院について次のように説明する。

この市に私達は地所二ヶ所を所有しています。すなわち、［一つは］下の地所で、ここに始め一軒の家が建てられて教会に利用していましたが、今は腫物《はれもの》（ハンセン病ヵ）やその他の各種の傷を負った者の病院になっています。次いで、本年一五五九年にこの病院の前面に、石の上に土台を据えた大きな木造の家が一軒、他の種類の病気［治療］のために建てられました。家の真ん中に祭壇があり、聖母訪問の日（七月二日）の前日に完成して、その祝日に最初のミサが挙げられ説教がありました。……この家は両側に八室を持ち、［病］人が多い時には一六人を収容することができます。部屋には戸があり、それぞれは閉じられています。この家には、病人達を世話しなければならない医師のための部屋が隣接しています。家の周囲には縁側 varanda があり、病人は皆診療のためにここに出てきて、原因が取り除かれるために治療を受けます。

礎石を据えた木造の大病院は一六室からなる病室を持ち、家の中央に祭壇があった。医師のための部屋（診療室ヵ）があり、入院患者は縁側に出て医師に診察を受けた。さらに病院で働く職員のための家数軒が病院の近くに建てられた。職員は一二人の既婚者であり、職員住宅は長屋風の建物数軒が新旧二つの病院の傍にあった。新病院は、ハンセン病や外科以外の病気、すなわち眼病等を中心にした内科治療のために造られた。

医療スタッフ　豊後府内病院の特色の一つは、ヨーロッパの医療技術をもたらしたアルメイダが実践した外科にあった。この外科医療は、いわゆる南蛮医学の始まりとなった。

外科医アルメイダは、一五四六年三月に外科医の試験に合格しポルトガル国王ジョアン三世からポルトガル全領土で開業できる免許を与えられた。しかし、彼は二年後に貿易商人としてゴアに渡航し、一五五二年八月ドゥアルテ・ダ・ガマの船で種子島《たねがしま》到着後に鹿児島を経て平戸に至った。一五五五年再来日して平戸に滞留し、代理人アフォンソ・ゴメスを通じて医薬品調達を図っている。すなわち、「私は彼に指図して依頼したものは、この土地でたいへん渇望されている医薬品とキリスト教徒のための大箱一個の軟膏で、彼らがたいへん必要としているものです。」（一五五五年九月十六日付、平戸発信書翰）。アルメイダは商人でありながらも依然として医師としての信念を保ち続けていた。ヌーネス・バレトの彼についての所感がある。「治療についてある程度の知識を持つイルマン・ルイス・ダルメイダがそうした仕事をしている。このイルマンはコンパーニャ（イエズス会）に入る前に多額の金を所有していたので、日本へ行った時も積極的に病んでいる人々［を治療することで］我らの主に奉仕した。このイルマンにはそうした人々を治療するのに利用できる薬草や薬品の知識がある。」（一五五八年一月十日付、コーチン発信書翰）。

彼は自分を継ぐべき医療従事者について腐心《ふしん》していたようである。宣教活動で彼の役割が次第に大きくなっていたために、医療に専念することができなくなっていたからである。このため、彼は「修院の者数名を養成し専門家に近きものとした。」（ガーゴ、一五五九年十一月一日付書翰）。イルマン・シルヴァはその一人である。一五五二年に来日したシルヴァは、アルメイダの講義を聴講し、病院開設当初からアルメイダを補佐し、彼の不在時には病院の運営と医療に関わっていた。病院の業務に就いたのはアルメイダとシルヴァ、それに「数名の若者」であった。その中の一人が日本人ディオゴであったであろう。彼は一五六三年横瀬浦にいたトルレスから病気の五島《ごとう》島主宇久《うく》純定《すみさだ》の求めに応じて五島に派遣された医師である。彼は病気がちのトルレスに従って豊後府内から横瀬浦に来ていた。トルレスは前年、横瀬浦到着直後に博多の一領主から銃傷を負った家臣三人の治療を求められて、修院の一青年を遣わして弾丸を取り除かせている（アルメイダ、一五六二年十月二十五日付、横瀬浦発信書翰）。アルメイダから弾丸摘出の指導を受けた青年はディオゴであった可能性が高い。

シルヴァを補佐したのが、一五六一年平戸到着後に府内に赴いてイエズス会に入ったイルマン・アイレス・サンシェスである。彼自らが「私は目下病人達の治療に当たっている。」（一五六二年十月十一日付書翰）と記している。彼がイエズス会入会後直ちに医療に携わったことは、彼に医療についての知識・心得が少しはあったのかも知れない。アルメイダはインドの上長に対して度々医療業務を援助できる修道士の派遣を求めていたが、それに叶う人材はいなかったようである。

外科治療がおおむねイエズス会の修道士たちによって担われたのに対して、内科の治療は日本人の医師たちが担当した。府内病院発足時の医師は、山口でキリスト教に改宗した多武峰《とうのみね》出身の元仏僧キョウゼン・パウロであった。ガーゴは前記一五五九年十一月の書翰で、キョウゼンについて言及している。

彼は隠遁生活が気に入ってこの豊後に来た。彼はパードレ（トルレス）に付き従って熱心に苦行して、常に禁欲生活をしていた。パードレ・メストレ・ベルシオール［・ヌーネス・バレト］は彼の才能を認めた。彼は医師であった。彼は病死したが、病気であった時に彼が持っていた幾つかの薬と書物について解説した。ミゲルと称する他の者が彼の代わりになったが、彼もまた死去した。……そこでパードレはこれらの薬を用いることにした。それらはシナに由来するものである。これら［シナの］書物二冊はキリスト教徒二人が学習中であり、大きな効用がある。

キョウゼン・パウロはトルレスと共に山口から府内に至り、府内の修院に住み、そこでゴアから視察に来たヌーネス・バレトに会った。病院が開設されると漢方医として内科を担当したが、六ヶ月後の一五五七年十月に病死した。二四歳の若さであった（ヴィレラ、一五五七年十月二十九日付、平戸発信書翰）。彼は病床にありながら、漢方薬の処方と漢方に関する書物の解説書を作成していた。彼の死後、ミゲルなる者が後継の医師となったが、彼も一五五九年十一月以前に死去した。トルレスは、このため、パウロが遺した解説書あるいは漢籍の医学書の学習をキリシタン二人に指図した。

もう一人の内科担当者は、山口から避難して来ていたザビエルの元宿主《やどぬし》内田トメであった。アルメイダが、「彼は現在、私達が有する当病院の医師としてカーザにあり、すでに死去したパウロの代わりを務めている。」（一五五七年十一月一日付書翰）と報じることからすると、キョウゼン・パウロの死後にミゲルと内田トメが相次いで内科医となったようである。ミゲルの死後に内田トメが一人で内科を担当していたのであろう。アルメイダは二年後の一五五九年十一月二十日付書翰で、患者が激増したことに触れ、「当地の者数名が自分を助力する必要が生じ、私達治療する者が六名になって［治療は］朝に始まったけれども午後遅くになって終わったほどである。」と伝える。アルメイダを除く助力者の五名が外科を担当していたのか、内科も含めてのものであるのか明確でない。内科医の内田トメを含むとしても、外に四名の日本人が医療に従事していたことになる。

施療と薬剤　府内病院は、開設当初から病室が二つに仕切られていたから、どのような種類の病気が治療の対象になっていたかはおおよそ推測できる。病室は、「負傷者や容易に治療することのできる病人のための一室」と、「ハンセン病患者 leprosos のための別室」（ヴィレラ、一五五七年十月二日付書翰）とからなり、トルレスも「ハンセン病患者の一室」と「他の病気のための別室」とからなり、一人のイルマンが一日二度の治療に当たっている、と伝える（一五五七年十一月七日付書翰）。このイルマンとはアルメイダのことで、毎日午前と午後に治療していたのであろう。

ハンセン病室の表記については、「腫瘍治療」あるいは「腫物」の室とも表記される。一五六一年十月一日付のフェルナンデスの書翰によると、腫瘍患者の来院が多かったのは、夏の初めから冬の初めころまでであり、日本全国から来た患者一五、ないし二〇人が絶えず腫瘍の病室に入っていた。また一五六二年のサンシェスの前記書翰には、「当病院には毎日治療を受けに来る者たちの他に、一〇〇人以上の人々が収容されていますが、……これらのうちの大多数は［当地では］回復できないと考えられていた腫瘍の患者です。」とある。当時、腫瘍と考えられていたのは、ハンセン病だけでなく、疱瘡《ほうそう》や疱毒（梅毒）、皮膚病一般であり、潰瘍《かいよう》もまた腫瘍と同じものと理解されていたようである（サンシェス前記書翰）。

ガーゴが「各種の傷を負った者の病院」と称する外科の病室では、切傷や刀傷（金瘡《きんそう》）、鉄砲などによる銃創、打撲が診療の対象となった。『南蛮流外科秘伝書』（『南蛮流外科書』）によると、一般的な腫《しゅ》疔《てい》、腫物、創傷が外科の領域であった。戦国時代末期から織豊時代、江戸時代を通じて眼病が際立って多かったとされるが（立川昭二『近世病草子』）、軽症のものは教会の聖水によって治癒したと報じられている。眼病の多くは結膜炎であったとされ、乳幼児が失明し畸形盲目になった原因は痘瘡《とうそう》（もがさ）や麻疹などによる熱病や栄養失調によるためとされる。フロイスは、「われわれの間では痘瘡（あばた）のある男女はめったにいない。日本人の間ではそれはきわめて普通のことで、多くのものが痘瘡で失明する。」と見ていた（『日欧文化比較』）。

アルメイダの外科治療の技術はそれほど優れたものではなかったようであるが、日本の当時の水準からははるかに勝っていたとされる（石原明『日本生理学前史』）。彼が五島の宇久純定に行なった検尿は日本ではなされなかったことである。鉄砲火器使用による傷の外科手術と治療、刀傷の治療には彼の技量が発揮されたようである。腫物（腫瘍）の治療方法は、散薬によって散らし、あるいは膿薬によって化膿させたのち切開した。しかし、フロイスが、腫瘍を火で焼く焼灼《しょうしゃく》について、日本人は苛酷な治療を受けるよりは死ぬことを選ぶだろうと指摘することは（『日欧文化比較』）、潔《いさぎよ》い死を心懸けていた武士の死生観に関わることであったろう。府内病院では、一〇年、二〇年来の負傷や腫瘍が治療され、彼らは一五日間で快癒《かいゆ》したという（ヴィレラ、一五五九年十月二十九日付書翰）。患者の多くは地位ある武士以外の者たちであったであろう。

薬　剤　アルメイダは、熱病に罹っていた宇久氏の治療に際し、尿を調べ、脈を取って病状について説明し、薬の服用についても説明した後、解熱《げねつ》のための薬剤を調合し金を塗った丸薬三粒をつくって与えた。彼は誤解を与えないように配慮しつねに日本とポルトガルの薬剤を携行していた（一五六六年十月二十日付、志岐発信）。

外科治療の後には、外傷薬として粉薬、軟膏、焼灼剤が用いられた。内科治療には薬草を処方した薬が用いられた。これはキョウゼン・パウロ以来のことであり、彼の死後に彼の処方箋や漢籍の医学書の解説書に基づいて薬が調合・調製された。アルメイダがインドに注文したポルトガル製橄欖《かんらん》油や椰子《やし》油が塗り薬として重用された。ミサ用のブドウ酒もまた病人のために転用されたし、味噌が薬として健康な者（病気の回復者を指すヵ）に与えられた。アルメイダは自ら製薬調剤を行ない、マカオから医療器具と薬剤を取り寄せ、これらを具えた薬局を作った（『アルメイダの生涯と死』）。

イエズス会の医療に対する規制と府内病院　一五五八年八月、ローマのイエズス会では第二代総会長補佐フアン・デ・ポランコが「宣教の諸問題の取り扱いに関する覚書」を作成した。「病院の世話について」の一項は以下の通りである。「一四　例の地方において病院の世話を受けることは、外部の人がそうするのに不適当なとき、あるいはそれが著しく模範になるとき、ゴアとプニカッリと豊後のように会員に許すべきか。決めるときは外部の人を通してそうすべきか。しかし、外部の人が不適当であるならば、自分たちがそうできるようにする」。ポランコはインド管区長クァドロス宛一五五八年十二月十三日付の書翰で、ローマにおいて当問題を取り扱う際の判断資料とするためにインド管区が所轄する病院の実態について報告するよう要請した。すなわち、「そのような問題を引き受けるに至った動機について、また何か義務があるのか否か、またその仕事を引き受けて、これを解決することができる徳のある俗人が何人いるか否か、そしてそのような事業からどのような成果が挙がるのかについて」の回答を求めた（五野井隆史「豊後におけるキリシタン文化」）。府内病院開設の報告は一五五八年八月の時点ではまだローマに届いておらず、ポランコが豊後に言及した根拠は、一五五五年開設の育児院に、一般には「病院」を意味する「ospitall, espirital」のポルトガル語が用いられていたことにあったようである。ゴアにはすでに府内病院の報告がもたらされていたから、ポランコの要請は当然府内病院にも適用されるべきものであった。

一五五八年ローマのイエズス会では第一回の総会が開催されて、イグナティウス・デ・ロヨラが起草した『会憲』草案が検討・承認された。その第四部第一二章では、イエズス会が大学で教える科目について言及され、「医学と法学」の研究は同会の会則にそぐわないとして否定された。しかし、ロヨラは同会への入会希望者には実習として病院において奉仕活動することを求めていたため、このことは『会憲』の「一般的試問事項」に明記された（五野井前掲論文）。ポランコの覚書は『会憲』第四部第一二章に関連することであり、覚書と印刷された『会憲』は翌一五五九年にゴアにもたらされた。インド管区長の覚書に対する回答ないし意向と『会憲』は、一五六〇年ないし一五六一年には日本に届いたはずである。従来、このことが、日本における医療活動を禁止した措置であると認識されてきたようである。

府内病院には一五六一年以降もイエズス会のイルマンが関与していたし、外科医療では同会会員の存在はなお必要であった。アルメイダは既述のように一五六六年にも医療に関わっていた。しかし、一五五九年に府内に新しい組織体が生まれ、イエズス会員が宣教に専念できる体制が確立していた。

二　慈悲の組と救貧・医療活動

府内の慈悲の組　府内病院の医療活動が順調に進展してその評判が各地に広まると共に、宣教活動も豊後のみならず肥前の平戸島・生月・度島、筑前博多で展開して、イルマン・アルメイダの宣教における役割が高まり、医療に彼を専念させることが難しくなっていた。このため、上長トルレスは慈悲の組を設立してこれに医療事業を委託することによって、医療に関わるイエズス会員の負担を軽減しようとした。特に、宣教活動の中核を担いつつあったアルメイダを宣教に専念させるためであった。こうして、トルレスの指導のもとに一五五九年七月、会員一二名からなるミゼリコルディア Miseri-cordia、すなわち「慈悲の組」が組織された。設立の目的は、（一）病院における医療活動とその運営、（二）貧者に対する救貧活動の二点であり、その精神は隣人愛の実践にあり、教理書『どちりな・きりしたん』で説かれている「慈悲の所作」一四ヶ条を実践することであった。

府内の慈悲の組は、当時ゴアで行なわれていたミゼリコルディアの組織と規則が参考にされたと思われるが、会員一二名の職務内容については明確でない。毎年二名が中心になって病院の管理運営に当たり、病人の受入れと喜捨の出費すなわち会計事務を担当した。一五五九年の担当者はペドロとパウロの二名であったが、アルメイダの一五九九年十一月二十日付書翰によると、彼らはイエズス会にその能力を評価されて、翌年も継続する予定であった。他の一〇名は病院内の実務を担当し、救貧活動のため募金によって集められた金銭を山間地方に住む貧者たちに分配した。また病人を巡回して見舞い、死者が出ればその葬儀に参列し、これを埋葬した。

慈悲の組の会員は全員既婚者であり、豊後出身者六名、平戸と山口から信仰のために避難して来た大工や鍛冶屋らが五名、他の一人は山口出身者の娘と結婚していたポルトガル人であるが、フェルナンデスが報じるには一五六一年十月八日の時点で彼は病院には関与していなかった。会員の子供たちについてのアルメイダの報告がある。

私達の教会の地所に隣接している土地には、一一ないし一二組の夫婦が居住し、その息子達や下僕達が一緒にいます。アヴェ・マリアの時刻になると、全員が十字架の前に跪いてドチリナを唱え始め、ゆうに一時間は続きます。彼等はたいへん忍耐強いので今日まで一日も怠ることはありません。これはパードレ達が彼等に命じたことではなく、両親が習慣として彼等に課しているからです（一五六一年十月一日付）。

慈悲の組の会員たちの篤い信仰が医療活動にも強く反映されていたであろうことが推測される。慈悲の組が運営する病院に関する報告は、イエズス会員の関与が少なくなるにつれ当然減った。「当地（府内）には一つの病院があり、当病院では内科 fisico と外科 curugia からなる多くの治療が行なわれています」。これは、トルレスが一五六六年十月二十四日に肥前口之津から送信した書翰の一節である。同病院の患者の大多数を占めていたハンセン病についての記載がないのは、内科に包括されたためであろうか。

一五七〇年代、慈悲の組の活動を伝える報告は、同年代前半期に宣教師の府内常住が皆無に近い状況になり激減する。アルメイダは一五七〇年にジョアン・モンテ神父に代わって二ヶ月半府内の教会に滞在した時に、同地の有力キリシタンの死去に遭遇《そうぐう》し、慈悲の組の会員四名が彼の棺を乗せた輿《こし》を運んだことについて報じている（同年十月十五日付、平戸発信）。

一五七〇年トルレスに代わる上長として来日したカブラルは、府内のキリシタン教界は当初から病院を有していたために、同教界は下層の者と伝染病患者からなっていて地位ある人物がおらず、デウスの教えは信頼を欠いていたとし、パードレたちが慈悲の所作によって教化に当たったけれども医療活動などの慈善事業がキリスト教界のために妨げとなり、武士の改宗者はこの二〇年間にたった一人で、彼も治療後には恥辱を感じて立ち去り、再び教会に来ることはなかった、と批判的であった（一五七六年九月九日付書翰）。カブラルの指摘には誇張があるが、それは、府内病院がその継続した活動によって着実に成果を上げて来たこと、そして、医療事業を推進・維持してきた慈悲の組の存在と活動を強く印象づけるものでもあった。

なお、「貧者達のための家」は一五五九年に「慈悲の家（慈悲院）」と改称されたが、これにはクラと称する元勧進比丘尼《かんじんびくに》が豊後出身の未亡人二人と共に居住して奉仕活動に従事していた。一五六二年に、一〇〇名以上の患者が病院に収容される事態になって新旧の両病院で全員を収容しきれず、患者の一部は慈悲院にも回されたようである。病院の管理運営のために設けられた慈悲の組と、「貧者の家」が「慈悲の家」すなわち慈悲院との関係がどのように位置づけられていたのかは不明である。

長崎の慈悲の組　長崎のミゼリコルディア（慈悲の組）の会長 provedor 一名と役員 officiaes 六名が、慈悲の組がポルトガルの規則と誓約のもとに設立され、コンフラリア（信心会）が始まってから三二年になること、したがって、ポルトガルにおけると同様の贖宥《しょくゆう》（免宥）をコンフラリア会員のために教皇から得てくれるようローマのイエズス会総会長に請願した、一六〇二年（慶長七）三月十日付の文書がある。三二年前とは長崎の町建ての一五七一年に当たる。コンフラリアが長崎の新町建設と同時に発足したとするには無理がある。

長崎のミゼリコルディアは実際には一五八三年（天正十一）に堺出身の金細工師ジュスティーノが中心になって設立され、マカオに会員を派遣してポルトガルのミゼリコルディアの規則と旗（幟《のぼり》）を取り寄せた。その規則に基づいて組は運営され、会員 Irmão は一〇〇名からなり、会長（惣親《そうおや》）Provedor 一名がいた。本博多町にミゼリコルディアの家（慈悲院）が建ち、聖母御訪問の日（七月二日）に荘厳な儀式が行なわれた。会員は葬儀と聖体行列に参加し、貧者のために町に出て募金活動を行なった。翌一五八四年に小教会が併設され、その周囲に町 povoado ができ数軒の小家が建った。しかし、同年二月火災によってミゼリコルディアの周辺にある町は焼失した。「倉 curas といわれる四ないし五軒の建物 gudões が残ったに過ぎない。教会のそばにあった角の家一軒と教会が奇跡的に残った。」（イルマン・フランシスコ・ペレスの「覚書」）。ミゼリコルディアの家も類焼を免れたようである。

既婚女性一二名による「女性のミゼリコルディア」が設立されたのは一五八五年である。ジュスティーノの妻ジュスタが音頭をとり、数ヶ条からなる規則を書面にし、年に六、七回告解を行ない、慈悲の所作一四ヶ条を実践することを謳《うた》い、老女や寄辺ない子女を扶養するために施療院を設けた。一五九〇年には男子のミゼリコルディアはジュスティーノを会長に戴き、会員を一二〇名に増員した。老人用、身寄りのない女性用、不治の病人（ハンセン病患者ヵ）用施療《せりよう》施設三つを維持運営していた。

翌一五九一年にポルトガル船のカピタン・モール、ロケ・デ・メロがハンセン病者のための病院設立資金を寄進し、長崎郊外にサン・ラザロ病院が翌年にかけて建造され、慈悲の組がこれを管理・運営した。当病院付属の教会サン・ジョアン・バウティスタ教会が建ったのは一五九四年である。一五九二年十一月のイエズス会「名簿」では、ミゼリコルディアのカーザ（修院）に、パードレ四人とイルマン三人が居住して同院を世話していた。

長崎の郊外浦上《うらがみ》にもハンセン病者のためにサン・ラザロ病院があった。築造年代は不明であるが、一五九七年二月五日、西坂における二六殉教事件前に、同病院付属教会（礼拝堂）でイエズス会の同宿五島ジョアンと喜斎ディオゴがイエズス会への入会を許されている。

一六〇三年に、長崎にハンセン病者用以外の、一般病人のための病院が建てられた。

多数の追放人、および当地が主要な市場で日本の停泊地であるために自分たちの取引きのために最大の便宜を見出している他の者たちがこの町に身を寄せているので、この町が借家人や住民でますます拡大し広がっているように、多くの貧者もまた、キリスト教徒たちが異教徒たちに慈悲深く寛大であるとの噂によって多数の貧乏人や貧者も押し寄せている。多くの恵まれない人々や身寄りのない者たちを助けるために私たちコンパーニャ（イエズス会）によってすでに数年前にヨーロッパのどこにもありうるようなたいへん整えられたコンフラリア・デ・ミゼリコルディア（慈悲院の信心会）が設立された。……さらに本年《（ママ）》一一〇〇クルザード以上の寄進を出費し、ある遠くはなれた場所にハンセン病者のための一病院も建てられた。これは過去の年報で述べられていることである。この他に、別の病院では援助もなく支えもない大勢の男女が保護されている。普通の病気の病人を治療する病院だけが欠けていた。長崎には各地から多数の者が集まって来るために、当地には普通の病気の者がつねに多数いる。この病院は本年私たちの手によって甚だ便利な場所に建てられ、よく整えられた部屋と事務所を有し、五〇人ほどの病人を収容できるほどの広さである。……この病院の管理と運営は富裕な一キリスト教徒が引き受け、この町の主要な人々が本年の費用の全額を負担することを申し出た（「一六〇三年度日本年報」）。

新興の貿易都市長崎の発展の過程で多数の人間が参集し、その中にはイエズス会やキリシタンたちの救貧活動について聞き知ってやって来た者もかなりいたことが、右の報告から伺い知られる。なお、一般の病気のための病院は、酒屋町に建てられ、小教会も傍に建った。この病院の建築はコレジオの院長ディオゴ・デ・メスキータによって主導された（ディエゴ・パチェコ「長崎サンティアゴ病院の鐘」）。

一六〇六年にポルトガル人とキリシタンたちの寄付によって敷地を拡張し、以前より大きな教会が新築された。同年、イルマンのドミンゴス・ディアスが病院の世話係となり、このころ、教会の傍にイエズス会員のための住院（レジデンシア）ができた。同じ年、ミゼリコルディアにはパードレ・ガスパール・カルヴァリョが配属され、彼は以後一六一四年に禁教令により追放されるまで慈悲院を担当した。

図6　長崎サンティアゴ病院の鐘
（中川神社所蔵）

サンティアゴ病院は、イエズス会の名簿では「オスピタル Hospital」と表記され、一六〇七年二月および十月の名簿では、同病院の住院にパードレ一名とイルマン一名、すなわちルイ・ゴメス神父とフランシスコ・フェルナンデス修道士が配属されていた。一六一二年の禁教勅発以前の名簿には、「ヨーロッパ人と日本人を治療する病院を担当する住院に、パードレ二人とイルマン二人」と記載され、有馬地方に起こった迫害以降の一六一三年二月の名簿によると、同病院にパードレ三人とイルマン二人がいた。

一六〇九年に、サンティアゴ病院に新たな組（コンフラリア＝信心会）ができた。同年の「日本年報」は、同病院に男女別々の二つの組が生まれたことを報じている。

> コンパーニャ（イエズス会）が当市に作った病院では病人たちを治療する聖なる所作が続いており、それによって日本全体が啓発されている。そこには、通常私たち会員の二人がおり、その助言と指導によって日本人並びに他国の病人は健康を回復している。そのために、男の病人には男のコ

ンフラリアが、女の病人には女のコンフラリアが大いに助力している。それは、自らの務めをよりよく行なうために、また慈愛と謙遜の聖なる所作を実行するために、彼らに与えられた秩序と規則をもって、このために定められたものである。

さらに、「一六一一年度日本年報」は、病院内に設立された組すなわちコンフラリアの性格を、従来からあるミゼリコルディアの組と異なることを強調して、以下のように述べる。

さらに、目下私たちが所有している当市の墓地 cemeterios の一つに新たに造られた一教会にサン・ミゲルのコンフラリアが設立された。私たち［会員］の保護と世話のもとにあるこのコンフラリアと他のコンフラリアは、会員たち confrades の霊的利益とキリスト教徒たちの教化によって立派に進展している。こうした方法によって、信心の業と慈悲の所作はいっそう鼓舞されている。それらの所作については、それが独特であればあるほど、聖なるミゼリコルディアのコンフラリアと病院のコンフラリアとは区別される。一つは、貧者、ハンセン病者および捨て子を世話するために喜捨を以って彼らを救済して彼らを保護し、またその他の多くの慈悲の肉体的所作に専念し、また隣人のために霊的所作でも世話することである。他［の一つ］は、病院において病人たちを世話するためで、自分たちの喜捨を以って彼らのもとに駆けつけて彼らを支えるためである。また彼らを世話してそこに住んでいる私たち［会員］を扶養するためである。ミゼリコルディアのコンフラリアは、その教会とカーザに定住して、霊的面においてこれを司牧している私たち［の会員］二人を同じように扶助している。

ミゼリコルディア（慈悲院）に設立されたコンフラリアは、慈悲の所作に基づいて、従来してきたように、貧者、ハンセン病者および捨て子の救済と世話に当たり、また隣人に対する肉体的霊的援助に専念したのに対し、病院内に設けられたコンフラリアは、病人のみを対象にしたものであり、同時に同病院を世話するイエズス会員への援助をも行なうものであった。

墓地のためにそこに新造されたサン・ミゲル教会にもコンフラリアが設立され、イエズス会がこれを世話した。同教会は一六二〇年一月まで存続したが、市内の主要な一一教会は一六一四年十一月に破却された。郊外にあった四教会と貧者の家、墓地は一六二〇年に破壊された。一六一五年以降に長崎に避難して来たキリシタンや追放者や貧者に対する救済は、慈悲の組によって継続されたが、一六二六年住民のキリシタン信仰が正式に禁止されると、コンフラリアの活動は秘密裏になされた。

一六〇三年当時、長崎のコレジオにはその塔に大きな時計が据えられ、他に三つの鐘があった。現在、大分県竹田市立歴史資料館に、「HOSPITAL SANTIAGO 1612」の銘をもつ鐘が寄託されている。所蔵者は同市の中川神社である。長崎のサンティアゴ病院のために一六一二年に鋳られたものであることは間違いない。

三　フランシスコ会の医療活動

フィリピン総督使節として肥前の名護屋《なごや》城で一五九三年六月に豊臣秀吉に謁見したフランシスコ会士ペドロ・バウティスタは、許可を得て七、八月ころに京都に上り、一〇ヶ月余滞在したのち秀吉に居住地の下付を願い出て許された。下付地は、四条通りと仏光寺通りに挟まれた綾小路《あやのこうじ》通りに面する妙満寺町の一角で、七〇間（約四七〇〇坪）の広さである。四ヶ月を要して二階建ての修道院と、三つの祭壇と聖歌隊席をもつ聖堂（教会）が完成し、アシジの聖フランシスコの祝日に当たる一五九四年十月四日に献堂式があり、諸天使の聖母に捧げられた（オイテンブルク『十六～十七世紀の日本におけるフランシスコ会士たち』）。

病院の開設　教会の傍にサンタ・アナ病院が建てられたのは教会の献堂式から間もなくのことで、バウティスタ神父に同行のイルマン、フランシスコ・デ・サン・ミゲルが病院の開設に尽力し医療を担当した。彼はフィリピンで多年医療業務に従事して豊富な経験を有し、ハンセン病とその他の病気についての治療に当たっていた（Eusebio G. Platero, Catalogo Biografico de los Religiosos Franciscanos.）。フランシスコ会は翌一五九五年秋から初冬にかけて第二の病院、サン・ホセ（聖ジョゼフ）病院を建てた。ハンセン病の患者が多かったためとされる。同病院の医師に迎えられたのが、大友義統《よしむね》の元家臣フランシスコである。「薬師 Cusuxi フランシスコ」とも称せられ、一五九七年二月に長崎・西坂で殉教死した時には四五、六歳、あるいは五四歳であった（松田毅一「日本二十六聖人の人名について」）。彼は義統改易によって朝鮮から戻り、イエズス会の日本人イルマンで医師の洞院ヴィセンテに会うために上洛してイエズス会の住院を捜している時に、たまたまフランシスコ会士に会い、マルセロ・デ・リバデネイラ神父から洗礼を授かり、サン・ホセ病院で医師として働くことになった。フランシスコ会の伝道士（同宿）であった烏丸《からすま》レオンも、病院に関わった一人である。病院のある周辺にはキリシタンたちが集住し、彼らは医療と救貧活動に従事していた。

一五九六年初め、同会はリバデネイラ神父、通訳のイルマン・ゴンサレス・ガルシア、伝道士烏丸レオンを大坂に派遣してベレン（ベトレヘム）修道院を開いた。イルマン・サン・ミゲルが同地に病院を開設するために遣わされた。伝道士烏丸レオンもまた病院の世話に当たった。

フランシスコ会は二十六殉教事件でバウティスタ神父の他に、医療従事者のサン・ミゲル修道士、伝道士烏丸レオン、医師フランシスコが処刑され、大きな痛手を負った。

江戸の教会と病院　一五九八年七月に秘かに再来日したヘロニモ・デ・ヘスース神父は、スペイン船の関東来航に強い意欲を持っていた徳川家康から江戸に教会建設用地を与えられ、翌年、京都のキリシタンを伴って江戸に下って小教会を建造し、五月三十日に献堂式をしてこれをロザリオの聖母に捧げた。同神父は、マニラのドミニコ会から同教会に「ロザリオの組 Cofeadia」を設立する許可を得ており、日本で最初の「ロザリオの組」が江戸の教会に設立された。家康の使者として一六〇〇年三月にマニラに渡航したヘロニモ神父は、翌年六月ルイス・ゴメス・パロミーノ神父とペドロ・デ・ブルギリョス修道士と共に平戸に戻り、伏見に赴いて家康にフィリピン総督の書状を届けたが、同年九月京都で病死した。このため、医療事業継続の使命を持っていたイルマン・ブルギリョスはゴメス神父の指示で家康の総督宛書状をもって一六〇二年二月平戸を出発しマニラに渡り、同年六月同僚の神父二人と共にマニラを出帆した。再来日のブルギリョスは前記同僚と一緒に江戸に下り、浅草鳥越《とりごえ》に小病院（施療院）を開いた。彼は外科の知識をもち、刑場のあった鳥越周辺にはえた・非人等の最下層の人々が集住していたため、ハンセン病を始めあらゆる種類の病気に対応した。一六一七年に書かれた同会のセバスティアン・デ・サン・ペドロの報告によると、二〇〇人以上のハンセン病者の改宗者がいた。伊達《だて》政宗《まさむね》の妻妾が江戸の屋敷で病死したのは慶長十七年四月（一六一二年五月）であるが、アマーティ『伊達政宗遣欧使節記』は、政宗が彼の給仕長（賄方《まかないかた》）の妻がブルギリョスの治療によって回復したことを伝え聞いて、ルイス・ソテロ神父を招きブルギリョスの往診を依頼した結果、妻妾が治癒したという。このことは、その真偽は別として、フランシスコ会経営の施療院の評判が江戸市中に広まっていたことを示している。

一六一二年四月（慶長十七年三月）江戸に禁教令が出て江戸の教会が没収破毀《はき》されると、ソテロ神父は江戸のキリシタンたちの寄進によって施療院の敷地内に藁《わら》葺《ぶ》きの小教会を建てた。長さ五間（九・

一メートル）、幅（奥行き）二間半（四・六メートル）の質素な教会であった。施療院には、手足の指を切断された家康の元直臣原主水《はらもんど》ジョアンが一六一五年以降潜伏していたが、一六二三年密告され、その逮捕は、司祭二人を含む五〇人が札の辻で処刑された江戸の大殉教の発端となった。

医療従事者　フランシスコ会は、教会に付設した病院を、伏見、大坂、和歌山、長崎、堺にも所有していたとするが（オイテンブルク）、その実態は不明である。なお、同会の医療従事者はほとんど修道士であった。一六〇二年来日の医師アンドレス・デ・ラ・クルスは一六〇六年ころ和歌山にあって同地の大名浅野幸長《ゆきなが》の保護を得ていたが、一六一四年十一月マニラに追放された。ファン・デ・パルマは一六一一年六月来日して長崎に住み同会の病院の世話をしていたが、一六一四年十一月にマニラに去った。一六一二年来日のガブリエル・デ・サンタ・マグダレナも平修道士lego の医師で大坂の病院にあり、一六一四年十一月にマニラに追放されたが、翌年再入国して長崎を中心に宣教と医療に従事し、一六三〇年二月、肥前伊木力《いきりき》で捕縛されて一六三二年九月三日長崎で火刑に処せられた。マルティン・デ・ピネダは一六一二年（一説には一六〇九年）に来日し、伏見で看護人として働いていた。一六一四年十一月に一度追放され、一六一八年再来日して長崎の近在に潜伏していたが、一六二二年ないし翌年に死去した。一六一九年来日のビセンテ・デ・サン・ホセは翌年十二月に長崎で捕えられて大村の鈴田牢に二年間拘禁されたのち、一六二二年（元和八）九月十日、いわゆる元和の大殉教事件で処刑された。医師のバルトロメ・ラウレルは一六二三年に来日し、長崎を中心にして宣教活動に従事していたが、一六二七年五月に捕えられ、三ヶ月後に長崎で処刑された（Catalogo Biografico. ヴィレケ『キリシタン時代におけるフランシスコ会の活動』）。フランシスコ会の宣教師は一五九三年以降一六三二年までの四〇年間に六一名が来日した。そのうち一八名がイルマンで、その半数近い八名が医師および医療従事者であった。このことは、貧者や病人などの弱者の宣教に重点を置いたフランシスコ会の特質を示している。

四　キリシタンと南蛮医学

外科医学の異名でもある南蛮医学は宣教師によって伝授されたが、イエズス会のアルメイダを除いて、フランシスコ会の修道士兼医師が日本人に医療の伝授・指導を行なったかついては明らかでない。

日本人医師とキリスト教との出会い　日本人医師が少なからずキリスト教に改宗したことは、宣教師たちの書翰や報告から知られ、また日本側の文献からも知りうることである。一五五九年にガスパール・ヴィレラが偶然堺の町で会ったエサン（イエサン）・パウロ Yesan Paulo は山口でキリスト教に改宗した医師で、大内義隆の侍医であり、彼の死後山口を追放されて堺に移っていた。すでに五〇歳を過ぎていた（フロイス、『日本史』一部二二章）。エサン（イエサン）・パウロは一五六三年には肥前の島原に居宅を構えており、アルメイダは彼の居宅を拠点にして同地の宣教を始めている。フロイスは彼を「山口出身の医者」とする（同書一部四四章）。

フロイス神父の上洛に合わせて、トルレス神父の名代《みょうだい》として畿内《きない》視察のために一五六五年一月豊後府内を出発したアルメイダは、病気のため堺の日比屋了珪《ひびやりょうけい》宅に二五日間逗留したが、その時彼を治療したのが養方パウロである（アルメイダ、一五六五年十月二十五日付、福田発信書翰）。彼は息子と共に一五六〇年に京都でヴィレラから洗礼を受けていた。彼はアルメイダが西下する時、息子のヴィセンテに医業を譲って九州に下り、イエズス会の説教師・伝道士として宣教活動に関わる。息子の洞院ヴィセンテもまた四年後の一五六九年に伝道士としてイエズス会で働くことになる。彼ら親子は一五八〇年十二月に巡察師ヴァリニャーノによってイエズス会への入会を許されイルマンとして教育事業や修養書の翻訳などに参与した。彼ら親子がイエズス会にあって医師として活動したとの記録はない。

当代随一とうわれた漢方医の曲直瀬道三《まなせどうさん》（正盛）が受洗したのは一五八四年である。彼の治療を受けるため府内から上洛したフィゲイレド神父との霊魂の健康に関する問答を契機にして、道三は都の教会（南蛮寺）に三度足を運んだ。彼のために教理を説明し説教をしたのが、元医師のイルマン・洞院ヴィセンテと仏教に精通していた高井コスメである。道三は元京都相国寺《しょうこくじ》の禅僧であった。

南蛮医学の存続　天正年間、栗崎道喜《くりざきどうき》は肥後国栗崎から長崎に移り、七歳あるいは九歳の時南蛮人に連れられてルソン（マニラ）に渡って一四歳の時より外科について学び、慶長の始めに二〇歳過ぎて帰国して長崎万屋町に住んで薬種商を営みながら外科を業としたとされる（太田正雄『日本の医学』、助野《すけの》健太郎『日本における葡萄牙《ポルトガル》医学』）。これが栗崎流外科の始祖であり、その著書に『金創仕《きんそうし》掛《かけ》』（南蛮流外科の処置法）、『栗崎流外科秘事』がある。その渡海については、「備忘旧記」は天正二年（一五七四）とする。しかし、慶長初年ころ、二〇歳過ぎてからの帰国とすると、天正十三、四年（一五八五、六）ころに渡海したことになる。当時スペイン人の長崎渡航・居住を考えると、栗崎道喜の渡海地はマニラではなくマカオとするのが妥当であろう。いずれの文献にも書かれていないが、彼はキリシタンとして帰国したに相違ない。

山本玄仙《げんせん》は『万外集要《まんがいしゅうよう》』（一六一九年）によって、「南蛮流の一通を伝える」とし、南和（南蛮と日本）両道の医術ついて取捨して編述した。これは慶安元年（一六四八）、寛文十一年（一六七一）にも重刻され、南蛮流外科が重宝されていたことが知られる（海老沢有道『南蛮学統の研究』）。

坂本養安《ようあん》は、高取流外科を学び、のち平戸と長崎に赴いて南蛮流外科を修め、さらにオランダ医学をも学んで『外科万粋類編《げかまんすいるいへん》』を著した。林羅山《らざん》は明暦《めいれき》二年（一六五六）に序文を寄せて、養安が蛮語に通じているとし、「西域の技術及び外国の薬石、中華に流落すれば古今これに有り、則ち亦、以て兼用すべきものなり」と述べている（『羅山文集』五〇）。黒川道裕《どうゆう》の『本朝医考』（寛文三年・一六六三年）には、「本朝瘍科凡《およそ》両家有、一は高取と称し、是は本朝の伝える所也、一は南蛮流と称し、西洋耶蘇《やそ》の徒より出づ」とあり、十七世紀後期に至ってもなお外科界において南蛮外科の勢力があったとされる（海老沢前掲書）。

寛永十六年（一六三九）に東北で捕縛された式見《しきみ》市左衛門マルティーニョの白状によって、同二〇年（一六四三）に江戸に召喚された中条《ちゅうじょう》帯刀《たてわき》佐種《すけたね》はすでに寛永十二年にキリシタンの信仰を棄てていた。彼は伊達家臣であり、医を業とし、「和蘭医事問答」によると、南蛮に渡り婦人科医術を学んだという（只野淳『仙臺キリシタン史』、助野健太郎前掲書）。

イエズス会の最高責任者であったクリストヴァン・フェレイラは一六三三年（寛永十）に棄教し沢野忠庵《ちゅうあん》を名乗るが、彼は医学書『南蛮流外科秘伝書』の著者とされ、実際に外科学について講義し、さらにオランダ商館に出入りして医学の知識や薬方について尋ね、外科手術にも立ちあっていた（『オランダ商館長日記』一六四八年七月十二日条）。彼の門下には女婿の杉本忠恵《ちゅうけい》、西玄甫《げんぽ》（吉兵衛）、半田順《はんだじゅん》庵《あん》らが輩出する。前記『秘伝書』については原著者も編述年代も不明であるが、一六六九年（寛文九）に『阿蘭陀《オランダ》外科《げか》指南《しなん》』の書名で再刊された。鵜飼流北島定澄《ていちょう》の『南蛮外科統系幷大意』には、「今の世関東の教令を重ねて、南蛮と称ふを忌む、故に当流仮に紅毛流と称す」とある。この文言《もんごん》は、キリシタン禁制の強化に伴い、南蛮の名を避けオランダ流の名の下に偽装することが行なわれ始めたことを指し、紅毛流と仮称することで南蛮外科学の存続を図ろうとするものであった（海老沢前掲書）。

第四　キリシタンの学校と教育

イエズス会による教育が日本で体系的に行なわれたのは、一五八〇年から一六一四年までである。三種類の段階的な教育機関が設けられ、人材養成、すなわち修道者および司祭養成のための教育がなされた。これに先立って、ザビエルはすでに教育についての構想を抱いていたようである。彼は鹿児島到着後すぐに日本の教育機関に関する情報の入手に努め、京都にある大学についてゴアに報知した。「彼ら（鹿児島の人々）は同市（京都）には大きな大学が一つあって、そこには五つの主要な学院があると断言しています。……都のこの大学の他に、主要な大学が五つあります。すなわち、高野《こうや》、根来《ねごろ》、フェイザン（比叡山）、タニノミネ（多武峰）であり、これらが都の周辺にあります。それらの各大学には三五〇〇人以上の学生がいると言われています。坂東と称する別の大学が甚だ遠い所にあり、それは日本で最大にして最も主要なものであって、そこには他よりも多くの学生が通っています。……これらの主要な大学の他にも、国内には小さな学校が多数ある、と彼らは言っています。」（一五四九年十一月五日付書翰）。都の「大きな大学」は南禅寺、「五つの主要な学院」は京都五山、坂東の「別の大学」は足利《あしかが》学校である。

ザビエルは山口で大内義隆から与えられた廃寺を「コレジオ（学院）のような一宇」と表現している。彼がインド帰還時にヨーロッパに送付した書翰には、「山口にイエズス会のカーザ（修院）を建て、［日本］語を学ぶことになりましょう。そして、彼ら（イエズス会員）はさらに［日本の］各宗派がその物語（経典）に説いていることを理解するでしょう。」（一五五二年一月二十九日付書翰）とある。ザビエルは修院に学校、多分、コレジオを設けたいとの意向をもっていたと推測される。日本語学習と仏教各宗派研究のための学問所を設け、そして、鹿児島から二人の仏僧をマラッカに送ったように、仏僧をヨーロッパ、特にパリ大学に留学させるなどして、これを交流の拠点にしたいと考えていたようである。彼は日本の宗教事情と大学に相当すると考えていた足利学校や主要な大寺院の学問所の詳細をヨーロッパのキリスト教の主要大学すべてに送る意向を鹿児島で表明していたからである（前記書翰）。

この章では、一五八〇年以降に開設されたセミナリオ（神学校）、ノビシアド（修練院）、コレジオについての言及が中心となるが、これらの教育機関による教育以前に始まったキリシタン子弟に対する教育や、宣教事業を補佐する者たちへのイエズス会の対応をも含めて、イエズス会設立の学校、特にセミナリオの教育がどのように展開したのか、その教育全般について述べる。

一　イエズス会による初期の教育

イエズス会の宣教師たちは、ザビエルを始めとしてインドにおいて幼児教育を重視し幼児の教化に力を注いだ。彼はそれぞれの村で子供を教える教師（カナカピレイ）を雇い、各地に学校を設けるように指図した（一五四四年十二月十八日付、コーチン発信書翰）。インドで経験を積んで来日した宣教師たちは、特に教理教育に努めた。子供の将来性と家庭内における両親への影響を考えてのことである。

キリシタン子弟のための教会学校

仏教寺院で行なわれていた仏僧や尼僧による寺子屋に子供たちを通わすことができなくなったキリシタンたちは、寺子屋に代わる教育を教会で行なうよう宣教師に要望した。キリシタン子弟に対する教育が、豊後府内の教会で始まったのは一五六一年（永禄四）である。イルマン・フェルナンデスは、その教育について「彼ら（子供たち）に教える順序は以下のとおりです。ミサを聴いたのち、毎日入れ替わって一人が唱え、他の者たちがこれに応誦し、ドチリナ・キリシタンの主要なものしか唱えません。……正午には全員が教会に集まります。そして、一度にドチリナをすべて唱えることができないので、忘れないように毎日その三分の一を唱え、またよきキリスト教徒となるため毎日一ヶ条ずつ彼らに説明します。……その後、慈悲院の前にある立派な一基の十字架まで歌いながら行列して行き、アヴェ・クルスを一度歌って十字架を讃美しながら、各人の家に帰ります。」（一五六一年十月八日付）と伝える。右の一文からは、キリスト教の教理教育の大要が知られる。

一五六四年上長トルレスが居住するようになった口之津では、さらに徹底した教理教育が行なわれた。フロイスは、「年端もいかない女の子も男の子も、キリスト教教理をよく教え込まれています。……というのは、教理を彼らの言葉（日本語）ですっかり覚えているだけでなく、ラダイーニャ（連禱）とその祈り、贖罪の詩編・聖霊の讃歌、およびベネディクトやマグニフィカト、そしてその他デウスを讃える類いの多くのことをラテン語でたいへんよく発音しているからです。」（一五六四年十月二十五日付、平戸発信書翰）と述べ、ジョヴァンニ（ジョアン）・モンテ神父もまた、トルレスの教理教育に言及して、「彼は子供たちにキリスト教の教理を教えるだけで満足せず、夕べの祈りの時に他に詩編や聖歌や祈禱文を歌うことを教えました。子供たちが上手に整然と歌い、ラテン語を立派に発音する様子を見たり聞いたりするのは……。」（一五六六年十一月七日付、口之津発信書翰）と語る。トルレスは、子供の宗教教育では、日本語だけでなくラテン語文の暗唱をも求めていた。

教理教育と詩編や聖歌などの歌唱教育の他に、寺子屋で行なわれていた読み書き、算術（算段）、礼儀作法などをも教えられた。大村領の横瀬浦は一五六二年に新しいキリシタンの村および貿易港としてにわかに脚光を浴びた土地である。同地で降誕祭後に始まった子供たちへの教育について、次のような記載がある。「イルマン（アルメイダ）は、すでに年齢に達していた者（子供）たちが、私たちの修院に来て読み書きを学ぶように定めた。こうしたことによって、異教徒であった者がまだ多数であった親たちの好意を得ようとした。」（フロイス『日本史』一部四二章）。まず教理教育があり、次いで一般の読み書きや算術を覚える年齢に達したときにこれを教えるという方法が採られた。ローマ字も教えられた。教師は伝道士や年配のキリシタン、坊主と称されていた者がこれに当たったようである。巡察師ヴァリニャーノが来日した一五七九年に、彼らの指導による教会学校は二〇〇ほどを数えたとされる。

有馬の日野江《ひのえ》城下にセミナリオが建ったのは一五八〇年のことであり、一五八四年初めにセミナリオの教会の近くに、キリシタンたちが自力で子供たちのための学校を建てた。「現在、学校 escola が出来つつあります。それは、キリスト教徒たちが自分たちの子供を学ばせるために作っています。この教会に勉強に通う子供は一〇〇人以上です。」（フロイス、一五八四年一月二日付書翰）。

伝道士の養成　キリスト教の教理を解説し教えたカテキスタ catequista は伝道士と称され、説教師としてつねにパードレやイルマンに同行していた。彼らは直接必要に応じてパードレやイルマンからキリスト教の要諦《ようてい》を教え込まれ、伝道士養成のための特別な課程や学校が設けられるということはなかった。ただし、府内では、アイレス・サンシェスが修院にいた日本人と中国人の子弟一五人に読み書きや歌唱、楽器（ヴィオラス・ダルコ）の弾奏について教えていたことが知られる（一五六二年十月十一日付書翰）。来日したばかりのサンシェスが教えた「読み書き」とは、ローマ字かポルトガル語であったであろう。サンシェスから楽器の指導を受けたと思われる伝道士マテウスは、一五七三年の復活祭（三月二十二日）に河内《かわち》三箇《さんが》で、教会から十字架のある所まで行列して行く道々、ヴィオラ・ダルコを弾いて歌の伴奏をしている（フロイス、一五七三年四月二十日付、都発信書翰）。

医師・医療従事者の養成　府内病院の発足以来、アルメイダはつねに外科医の養成を考えていたようであり、既述のようにそのための講義は早くより始まった。ガーゴが一五五九年十一月一日付の書翰で、彼は「修院の者数名を養成し専門家に近きものとした。」と報じているように、すでに一五五九年にはその成果が出ていた。病院業務に関わっていたミゼリコルディアの会員らが彼の講義に参加したであろう。

二　ヴァリニャーノの教育目標と教育機関の創設

日本人修道者・聖職者養成に関する論議　一五七九年七月に来日した巡察師ヴァリニャーノは、日本の文化・習俗・国情を考慮した宣教体制の確立が急務であると判断し、また現地人naturalesである日本人の宣教師や補助者の必要性を痛感した。一五八〇年七月から一五八二年一月まで豊後臼杵・安土《あづち》・長崎で分割開催された協議会で提議された二一議題のうち、教育に関する三議題が論議され、ヴァリニャーノがこれに裁決を下した（井手勝美訳「日本イエズス会第一回協議会〈一五八〇―八一年〉と東インド巡察師ヴァリニアーノの裁決〈一五八二年〉」）。

第八議題では、日本に三つの修院（下《しも》地区・豊後地区・都地区）を設けること、来日する者が日本語と慣習を学ぶセミナリオ（神学校）をどこに置くべきか、ノビシアド（修練院）とコレジオ（学院）をいずれの地区に設けるべきかについて提言し、論じられた。

日本人の教育に関わる議題は、第五「日本人のためのセミナリオを設立すべきか否か」と、第一〇「日本人をイエズス会に受け入れるべきか否か」の二点である。

第五議題では、イエズス会士を援助し、そのうちに日本人を司祭となし得るために、善き慣習と学問を学ぶ日本人のためのセミナリオを設立すること、これに関して、全員が日本の改宗と維持に対する真の解決策であるとの結論を出した。これに対するヴァリニャーノの裁決は、「日本の教会は、日本人の成人と少年のセミナリオを極力設立する以上に、優れた解決策を他に有していない。」とし、「イエズス会には可能性があれば、別個の異なる有髪《うはつ》の少年のセミナリオを設立することが極めて的確必要なことであろう。」とする。また教材については、「我々が彼等に与える書籍以外に書籍は存在しないし、上述の「分かり易い」綱要 Compendios を印刷するならば、異端、論争、及び彼等に害毒を与えるような哲学者の謬説《びゅうせつ》を学ぶ書籍を他に所持しない。」とした。

第一〇議題では、日本人のイエズス会への受け入れについて、その諮問は、(一)日本で収め、かつ収め得る成果は日本人自身によらなければならないし、彼らは国語（日本語）を有しているので、説教し、教え、書籍を著し翻訳し、その他日本の教育と改善に必要なあらゆることを実施するのに相応しい媒介者であって、以上のことはヨーロッパの会士の決してなし得ないことである、とする。また、(二)日本の国民は高貴・聡明にして徳操と学問に相応しい能力を有しているので、日本人を排除すべき理由はないし、むしろヨーロッパの我が会士と同様の優れた修道会士となることが期待される、とする。さらに、(三)日本は名誉と礼儀を重んじる人々の住む国であって、他国民から統治されることなど思いもよらず、我が会士と異質な資質、慣習、生活様式を有しているので、この日本の教会をヨーロッパ人だけで長期間統治し得るのは不可能であるとし、(四)日本人をイエズス会に受け入れるという手段に訴えなければ、イエズス会は日本人とうまく一致できないし、信望と権威、及び維持すべき方法を獲得することができない、そうしなければ、彼らは我々を外国の疑わしい人間と見なすだろう、と結論する。

ヴァリニャーノは(一)に対し、日本人はイエズス会に入会するに相応しい才能を有し、ディオス(神)に選ばれた日本人をすべてイエズス会に入れることに異存はない、(二)の点については、入会した日本人の修練院での二年間の修練について規定し、(三)については、修練院の修了者で能力ある者にはコレジオでの勉学の機会が与えられる、とした。それは、説教のために必要な日本人の教え(仏法)について学び、彼らの言葉で適切に書翰を認《したた》め、能力に従い、日本の都合に応じて文法その他の学問を学ぶためである、とする。

『日本諸事摘要』と教育

ヴァリニャーノがインドに帰還して一五八三年十月二十八日付でコーチンで著した「スマリオ」(Sumario de las cosas de Japón『日本諸事摘要(要録)』)には、日本における協議会での論議・裁決を踏まえた、日本イエズス会の将来における教育の方針と方向が、「第一二章　土地の人々naturalesのためのセミナリオの重要性、および彼らに関して維持すべき方法について」の中で提示されている。すなわち、土地の人々のためのセミナリオを設立し、優れた教育を施す必要性を強調し、イエズス会と聖なる公会議が求める最良の方法の一つは、子供への優れた教育である、とする。(一)良い躾《しつ》けと学問は大人になってからも習慣・習性となる。日本の子供たちは悪と放縦《ほうじゅう》に育てられているので、日本には私たち(イエズス会員)以外に彼らを教えることのできる者はいない。(二)甚だしい無知から日本人を救い出すために日本に真実の学問を導入するよう努めなければならない。ラテン語やその他の学問はその言語が複雑で日本には余りにも新奇であるため幼少時から始めなければ習得できない。(三)異教徒の子供たちは寺院や仏僧の家(寺)で教育され、文字や躾けを教わる慣わしがあるので、仏僧を除くと教える者がいなくなる。このことから、キリシタンたちの要望によってセミナリオを設けるだけでなく、私たちの修院に彼らの学校をもつ必要がある。以上のことは、協議会の「議題第五」に対応している。

同章ではまた、「セミナリオはいずれも、よく管理され清潔に保たれることが必要であり、ラテン語においても日本語においても優れた教師を欠かさないようにし、彼らのために作成された規定を悉く遵守《じゅんしゅ》させて、[世間の]よい評判を博し、望まれている成果が彼らに生じるようにするために、セミナリオには身分ある者以外はとらない。」と述べて、日本社会を意識した教師の登用と入学者の選考について言及している。

「第一三章　聖職者（教区司祭）clerigosになる者に与えられる規則、およびその統轄方法について」は、協議会の「議題第八」に対応するが、日本人の養成方法について次のように述べる。「前記セミナリオにおいて幼少時からコンパーニャ（イエズス会）によって養成される者たちである他は、日本人は誰も必要なことを学んで司祭になることも、そのための能力を備えることも決してできないことを確かなこととして予想しなければならない。」幼少時からの教育を重視したヴァリニャーノは、セミナリオの学生にヨーロッパの神学生にも劣らない能力と学力を期待していたのであろう。

ヴァリニャーノは「スマリオ」で、協議会以降における日本の教育の実態に合わせて、具体的な問題を提起し、将来における教育の在り方について述べている。日本での教育は、先ず協議会において教育の在り方の大枠が提示され、それを論議する中で教育の方針・方向が打ち出され、教育が進行する過程で次第に骨子が固まっていったようである。教育機関の設置と教育方針についての議論は、彼ら宣教師たちがヨーロッパで受けた教育に基づき、その経験に照らして進められた。また、イエズス会の『会憲』の第四部「教育に関する規定」を念頭において進められたことも否定できない。

当初計画　「スマリオ」（一二章）によると、ヴァリニャーノは初め下・豊後・都の三地区にセミナリオを設置する意向であった。下と都に少年（年少者）のための二校を、成人（年長者）のための一校すなわち「第三のセミナリオ」を府内のコレジオ内に設置することを予定していた。各セミナリオの定員は一〇〇名とし、二校には身分ある者の子弟を入学させ、他の一校には有髪の世俗の武士・貴人の子弟を対象とするものであった。学生は一八歳に達すると退学しなければならず、各人の資質と能力に応じて、（一）日本語とラテン語の読み書き、（二）古典の学問と教養（人文学）Humanidad、（三）他の諸科学 ciencias を学ぶこと、さらに日本の礼法についても学ばなければならなかった。

修練院については、豊後の臼杵城下に設立することとしたが、これは、豊後が下地区と都地区の中間地に位置し、イエズス会員が両地方を往復する通路であったこと、豊後が強力な国主（大友氏）に属し、戦争により動揺混乱している都と下の両地区よりも安定していると認識されていたためである（協議会議題第八）。

コレジオについては二校の設立が構想されていた。府内に設置されたコレジオでは文法と人文学が教授され、これに加えて日本の文字の書法（書札礼）や日本人イルマンが知っておくべきことが教えられること。さらにもう一つのコレジオが早急に都に設立され、ここで哲学と高度な学問の研究がなされることとし、府内コレジオの修了者が都のコレジオでさらに研鑽《けんさん》を積むことが意図された（協議会議題第八の裁決）。しかし、ヴァリニャーノの計画は全体の支持を得られず、不完全な体制のままで教育は始まった。教育に参与できる司祭も、教授し得る能力ある司祭も少なかったこと、また、財政基盤が脆弱《ぜいじゃく》であったことが、彼の行く手を阻んだと言えよう。

三　セミナリオ教育とセミナリオ規則

「スマリオ」(一二章) に表明されたセミナリオ設置の目的は、(一) 教会のための聖職者 ministros の養成であり、ある者はイエズス会に入り、他の者は教区司祭 clerigos になるためであり、(二) その他のさまざまの職務に就くための人材養成にあった。日本人聖職者 (司祭)、修道士、および伝道士を養成するための第一段階の教育を行なうことであった。

下《しも》のセミナリオの位置　有馬鎮純《しげずみ》(のち晴信) の日野江城下に、一五八〇年の復活祭 (四月三日) 直後に、下のセミナリオが開校した。イエズス会は有馬氏から町外れにあった西正寺《さいしょうじ》跡地と交換して好便な地を城下に賜り、六月ころに寺院数宇の木材を利用して教会とセミナリオを建てた。セミナリオの建物は、同年一月にヴァリニャーノが作成した「セミナリオ規則」によると、平屋《ひらや》であり、外部から覗き見されないように設計され、外から隔てられた中庭が設けられた (北有馬町『「有馬のセミナリョ」関係資料集』)。「スマリオ」はセミナリオの場所とその景観および規模等について、「私たちは有馬の城下に甚だ便利な場所を所有しており、私たちの住いと立派な教会の他に、貴人の子弟達のセミナリオを設立した。これは三〇人用のもので、それ以上の者用ではないため小規模であるが、たいへん勝手がよく、立派に工夫されている。」と伝える。準管区長コエリョもまた建設されたセミナリオについて、「子供達のセミナリオの教室が完成した。これは、前に中庭があってたいへん落ち着いていて好便で美しく立派である。」(一五八二年一月十五日付書翰)と報じる。それから二年半以上経ったフロイスの書翰によると、「その場所は静かで奥まったところで、そこに住む者には広々とした感じを与え、また地形上、自ら守られていた。」そして、「そこから四分の一レグアの半分(約六五〇メートル)の地に、少年達の遊び場として別の場所があてがわれた。」(一五八四年十月二十日付)。

一五八四年には前記セミナリオの地所に続く新地が有馬氏から寄進されて、セミナリオの地所は城の麓まで拡張された(第二の場所)。その場所の景観とセミナリオについて、フロイスの描写がある。

復活の行列は方形の大きな広場の周辺まで行なわれました。その広場には一方には、広場と教会の間に小川があり、他方には城があります。他の二方には家屋があります。……昨年、計画されていた工事がすでに始まり、パードレたちは住いを新しい場所に移し、旧来の住居はすべてセミナリオのために残されました。……数年前に建てられた従来の教会も十分に大きかったので、セミナリオのために残されました。その目的のために、良く改造されて、七月二十二日に移転しました。信者のためのミサはセミナリオが今まで使用していた家で行なわれます。その家は、今、新しく建てられる教会のすぐ傍にあります(一五八五年十月一日付、長崎発信書翰)。

当時、宣教師たちが有馬川をRio(大川)と表記していたことから、「小川 rio pequeno」は、城の南西に流れる浦口川とされる。

一五八七年二月、セミナリオは有馬氏がイエズス会に寄進していた浦上の地に移転した。移転の理由は明らかでない。同年七月伴天連追放令の発令後にセミナリオは有馬に戻った。この時、大坂に移っていた都のセミナリオが生月《いきつき》の一部《いちぶ》、長崎を経て、下のセミナリオに合併された。翌一五八八年に、セミナリオは有馬の山間部にある八良尾《はちらお》に移転した。さらに翌年には同じ領内の加津佐《かづさ》に移り、一五九一年五月ころに再び八良尾に移転したが、一五九五年夏ころに火災によってセミナリオは焼失し、セミナリオは同領内の有家《ありえ》に移った。この間、豊臣秀吉が朝鮮出兵のため名護屋城に滞陣したことにより、一五九二年四月ころに、八良尾に残った神学生五〇名以外の四二名は、長崎、大村、天草、志岐等一八ヶ所に分散した（片岡千鶴子『八良尾のセミナリヨ』）。

一五九七年二月、セミナリオは有家から長崎のトードス・オス・サントス（諸聖人）教会に移り、さらに翌一五九八年夏以降に長崎の岬の教会があった地域に移転した。同年八月、府内司教ルイス・デ・セルケイラが長崎に着き、翌年三月イエズス会員一五名を伴って天草河内浦《かわちうら》に一時居住したが、この時、セミナリオの神学生の一部三〇名以上が同行した。司教一行は八月に同島の志岐《しき》に移動し、翌一六〇〇年十月長崎に戻るまで同地に留まった。神学生も行動を共にしたようである。

一六〇一年十月二十九日長崎で大火が発生し、これを機に、セミナリオは三たび有馬に戻った。同地に三つの身廊からなる教会が完成して献堂式がなされた十二月十八日以前に神学生全員が有馬に移動した。セミナリオの移転については、すでに一年前に検討されていたようである。「彼（有馬晴信）

は有馬にあって、しかも城下にある大きな広場に接して海に面している甚だ美しい地所に、彼の妻女を「都から」有馬に同行した際に彼女を迎えるための幾棟かの屋敷を新造することを命じた。……有馬殿はこれらの屋敷を、彼がそこに有していた果樹園と菜園、さらに彼の家臣たちの別の屋敷も一緒に巡察師に与えることを決めたが、……。彼は今イエズス会に対して何らかの奉仕をしたいと願っていて、パードレたちがいた地所とカーザ（修院）が不便であるのを見て、それらの屋敷を地所と一緒に彼らに与え、またそこにセミナリオが造られるために、必要ならば地所をさらに広げることを決めていた。」（ヴァレンティン・カルヴァリョ、一六〇〇年十月二十五日付、長崎発信書翰）。

　セミナリオは、城が建つ小山の崖下で、前面に海が見える所、城下を流れる有馬川の川沿いにあった（第三の場所）。有馬のこのセミナリオは一六一二年四月ころまで存続し、禁教により長崎のトードス・オス・サントス教会に移転を余儀なくされた。一六一四年一月に発令された全国的禁教によって、セミナリオは三四年にわたる歴史を閉じた。

都のセミナリオ　当初、京都に建設が予定されていた都のセミナリオは、用地が入手困難のため安土に変更された。オルガンティーノ神父が織田信長に建設用地を請願すると、信長は湖の一角を埋め立てた土地を与えた。『信長公記《しんちょうこうき》』の天正八年閏三月十六日（一五八〇年五月一日）の条に、「安土御構の南、新道の北に江をほらせられ、田を塡《うめ》させ、伴天連に御屋敷下さる」とある。オルガンティーノは建築用材を京都から安土に運ばせ、三階建ての日本風の建物を建てた。一階に客室と茶室があり、二階はパードレとイルマンの居室に宛てられ、三階がセミナリオとして生徒の教室兼寝室であった。しかし、一五八二年六月二十日に起こった本能寺の変によって、神学生は京都南蛮寺に避難を強いられて、その三階に居住して教育を受けたが、セミナリオは秋にさらに高槻に移った。同地の領主高山右近ジュストが一五八五年十月に明石に転封となると、セミナリオは大坂に移った。一五八七年七月伴天連追放令が出ると、松浦《まつら》領生月島の一部地区、さらに長崎に移転したのち、有馬のセミナリオと合併した。

セミナリオの教師と学生　一五八一年十二月二十日作成の「日本のパードレおよびイルマンの名簿」によると、下の有馬セミナリオの院長はスペイン人のメルシオール・デ・モーラ神父で、彼は一五九三年一月作成の「名簿」でもなお院長職にあった。教師のポルトガル人イルマンのジョアン・デ・ミランは一五八九年に司祭に叙階されるが、一五九二年までの「名簿」によると、下のセミナリオに関与していた。イルマン・アンブロジオ・ダ・クルースは副監事としてセミナリオの管理に当たっていた。日本人のイルマン・ジョルジェ・ロヨラは一五八二年二月天正遣欧使節に随行するが、それまでラテン語を教えていたようである。

「安土山」の修院には、前記「一五八一年十二月の名簿」によると、都教区長兼セミナリオの院長オルガンティーノ、監事のフランシスコ・カリオン神父、ディオゴ・デ・メスキータ神父、ラテン語教師のイルマン・シメアン・デ・アルメイダ、副監事のイルマン・ディオゴ・ペレイラ、日本人説教師イルマン・ロウレンソと日本文学を講じたヴィセンテ（洞院）がいた。

セミナリオの最初の入学生は、下に二二名、中浦ジュリアン、原マルティーニョ、溝口アグスティーニョ、西ロマン等がいた。翌一五八一年に千々石《ちぢわ》ミゲル、伊東マンショが入学する。都のセミナリオの学生も二二名を数え、日向の飫肥《おび》領主伊東義祐《よしすけ》の一子義勝ジェロニモがいた。二つのセミナリオが合併した一五八八年の神学生名簿があり、これに有馬セミナリオの五一名、都セミナリオの一九名、合計七〇名が記載される。セミナリオで学んだ者の名が確認されるのは一三六名であるが、一五八〇年から八八年までに在籍していた者は一一一名に上る。彼らのうち三九名は一五八八年以降の所在が不明である。

セミナリオ規則と教育方針

ヴァリニャーノが一五八〇年六月に作成した「神学校（セミナリオ）規則」と、一五八三年十月にインドのコーチンで作成した「スマリオ」からは、日本におけるセミナリオ教育の方向性とその目標とするところ、および教育の内容が明らかとなる。「規則」の後半には日課表（時間割）があり、教育がどのように行なわれていたかが知られる。

教育の目標とその内容は、キリスト教的ヒューマニズムに基づいた広範な教養を習得することにあった。古典の学問と教養からなる人文学 Humanidad を身につけること、そしてそのために必要な語学教育と文学が重視され、ラテン語とローマ字の習得、日本語と日本の古典文学の学習が義務づけられた。ラテン語の習得者については、「能力のある者たちは他の学課、とりわけ良心の諸問題（倫理・

実践神学）casos de consciencia を学ぶ。時期と経験が哲学と神学を彼らに教えることが適切であるとするならば、相応しいと思われるように彼らに教える。……哲学においても神学においても、一般的で教会から承認された真理を知るために、……真実にして確固たる教理のみを彼らに教えるようにする。」（「規則」）。

「スマリオ」では、より的確な言葉で解説される。すなわち、「彼ら（子供たち）の特性と能力に応じて日本語とラテン語の読み書きを、古典の教養 Humanidad および多くの学問 ciencias と共に教えなければならない。このことや、最も主要なことである徳性とよき習慣の他に、日本固有の礼儀、習俗および礼法もまた教えられなければならない。」（一二章）。

ラテン語と日本語の習得と共に、音楽が重視された。音楽は、情操教育の一環として、また教会における礼拝や儀式のために、またミサ祭儀のために役立つものであった。歌唱と、クラヴォやヴィオラなどの楽器の弾奏が教育の重要な柱となっていた。合唱では多声部聖歌 canto d'orgão が歌われ、これにオルガンやヴィオラなどの楽器が伴奏を付けた。オルガンはヴァリニャーノが一五七九年に日本に二台もたらし、一台は安土のセミナリオに、他の一台は豊後（臼杵ヵ）に置かれていた（「一五八一年度日本年報」）。

セミナリオの教材について、協議会は、聖人やキリスト教徒の著者の散文や詩の作品を編集して日本向けの新しい書物を作ること、日本人のためにあらゆる学問に関する特別な書物（綱要）を作ることを確認し、ラテン語教育に聖なる信心書を用いるとした（「スマリオ」）。しかし、セミナリオ開設当初は決まった教科書がなく、一五九〇年までは暗中模索の状態で教育がなされていたようである。セミナリオの入学資格は、「規則」によれば次のようである。

座敷において殿に目通りすることができるような貴人や地位ある人々［の子弟］以外の者は、通常、セミナリオに入れないようにすること。特にその［創設］当初にはセミナリオが好い評判を得ることが肝要である。そして一般的には、教会に長く仕える意志をもって両親が［セミナリオに］入れるか、［教会に］捧げようとする者以外は受け入れられない。

入学・在籍は七歳から一七歳までであり、一〇歳未満の者は予備課程で学び、一八歳になれば退学する規定であったが、実際には年齢制限を越えた在籍者もいた。ヴァリニャーノは、ローマの総会長に送った一五八〇年十月の書翰で、「彼らは能力のある者たちで、極めて高い才能を与えられている。彼らは逆境や困難にあっても勇敢で忍耐強く、学ぶことでは着実で綿密さを保つことができる者たちである。」と高く評価し、ヨーロッパの学生と同じ修練や基礎学芸を習得する機会が与えられるならば、有能なイエズス会員・宣教師となると、期待していた。

日課表から知ることができるセミナリオ教育の特徴は、教師による個人指導が重視され、年長者が年少者を指導し、復習と繰り返しに重点がおかれていた。霊的講話とキリスト教要理に関する対話・討論が毎土曜日の夕食後に行なわれた。また「規則」によると、食事の時にラテン語と日本語の朗読がなされた。セミナリオの教育では、ラテン語（文法・文章論・作文）と日本語は三学年制がとられ、三級（初級）―二級（中級）―一級（上級）へと進級し、各級とも最小年限は二年、最短六年で修了できることであった。

四　ノビシアド（修練院）の創設

ノビシアド Noviciado 修練院は、カーザ・デ・プロヴァサン Casa de Provação とも称され、セミナリオ（神学校）を修了した者が修道者としての資質を具えているか否かを試す場であった。修練院に入って学ぶ者は、イエズス会への入会を認められた者で、イルマン（修道士）と言われた。

臼杵の修練院　臼杵に修練院が開設されたのは、一五八〇年十二月二十四日である。ヴァリニャーノ自らがイエズス会の『会憲』と、修練生のための教理「日本のカテキズモ」を毎日午前と午後の二回、約二ヶ月にわたって講義した。フロイスがこれを通訳した。『日本のカテキズモ』は一五八六年にリスボンでラテン語版が印刷された。日本語に訳されたテキストの一部は、ポルトガルのエヴォラ図書館に所蔵される「屛風の下張り文書」に使用されていた。修練院の院長兼教師のスペイン人ペドロ・ラモン神父は、ローマの修練院に学び、のちインドで修練院長を務めた経歴を持っていた。ポルトガル人イルマンのガスパール・マルティンスはラモンの秘書として一五八三年ころまで教育に参与した（シュッテ、Monumenta Historica Japoniae, I）。

修練生は一一名、日本人六名とポルトガル人五名であった。修練院に入る条件は、一五九〇年八月開催の「第二回協議会議事録」諮問一一によれば、「イルマンとして許可される前にセミナリオからイエズス会に受け入れられる者は、ラテン語にも日本文学の学習にも中程度の進歩を示すべく極力努力する」ことであった。それは、彼らが修練期間中にこの両者を学ぶ必要のないようにして苦行と自己の霊的向上にのみ専念できるためであった。

修練期間の二年間は、修道生活をいかに行なうか、その基礎付けを行ない、そのための訓練を積むことであった。したがって、霊的書物を読み、これについて黙想し、良心を糾明《きゅうめい》し、説教の練習に努め、労働し、倫理神学を学ぶこと、そして特にイグナティウス・デ・ロヨラの『霊操』の指示するところに従って修行することであった。なお、倫理神学は実践神学とも言われ、司牧に当たるための実用的な訓練を行なうものであった。

日本人修道士の素質　ヴァリニャーノは「スマリオ」で、「彼ら（日本人修道士）には、身分、能力、分別、権威および宗教人に必要なその他のものすべてが具っているので、立派な使命を持つときにはコンパーニャに受け入れられることを排除する理由はない。」（一四章）と述べて、日本人の入会に前向きな姿勢を示した。修練院が開設される以前の日本人イルマンについて、「彼らには黙想生活、書籍およびその他の知識すべてが欠けており、また彼らは説教者で、日本の習慣ややり方を知らないパードレたちの案内者でもあったので、精神［生活］に入るべき便益も余裕もなかった。」と配慮をみせながら、この新参者に期待し得る以上の成果を勝ち得た、と高く評価している。

修練院開設後のイルマンについて、ヴァリニャーノは、「（新たに）修練院に入った者も、若干の古参の者も、修練院でなし得る優れた教育を受けて、現在はたいへん満足した状況にある。」と述べながらも、「現在当修練院にいる修道者にラテン語を覚えさせることは、彼らが大人であり、また多忙であるために、できない。」（一四章）とする。修練院の開設以前、一五五〇年から一五八〇年までにイエズス会に入会した者は二四名、日本人は八名である。イエズス会を脱会ないし同会から放逐された者は七名、そのうち日本人は二名である。修練院開設後一五八〇年から八六年までの入会者は五一名、そのうち日本人は三七名である。同会脱会者は二八名中、日本人は二〇名である。一五五〇〜八六年までの日本人の入会者四五名のうち、脱会者は二二名にのぼり四九％の高率である。

修練院の移転　島津氏の軍勢が豊後に侵攻した一五八六年、イエズス会は大友宗麟《そうりん》の進言により、十二月末府内のコレジオと臼杵のノビシアドを山口のカーザ（修院）に移転させた。ノビシアドは臼杵に六年間存続したことになる。山口の修院は、準管区長コエリョが大坂城で秀吉に謁見した同年五月以降に、キリシタンの小寺《こでら》官兵衛（黒田孝高《よしたか》）の斡旋によって毛利輝元《もうりてるもと》の許可を得て置かれていた。修院の上長クリストヴァン・モレイラ神父は、二階建ての家を造って、コレジオとノビシアドの宣教師と学生（修練生も含む）のイエズス会員三三名と、同宿《どうじゆく》・小者《こもの》三二名の全員を迎え入れた。しかし、翌一五八七年七月、伴天連追放令が出ると、コレジオとノビシアドは生月島の山田の教会に移転し、さらに翌年両教育機関は長崎に移ったのち、ノビシアドは有家、天草を転々とした。

一五八九年、天草五人衆が肥後宇土《うと》に入部したキリシタン小西行長《こにしゆきなが》の宇土城普請における動員に反抗して戦ったために、ノビシアドは一時大村に移転した。しかし、禁教弾圧が強まると、長崎に近い大村と有馬の地から僻遠の天草移転を決断したヴァリニャーノは、一五九一年五月、大村・有馬両氏の了解を得て、ノビシアドを当時加津佐にあったコレジオとノビシアドを天草久種《ひさたね》の城下河内浦に移転させた。これは久種のヴァリニャーノに対する熱心な誘致運動の結果でもあった。同年七月二十五日にローマに赴いた遣欧使節四人が同地のノビシアドに入った。当時の院長は、一五九二年十一月作成の「名簿」によると、前任者ラモンに代わって、イタリア人セルソ（チェルソ）・コンファロネイロ神父が務めていた。一五九七年に、ノビシアドはコレジオと共に長崎のトードス・オス・サントス教会に移り、翌年暮から一五九九年春にかけて両教育機関は長崎の岬の教会がある地域に移動したが、一六〇三年十月および一六〇七年十月作成の「名簿」によると、修練院はトードス・オス・サントス教会にあり、コンファロネイロが引き続き教師であった。修練生は一六〇三年に一六名（うち日本人は一〇名）、一六〇七年に一七名、日本人は一五名を数えた。

五　コレジオ教育と『神学要綱』

サン・パウロ学院の開設　サン・パウロの名称をもつコレジオ（学院）は豊後府内に一五八〇年十月ころに開設され、翌年三月に開講した。その開設の目的は、日本人司祭・聖職者（教区司祭）・修道者の養成、および外国人修道者をも含むイエズス会の司祭を養成することであった。府内にコレジオが置かれたのは、臼杵修練院の開設に伴いこれにコレジオが近接していることが好便であったこと、豊後が地理的にも下地方と都との中間地に位置していたこと、将来的には日本の上長が同地に常住するようになるとの見通しがあったためである（協議会「議題第八」）。

コレジオの建物は府内教会の敷地内に、「五つの小室（寝室）を持った一棟」を造築した（「スマリオ」五章）。しかし、ポルトガル人学院長フィゲイレドは一五八三年十一月十五日付の書翰で、「このコレジオがいま五室の一棟しか持たず、まだかなり新しいのにもかかわらず、すでに腐食し始めている」として、大友宗麟との間で改修について検討されていたことを報じている。コレジオには学生五名を含む一三名の会員が、この一棟の建物と「一軒の古い修院に持っている部屋」に居住していた。一五八一年十二月の「名簿」によると、院長フィゲイレドの他に、論理学とラテン語教師のイタリア人アントニオ・プレネスティーノ神父、ラテン語教師のポルトガル人アルヴァロ・ディアス神父、日本の古典に精通していた説教師のイルマン養方《ようほう》パウロなどがいた。五名の学生の中に、のちに通事伴天連といわれるジョアン・ロドリゲスがいたが、日本人の名はない。日本人イルマンには、ラテン語とポルトガル語に精通して哲学と神学を受講できるだけの学力はまだなかったからである。翌年に臼杵修練院の修了者が進学し、一五八三年に一六名が修学している。一五八六年十月の「名簿」に見られる一四名の学生の中に、臼杵修練院を修了した二人の日本人、口之津出身のペドロ（竹庵）と大村出身のシマンの名が見られる。しかし、彼らは司祭に叙階されることはなかった。

コレジオの教育

ヴァリニャーノは、当初計画では、人文課程二年修了後に都に設置が予定されていたコレジオでの哲学・神学課程の履修を考えていたが、これを実現できなかったため、府内で哲学課程を終えることを指示し、日本のコレジオのためのテキスト作成をローマの総会長に依頼した（チースリク「府内のコレジョ」）。講義は人文課程をもって始まり、プレネスティーノがゴアの聖パウロ学院で実践した教授法をもって先ずラテン語文法から始めた。人文課程のもう一つの分野は日本語と日本文学であり、イルマン養方パウロがこれを担当した。外国人学生のために「日本語文法 A arte da lingua de Iapão」の編纂が一五八〇年に始まり、翌年に完成を見た。他に辞書と日本語の著述若干が作成されている（「一五八一年度日本年報」）。

一五八三年にペドロ・ゴメス神父が来日し、豊後教区長として府内に赴任した。彼はポルトガルのコインブラで四年間、哲学 Artes の全課程を二度講義し、また神学を担当した。十月二十一日に哲学課程が開始され、プレネスティーノがゴメスの指導を仰ぎながら、一五七二年に刊行されたイエズス会員フランシスコ・デ・トレドの著書『論理学解説』を日本の実情に合わせて縮小して講義した。これはアリストテレスの「論理学」に関する解説であり、この講義は二年間続いた。これが終わると、一五八五年四月から、ゴメスによる神学課程 Theologia が始まった。これは四年の課程であり、先ず教理神学から始まって、聖書とモラルを中心とする実践神学に及び、修練院で学んだ倫理神学をさらに深めた。特に、具体的な倫理神学「良心の問題」Caso de Consciencia が主題となり、将来の司牧と福音宣教に従事する司祭の養成を意図した講義内容となっていた（「府内のコレジョ」）。一五八五年七月スペイン人フランシスコ・カルデロン神父が来日し、翌年コレジオの院長として府内に赴き神学を講じた。

ヨーロッパの古典として教材に採用された『イソップ物語』は、一五九三年に『エソポのファブラス Esopo no Fabvlas』として印刷されたが、出版のために準備されつつあった訳書が手稿本のまま教科書として用いられたようである。イエズス会のコレジオでは、神学の勉強とそれを用いるために古典文学（文法・修辞学・詩・歴史を含む）とラテン語、ギリシャ語、ヘブライ語が学ばれていたが（『イエズス会会憲』第四部）、日本ではヘブライ語やギリシャ語の代わりに、和漢の古典文学が講義された。書写された『平家物語』、『太平記』、『和漢朗詠集』などが、養方パウロによって講義された。

なお、寛永～明暦年間に宗門改《あらため》役《やく》を務めた井上政重は宗門改役方のキリシタン糺明次第を作成し、その後任北条氏長がこれを『契利斯督記《きりしとき》』（『続々群書類従』十二）に編集した。その中に、コレジオでの教授内容が「学文之事」として収載されている。

一　レトリカ Retorica（修辞学）ハ、ダンギ（談義）ニアタル学文ニテ、デウスノ御言葉ヲススメ申候言葉ニテ御座候、

一　ヒイツソヒヤ Philosophia（哲学）ハ、世界ニ在程ノ物性徳ヲ、四年ノ間ニ知ル学ニテ候、

一　ロシガ Logica（論理学）ハ、ヒロソヒヤ初ノ年ノ一年学文仕儀《つかまつるぎ》ヲロシガト申候、

一　□□チカハ、天文ノ学文ニテ候、

［一］ガ□子シハ、国ヲ治ル学文、別テ諸司代ナドノ公事沙汰ヲ分ル学文ニテ候、

一　ガアソコンシエンシヤ Caso consciencia ハ、糺《ただ》ス学文ニテ候、コンシヤハ、人々ノ心コトニテ候、

一　テヨロチヤ Theologia ハ、デウスノ万事ニ叶ヒ給フ所ヲ仕ル事、

これによると、哲学の課程は四年とされ、最初の一年間は論理学が教えられたことになる。しかし、実際には哲学課程は三年であった。

教科書『神学要綱』の編纂と講義　ペドロ・ゴメスは一五八二年三月マカオで日本から到着したヴァリニャーノに会い、彼からコレジオのための教科書編纂を委嘱された。翌年七月長崎に着き、府内に赴任して豊後教区長を務めながら教科書の編纂に着手した。彼は、日本人にはキリスト教信仰の教

理不変の基礎と、その体系的説明が欠けていたため、コインブラやローマのコレジオにおけるような真の哲学と神学の教授は時期尚早であるとして、要綱のかたちで日本人イルマンに解説しようとした（井手勝美『キリシタン思想史研究序説』）。しかし、執筆作業は遅滞した。それは、豊後教区に赴任した数年間は宣教活動が活発であったこと、そしてその最中の島津軍の豊後侵攻のために山口に、さらに伴天連追放令によって平戸・長崎への移動を余儀なくされたこと、かつ準管区長コエリョの死によって後任の準管区長に就任したことなどが重なったためであった。このため、一五九〇年に再来日したヴァリニャーノは、一五九二年に執筆した「スマリオの補遺（アディシオネス）Adiciones del Sumario de Japon」（七章）で、ヨーロッパにおいて普遍的で理解しやすい明快な哲学講義の要約を編纂し、また全神学の大要を編纂・印刷して日本に送ってくれるよう、ローマの総会長に懇請した。

ゴメスが編纂した『神学要綱 Compendium』は、一五九三年十月末までに完成したようである。ゴメスが一五九四年三月十五日付で作成した「一五九三年度日本年報」によると、ペドロ・モレホン神父が一五九三年八月初旬より十月末までの間に、コレジオで新しい教科書「コンペンディウム」の講義を始めた。このことは、当時天草のコレジオで学んでいた伊東マンショの総会長宛一五九四年三月六日付の書翰からも明らかである。

（人間的手段について語るとき）少なからざる助力であったのは、（目下私たち四人全員がいる）天草のこのコレジオで、ある様式で神学要綱の課程を行なっていることです。それは当地方において必要なものとしてよく適応しております。それは、本年準管区長のパードレが自ら明快で理解しやすい文体で作成して始めたもので、ラテン語でも日本語でも私たちに十分に説明できる一人のパードレ（モレホン）を教師として私たちに宛てくれました。

『神学要綱』を用いた講義は、フランシスコ・パシオの一五九五年二月十二日付書翰によると、同年二月初めに終わった。

『神学要綱』の内容　本書の表題は、「Compendium Catholicae Veritatis, in Gratiam Japonicorum Fratrum Societatis Jesu, Confectum per Rdum Patrem Gomezium V. P. S. J. in Provincia Japonica イエズス会日本人会員のためのカトリック教理要綱、日本管区、管区長ペドロ・ゴメス神父による著作」で、この手稿本は、スウェーデン女王クリスチーナ（一六二六〜八九年）が蒐集し、のちヴァティカンに寄贈された文書群の中に含まれていた。ヴァティカン図書館が所蔵し、和紙四五二丁からなる（尾原悟「キリシタン時代の科学思想」）。『神学要綱』は三部構成である。第一部「天球論」De Sphaera は、自然科学的立場から、天文学的、地質学的、気象学的問題を対象として、科学的実証に基づいてキリスト教教理を説いている。「天球論」一部では、十三世紀のイギリス人天文学者サクロ・ボスコの『天球論』（一二五六年）が参考にされ、その基礎となっている。ゴメスはコインブラ大学でサクロ・ボスコの『天球論』を講義したが、これに基づいてアリストテレスやプトレマイオス（トレミー）の天文学の体系についてまとめた天文学を解説し、地球が球形であることを理論的に初めて日本に紹介した。教える対象が日本人であることを配慮して、彼が日本で経験した自然観に関する知識が基礎にされた、という。教皇グレゴリウス十三世による改暦（一五八二年）についても言及している。

「天球論」二部では、四大論（万物の構成元素としての地水火風）と気象について扱われる。これらの内容はサクロ・ボスコの『天球論』では言及されておらず、ゴメスはトマス・アクィナスの「アリストテレス註解」（アリストテレスの天地論、生成消滅論、気象論の註釈）から、その大要を得たとされる。

第二部「霊魂論」De Animaは、日本語本の表題が「アニマノ上ニ付テアリストウチリスト云天下無双ノヒロウソホノ論セシ一決ノ条々」であるように、アリストテレスの「霊魂論」三巻と「自然学小論集」の短い要約で、トマス・アクィナスの註釈書「アリストテレスの霊魂論註解」によって紹介したものである。その一部は霊魂一般と霊魂の各論について、二部で感覚的霊魂とその機能、三部で知的（理性的）霊魂とその霊的志向的能力について論じている（尾原悟編著『イエズス会日本コレジョの講義要綱Ⅰ』）。第一部第二「アニマヲ三品ニ分ル事」で、「アニマ」を三つに分けて説明する。すなわち、

一はベセタチイワトテ成長スル精力ハ草木ノアニマニアリ。
一はセンシチイワトテ六根《ろっこん》ノ作用ノ精力ハ禽、獣、虫、魚ノアニマニアリ。
一はラショナルトテ分別覚知ノ作用ヲ成ス人ノアニマ也。

人間は精神的存在すなわちアニマ・ラショナルAnima racionalであり、動植物とは異なって、その霊魂は不滅であると強調する。

なお、マテオ・リッチは教理書『天主実義』において人の魂は不滅であるとして、魂には「上・中・下」の三段階があり、下の段階は「生魂」と言って草木の魂であること、中の段階は「覚魂」と称して鳥獣の魂であること、上の段階は「霊魂」と言って人の魂である、と説明する。

第三部「カトリック信仰体系概説」Compendium catholicae veritatis（De Theologia）は、トリエント公会議（一五四五～六三年）の議定に従って編纂された「ローマ・カテキスモ（公教要理）」が基礎となっており、ゴメスはヨーロッパで新たに体系化された教理神学の本質を解説したとされる。それは基礎神学に相当する内容で、日本人イルマンに対して信仰の本質と信仰の特性に関して説いたものである。ラテン語を理解しない日本人イルマンや同宿のために、一五九四年末ないし一五九五年初めに日本語に訳された抄訳本が作成され、これに基づく講義が一五九五年一月から九月まで行なわれた。一五九九年には天草に移っていたセミナリオの上級（第一級）の生徒三〇人に対して、日本語抄訳テキストによる神学の講義がなされた。

一九九五年にイギリスのオックスフォード大学モードリン・カレッジ図書館で邦訳稿本『神学要綱』が発見された。第一部「天球論」が欠けているが、第二部「霊魂論」は「アニマノ上ニ付テ」、第三部は「真実ノ教」の表題である。「真実ノ教」の翻訳者は「ヘロ　ラモン」、初代修練院長のペドロ（ペロ）・ラモンである。彼は一五八一年にイルマン養方パウロと共に霊的書物の日本語訳に当たり、また一五八九年一月作成の「名簿」によると、天草河内浦の修練院でも養方パウロと一緒であったから、彼の日本語能力の進捗には養方パウロの存在が大きかったと言えよう。

一六〇二年に来日したイタリア人神父カルロ・スピノラは、ローマでグレゴリオ暦の改暦に関わったクラヴィウスに学びイタリアで数学を教えていたことがあり、一六一四年十一月作成の「名簿」によると、日本で三年間数学を講義していた。「一六〇五年度日本年報」によると、一六〇五年彼が上洛し、下京の修院に天体運行の器機を備え付けて天文学と数学のアカデミアを開講したところ、たいへん好奇心の強い都の人々がこれらの講義を喜んで聴講した。上洛中の将軍（徳川秀忠）も関心を持って、聴講した高僧に一度は質《ただ》し、内裏《だいり》（天皇）も天文器機に関心を示して使者に器機の作製の一つについて教えくれるよう何度も伝言を送った、という。ゴメスの「天球論」がスピノラによってアカデミアで講義されたようである。彼の講義は一六一一年まで続いた。実際に「天球論」の講義をした経験をもつモレホン神父が下京の修院長を務めていたのが一六〇四年から一四年までであった。

国立公文書館（内閣文庫）に、一七一五年（正徳《しょうとく》五）の奥書を持つ『二儀略説《にぎりゃくせつ》』がある。編者小林謙《けん》貞《てい》（一六〇一～八四年）は一六四六年（正保三）に殉教したキリシタンの天文学者林吉左衛門の弟子であり、二一年間在牢して一六六七年（寛文七）に出牢したのち本書を著した。『二儀略説』の構成と内容は、『神学要綱』第一部「天球論」にほとんど一致し、巻末にラテン語本に見られない要約（抜書）一七項が加えられている。林吉左衛門がゴメス編纂の「天球論」を学んだ一人であった可能性は高い。「天球論」はキリシタンの用語が削除されて『二儀略説』の名で鎖国後も伝存された。

長崎の書物改役向井元升《むかいげんしょう》は南蛮天文学説に批判を加えた『乾坤弁説《けんこんべんせつ》』を一六五六年（明暦二）に著した。同書の序文によると、一六四三年（寛永二十）筑前大島に密航到着後に捕われたイエズス会宣教師ジュゼッペ・キアラ（岡本三右衛門）が所持していた天文学書を没収した井上政重《まさしげ》が、沢野忠庵（フェレイラ）にこれを翻訳させ、忠庵が蛮語（ローマ字）で翻訳したものを通辞西吉兵衛（玄甫《げんぽ》）が倭語（日本語）にし、これに元升が儒家の立場から反駁したものである。ゴメスの「天球論」との関わりについては不明であるが、フェレイラはコインブラで学び、マカオで一六〇一年八月からコレジオに学び一六〇八年司祭に叙階されたからゴメスの「天球論」を聴講したように思われる。本書に見られるヨーロッパの科学思想が「天球論」の流れを引くものであることは言うまでもない。

コレジオにおける教科書　活字印刷機の導入は教科書の印刷を目的の一つとしていた。したがって、一五九〇年以降イエズス会の教育機関にあった学生たちは従来のテキストを書き写すことから解放されて、印刷された教科書を使って学習に専念できるようになった。哲学の分野に関する書物として、一五九二年ローマ字本『ヒデスの導師』が天草で印刷された。著者ルイス・デ・グラナダは、スペイン人ドミニコ会士で十六世紀における最大の神学者と言われ、多数の著述がある。本書の他に、『ぎやどぺかどる』（一五九九年、長崎刊）、『ひですの経』（一六一一年、長崎刊）などが邦訳されている。一五八五年天正遣欧使節はリスボン到着後に同師を表敬訪問し邦訳文を提示している。『ヒデスの導師』はペドロ・ラモンが邦訳し、本文は六一九頁からなる。巻第一ではデウスの存在論を当時の自然哲学的方法によって論証し、巻第二ではヒデス fides（信仰）の証明と教会論を扱い、巻第三ではキリストによる贖《あがな》いの業が旧約からの預言の成就であること、巻第四ではキリストこそ真の救世主であることの預言について述べている（尾原悟編著『講義要綱Ⅱ』）。

西洋古典文学には、一五九三年出版のローマ字本『エソポのハブラス Esopo no Fabvlas』がある。イグナティウスの『霊操』（ラテン語）も天草で一五九六年に出版された。さらにマノエル・バレトが学生のために聖書や教父、および古代ギリシャ・ローマの哲学者や詩人の文章を引用して編纂した『聖教精華《せいきょうせいか》』（ラテン語）が一六一〇年に長崎で印刷された。和漢の古典文学は、ローマ字本『Feiqe no Monogatari』（『平家の物語』）が一五九二年に天草で、翌年にローマ字本『金句集』が印刷された。これは和書や漢籍から引用したもので、日本および中国の格言・警句が集められている。『エソポのハブラス』、『平家の物語』、『金句集』は合冊本で、いずれもローマ字綴りの口語文であり、宣教師の必読書でもあった。一六〇〇年に長崎で印刷された国字本『和漢朗詠集之上』は、日本の詩歌のための教科書で、その付篇として『実語教《じつごきょう》』、『九相歌《くそうか》』、『雑筆抄《ざつひつしょう》』、『勧学文《かんがくぶん》』がある。『太平記抜書』（六巻六冊）は一六一一年以後の出版とされ、当時の流布本四〇巻三九九章を六巻一四八章に抜粋省略したものである。これは最も優れた文体の書と位置づけられ、日本語習得の最終目標とされたという。

コレジオの移動　禁教令施行後の一五八八年、コレジオは生月島山田から長崎に移転した。同年有馬領の千々石《ちぢわ》、有家《ありえ》に、さらに一五九〇年加津佐に移ったが、翌年五月ころに天草久種の要請で河内浦に移転した。同地にノビシアドや印刷所と共に一五九七年秋まで存続したのち、長崎に移転し一六一四年の禁教令施行まで教育活動は継続した。なお、一五九四年マカオに日本人を対象にしたコレジオが創設され、司祭叙階のための倫理神学が教えられた。翌年、三人の日本人イルマン、木村ミゲル、飾屋《かざりや》（山田）ジュリアン、ニアバラ・ルイスがマカオに送られ、一六〇〇年八月に帰国したニアバラ・ルイス一人が翌年司祭に叙階された。木村セバスティアンは一五九六年にマカオに渡り、ニアバラと共に帰国して同時に司祭に叙階された。待望の日本人司祭が一五八〇年のセミナリオ開設以来二一年目にして誕生した。しかし、一六〇一年までに一四人のイルマンがマカオに渡航したが、一六〇八年までの司祭叙階者は五人にすぎなかった（高瀬弘一郎『キリシタン時代の文化と諸相』）。

六　セミナリオ教育の改革

ヴァリニャーノは、インド副王使節として天正遣欧使節を伴って一五九〇年七月日本に戻った時、セミナリオを修了した七〇名以上の学生がイルマンとしてイエズス会に入会していたことを知って、一定の評価を与えた。すなわち、「セミナリオの必要性と有用性について［スマリオ］一二章で言われていることは、すでに七〇名以上の修道士を生み出しているために、短期間で日本においてその経験を示していることである。」（「スマリオ補遺」七章）。しかし、同じ章の後段では、すでに同年五月に死去していた準管区長に対して、「私はこの日本に二度目に着いた時、準管区長ガスパール・コエリョが現在私たちの有している修道士七〇名に達するほど多数の者を受け入れたことを知った。そして、私にはその受け入れが余りにも自由すぎて、必要以上に急ぎ過ぎであり、余り経験のない新しい人々でコンパーニャが一杯になることは私たちに有害になりかねないと思われた。」と批判的であった。

実際に、日本人イルマンの数は、一五八一年十二月時点の二〇名に対し、一五八九年一月の「名簿」では六〇名に増えていた。一五八〇〜八六年に日本人イルマンの脱会者は二〇名であったから、六〇名以上の入会者があったことになる。日本人イルマンの増加にもかかわらず、ヴァリニャーノは何に対して批判的であったのであろうか。それは、彼が期待していたラテン語教育が十分に実を上げていなかったからであった。その理由として、彼はラテン語と日本語・日本文学が平行学習されてきたことに注視した。「日本人には新奇で物珍しいラテン語の難しさに対して、日本語や日本の書物（文学）に精通することが直接その有用性と名誉に繫がっている事実があること」、すなわち、「日本人全体が日本語と日本の書物に関して学びかつ博識になりたいとの傾向が非常に強いこと、そのために、強いてまたほとんど惨めなほどにラテン語を学ぶことに力を入れないことである。」と指摘し、ラテン語軽視の背景について言及する。

まだ誰も司祭になっていないために、またラテン語を学んでいて、日本語を知らない間は、彼らは他の者たちが行なっていることができないために、この有用性と名誉は遠くに有るので、全力を尽くして日本語を学ぶことに精を出し、ラテン語はいやいや半強制的に学んでいる。このことから、現在までラテン語についてはごく僅かな成果しか上がっていないという結果になっている。ラテン語を進んで学んでいたならば、ヨーロッパの者たちがするように甚だ容易に覚えていたはずである（同七章）。

神学生と同宿たちには、将来に対する大きな不安があった。二〇歳になってもイエズス会に採用されず、修練院に入ることができない者たちの身の振り方について、ヴァリニャーノは、「経験が私たちに示しているように、セミナリオないし私たちのカーザ（修院）に住んでいる同宿たちはコンパーニャに受け入れられる可能性のある者たちであり、二〇歳に達するとすぐに、受け入れられないとなると、彼らにはそんなに長く待つ気持ちがないのでたちまち動揺し始める。そして事実、この年齢になると、たいへん移り気になって生計を得るために簡単に出て行くことを決断する。そして、この年代の者を受け入れたとしても、彼らは一般に日本の学文もラテン語も知らないであろう。」（同章）と結論し、予測している。

一五九二年二月に長崎で開催された第一回日本管区総会議で、その対応策が検討された。「会議録」第一八章「ラテン語と日本語の双方を学ぶに際して、守って役立つ方法について」では、「[二]われらの日本人仲間に関しては、総会議には次のようにするのがよいと思われた。すなわち日本語の勉強の場合と同様に、ラテン語の勉強の際にも神学校において巡察師から規定された秩序が守られるようにすることである。言いかえるとまだ若年の間にラテン語に精励し、それから一年ないし二年間日本語に専念するようにする。」（家入敏光編訳『日本のカテキズモ』）。

ここに、カリキュラムの変更がなされた。「スマリオ補遺」はこの点に関して明解に説明する。「ラテン語を覚えるためには、子供の時から始めなければならない。何故なら他の方法では習得することができないからである。そして、最初にラテン語を学び、次いで日本の学文 gakumonn を学ばなければならない。」（七章）。こうして、ラテン語三級（初級）修了後に、初めて日本文学が学ばれることとなった。しかし、日本文学習得の重要性についても認識して議論が交わされた。すなわち、日本文学は将来書簡を執筆し説教し書籍を彼らの言葉で翻訳するのに必要である。最後に、日本人に対して役立ち日本人の間に信望を博するためである。日本文学の学習は困難且つ長期にわたるが、もし彼らが故意に学ばなければ、たとえラテン語を解しても将来役に立たない。……イルマンとして許可される前にセミナリオからイエズス会に受け入れられる者は、ラテン語にも日本文学の学習にも中程度の進歩を示すべく極力努力するよう同じく勧告した（一五九〇年八月の「第二回協議会議事録」、諮問第一一）。

新しいカリキュラムは、一五九一年から有馬の八良尾のセミナリオで実施された。

カリキュラム以外にも、改革がなされた。（一）ラテン語教師が積極的に日本語を習得するよう努めたこと。これに応えるように優れたラテン語教師が来日した。マノエル・バレトとマテウス・デ・

コウロスのポルトガル人神父である。(二) ラテン語初級クラスにラテン語を習得した日本人イルマンを登用したこと。(三) 活字印刷機将来により教科書が出版され、必要なテキストが容易に出版可能になったこと。(四) 日本人神学生に適した教科書が作成されたこと。(五) 一五八八年に府内に司教座が置かれ、司教の来日によって将来日本人が司祭に叙階される可能性が出てきたこと。これによって日本人学生の学習意欲が高まったことである(「一五九三年度日本年報」)。

天正遣欧使節が持って来た印刷機でマカオにおいて印刷されたジョアン・ボニファシオの『キリスト教徒子弟の教育』(一五八八年)、ヴァリニャーノが編述しドゥアルテ・デ・サンデがラテン語に訳した『天正遣欧使節記』(一五九〇年)や『キケロ名文集』が新しいテキストとなった。『天正遣欧使節記』はヴァリニャーノが特にセミナリオのために編纂《へんさん》したものである。改革の成果は数年後に明確なかたちをとって現れたとフロイスは「一五九三・九四年度日本年報」で報じている。一五九六年に神学生は九三名を数え、ラテン語の最上級者(一級)は三二名、この内二〇名がラテン語課程を修了し、数名の者がラテン語教師としてセミナリオに残った。

セミナリオ入学の門戸が開かれ、「一部の町人(マチジン)、すなわち町の住民、これに適わしい才能が有れば身分の高いキリスト教徒の多数いる長崎の町の住民を特に受け入れても差し支えない。」(「第二回協議会議事録」)とされた。これは身分の高い者や貴人の子弟を受け入れることによって、日本人社会でイエズス会の信望を得ようとするためであり、特に新興貿易都市長崎の富裕な商人へのアピールでもあった。内町の年寄後藤宗印《ごとうそういん》の息子後藤ミゲルや、外町代官村山等安の息子村山フランシスコなどが学ぶことになる。

七　画学舎の設立

キリシタンの増加に伴って個人が所持できる聖画像が求められた。フロイスがローマの総会長に「五万枚以上の聖画が必要である」として、日本で聖画を調達するために画像の原版・原図、印刷機、印刷工を要求したのは、一五八四年十二月十三日付の書翰においてであった。また、教会の増加によってその内部や祭壇に飾られる聖画像が不足して、舶来品だけで需要を充たすことはできなかった。ヴァリニャーノはゴアから遣欧使節を引率したディオゴ・メスキータ神父に、印刷器機の他に銅版画の原型や銅版画制作のための備品一式をヨーロッパから持って来るよう要請した。

一五九一年五月ころ、コレジオとノビシアドが天草の河内浦に移転した時、小西行長家臣日比屋《ひびや》兵右衛門《へいえもん》ヴィセンテが城主であった志岐城下のレジデンシアに画学舎が併設された。一五九二年十一月作成の「名簿」によれば、志岐には上長モレホンと共に五人のイルマンがいた。イタリア人画家ジョアン・ニコラオ（ジョヴァンニ・コーラ）には、「絵画を教授」との記載がある。二人の日本人イルマン、オオタオオ（太田尾ヵ）マンショとマンショ・ジョアンが絵を学んでいた。「一五九三年度日本年報」では、画学舎は有馬領八良尾のセミナリオに移っている。教師ニコラオと日本人イルマン二人も一緒に異動したであろう。「[神学生の]幾人かは絵画と銅版を刻むことにそれなりの進歩を示している」と伝える。彼らのうち八名が、「水彩画（テンペラ画）figuras de agouada」と「油絵（figuras）de oleos」に、五名が「銅版画 abrir laminas（pera estampar）」に従事していた。『年報』を作成した準管区長ゴメスは、数名の神学生が、ローマから天正使節がもたらした完全な絵をありのままに写し取った、と報じている。ローマなどから持って来た原画・原型がまず模写・模刻されていたことになる。

セミナリオの有家《ありえ》移転に伴い、画学舎も一五九五年夏以降に同地に移った。一五九六年十二月作成の「日本年報」で、フロイスは、司教ペドロ・マルティンス、準管区長（ゴメス）、カピタン・モールらのポルトガル人たちが有家のセミナリオを訪れた際に画学舎をも見学し、絵画制作と銅版画印刷を見て高い評価を与えた、と伝える。

有馬領内にあった画学舎は「画家たちのより小さなもう一つのセミナリオ」とも言われ、一六〇二年に有馬から長崎のコレジオに移った。そこで学ぶ者は全体で一五、六人、二人の司祭が彼らを世話・指導していた。ニコラオがその一人である（「一六〇二年度日本年報」）。一六〇三年十月の「名簿」によると、長崎のコレジオに「画家たち pintores のセミナリオ」があった。

八　司教設立のセミナリオ

司教のセミナリオ　セルケイラは一六〇〇年十月天草から長崎に戻り、翌一六〇一年に完成した聖母被昇天の教会（岬の教会）を司教座教会と定め、司教区神学校を開設した。また、神学校の建設を考慮して教会の隣接地に用地を購入した。司教の住む居館と神学校のための建物が造築されたのは一六〇七年夏のころであった（チースリク「日本における最初の神学校」）。セルケイラが新しいセミナリオを開設したのは、日本人教区司祭と霊的司牧者の養成をめざし、倫理神学によって良く訓練された人物、最も実践的司牧者を育てるためであった。

神学生はすでに有馬でセミナリオの課程を終えていた伝道士（同宿）の中から選ばれた。日本人六名と日系ポルトガル人二名からなる八名である。エヴォラで神学教授であったセルケイラ自らが教えた。一六〇三年にイエズス会のポルトガル人コウロスとスペイン人ペドロ・デ・ラ・クルスの両神父が教師 lente de casos として倫理神学を教授した。講義はローマ学院を模範として毎日各人が一時間倫理神学を講義し、その復習と討論が行なわれた。一六〇七年十月作成の「名簿」では、「司教のカーザ」の項にスペイン人ジョアン・バプティスタ・バエサ神父とポルトガル人イルマンのバルタザール・コレア、および日本人イルマンのレアン・コーファンの名が見られる。バエサは同年夏に司教の秘書兼総代理に任命されていた。

教科書には、ゴメスの『神学要綱』の他に、一六〇三年に長崎で復刊されたマヌエル・サーの『聴罪師の手引き（金言集）』（一六〇〇年、マドリード刊）は、倫理神学に関する日本人司祭用の最も実際的な参考書とされた。セルケイラ編纂の『教会の秘跡執行の手引き（サカラメンタ提要）』（一六〇五年、長崎刊）、日本人聖職者のために編集されたマノエル・バレトの『聖教精華《せいきょうせいか》（詞華集）』、現存しないが、日本語に訳されたセルケイラ編『良心問題必携（綱要）』などがあった。

教区司祭の誕生　一六〇四年九月、日系ポルトガル人ミゲル・アントニオ・デ・サンタ・マリアが助祭になり、ポルトガル人が長崎に建てたサンタ・マリア・デル・モンテ（山のサンタ・マリア）教会を担当した。副助祭となったロレンソ・ダ・クルス、村山フランシスコ、パウロ・ドス・サントスの三人は翌年助祭に昇任し、一六〇六年九月司祭に叙階されて、それぞれサン・パウロ教会、サン・アントニオ教会、サン・ジョアン・バウティスタ教会の主任司祭となった。彼らは司教の管轄下に教区司祭として長崎の小教区を司牧した。セルケイラは死没する一六一四年までに教区司祭七人を、イエズス会の日本人八人を司祭に叙階した。

イエズス会のセミナリオで学んだ日本人たちの中で、イエズス会の司祭および教区司祭となった者は四〇人前後に達した。イエズス会の日本における聖職者養成は根本的にはローマ学院の教育方針に準拠したものであり、『会憲』第四部で詳述された基本方針に基づいていたが、地域によって適切に調整されるべき事項については柔軟に対応し得たから、日本のイエズス会が日本の状況を勘案して日本に適応するかたちで日本人の聖職者養成教育に当たってきたことはすでに見てきたとおりである。しかし、日本人司祭の初叙階に二〇年以上を要したことは、ヴァリニャーノが当初計画し期待したようには人材養成がうまく進まなかったことを示している。セミナリオ修了者の将来に関して、日本人が聖職者としての資質を有するかどうか、日本在住のイエズス会員には否定的・悲観的見解が支配的であった。このため、パシオ神父のように、イエズス会員になりうる資格のない者で、能力ある者には倫理神学を学ばせた上で教区司祭に叙階する道を歩ませるべきとの意見も見られた（チースリク前掲論文。高瀬弘一郎前掲書）。セミナリオ修了生にはイエズス会員か、教区司祭になることが予測され、司教着座によって教区司祭になる道が開かれたが、彼らはイエズス会司祭になることを志向していたように思われる。

日本語学校　「語学のコレジオ」と称された、来日した宣教師のための学校が一五九〇年ヴァリニャーノによって大村に開設された。彼はすでに一五八〇年の時点で来日宣教師のために日本語学習と日本の習慣を学ぶための学校の開設を計画していた（「一五八〇年度日本年報」）。大村宣教に長期に従事したアフォンソ・デ・ルセナの『回想録』によると、大村の坂口で日本人イルマン一人が教師となって宣教師たちの日本語教育は始まった。教師はポルトガル語がよくできた山口出身のジョアン・デ・トルレスである。「一五九一・二年度日本年報」は、彼らの日本語学習の進歩について、彼らが日本語で説教を行なってキリシタンを感嘆させたと伝え、また、日本語学習のために数冊の日本語の本がローマ字で印刷されたこと、そしてルイス・デ・グラナダの「ヒデスの経（導師）」が印刷されたために、宣教師たちが日本語を容易に学ぶことができるだけでなく、そのことがキリシタンにも大きな教化となっている、と報じる。大村純忠《すみただ》未亡人の邸に置かれた語学学校は一五九二年二月に焼失した。また秀吉の西下にあわせて、一五九二年に六ヶ月間、坂口から外海《そとめ》の神浦《こうのうら》に避難したのち、坂口に再び戻った。しかし、一六〇六年二月、大村喜前《よしあき》が幕府との長崎・浦上替地問題に絡んで、イエズス会員を領外に追放したため、ルセナ神父らは有馬領古賀に一時避難してから内海《うちめ》の刀根《とね》に移った。当時、語学学校が存続していたのか、解散していたかについての詳細は不明である。

第五　キリシタンの音楽

キリスト教会において音楽が果たす役割は顕著である。ローマ・カトリック教会ではミサ聖祭の典礼に音楽は不可欠であり、グレゴリオ聖歌が典礼音楽として重用された。ローマ教会典礼聖歌であるグレゴリオ聖歌は、教皇グレゴリウス一世（五九〇〜六〇四年在位）のころに集大成されたとされ、同教皇にちなみ七七〇年ころからグレゴリオ聖歌と称するようになり、以来、この名称が一般的になった（『新カトリック大事典Ⅱ』）。ラテン語聖書からなる典礼文を歌詞とした単旋律の聖歌（単声聖歌）で、中世音楽の主流となる。ルネッサンス以降、複数の声部からなる音楽、多声音楽（ポリフォニー）が普及する。

キリスト教の宣教に伴って日本にもたらされたヨーロッパの音楽、すなわち教会音楽はグレゴリオ聖歌であり、次いで多声音楽が入った。

一　初期教会と教会音楽

（一）　教会における音楽

降誕祭・復活祭の歌ミサ　ザビエルが日本にいた二年三ヶ月間に降誕祭（クリスマス）や復活祭（パスクア）をどのように過ごしたかについての記載は不明である。日本での降誕祭についての最初の報告は、一五五二年（天文二十一）の山口の教会に関してである。当時日本にいた全宣教師、二人の神父のトルレスとガーゴ、三人のイルマンが一堂に会し、トルレスの司式のもとグレゴリオ聖歌（canto chão, canto llano）が歌われた。たぶん詩編が歌われ、山口のキリシタンたちも記載はないが、イルマンたちの指導で聖歌を斉唱したであろう。当時キリシタンたちは降誕祭をナタルと言った（ナタル Natal はポルトガル語で降誕祭を意味する）。翌年のナタルは、山口ではトルレスの司式のもとフェルナンデス修道士が歌ったミサが執り行なわれ、府内ではガーゴ神父の司式で、イルマン・シルヴァが応誦《おうしょう》するかたちでミサが挙げられた。

府内の教会では、一五五五年（弘治元）の復活祭（四月十四日）に詩編五一「Miserer mei Deus」（主、われを哀れみ給え）がキリシタンによって斉唱された（ガーゴ、一五五五年九月二十三日付、平戸発信書翰）。翌年のナタルは、同年十一月に落成した府内の新教会でトルレスの指示によって近在のキリシタンも参加して、多くの讃歌 cantigas（canticos）を伴った歌ミサが挙げられた。この年に発足した聖歌隊が多声聖歌 canto de orgão を歌った。聖歌隊はゴアからインド副管区長ヌーネス・バレトが連れてきたポルトガル人若者たちが中心になった（ヴィレラ、一五五七年十月二十八日付、平戸発信書翰）。キリシタンの子供たちも加わっていたようである。一五五七年の復活祭（四月十八日）に、府内教会の中央にある小祭壇に聖歌隊の一部が配置され、ミサの中でキリエ（主よ〈憐れみの讃歌〉）が歌われ、司祭がグロリア（栄光〈栄光の讃歌〉）を唱えると、聖歌隊がこれに応誦した（ヴィレラ同書翰）。

堺で最初の歌ミサが挙げられたのは一五六五年（永禄八）のナタルにおいてである。京都から追放されて日比屋了珪《ひびやりようけい》宅に仮寓していたヴィレラとフロイスの両神父によって挙げられたミサでは、合唱は貧弱であった（フロイス、一五六六年六月三十日付、堺発信書翰）。同年府内教会のナタルには、「ミサはヴィオラ・ダルコ violas darco と多くのモテット motetes をもって挙げられた。」（ミゲル・ヴァス、一五六六年九月十六日付、豊後発信書翰）。モテットは、ルネサンス期に流行したポリフォニー（多声音楽）を代表する楽曲様式である。一五五六年に府内に来たポルトガル人若者たちはインドで多声聖歌 canto d'orgão を教え込まれていた者たちであった。河内三箇《かわちさんが》の教会では、一五七三年（天正元）の復活祭（三月二十二日）に教会から十字架のあるところまで行列が行なわれたが、その際に、伝道士マテウスはヴィオラ・ダルコを弾き、オルガンティーノ神父と日本人イルマン・ロウレンソが先唱して一節を歌い、キリシタンたちが応誦して他の一節を歌った（フロイス、一五七三年四月二十日付、都発信書翰）。京都の南蛮寺での最初の歌ミサの記事は、一五七六年（天正四）のナタルについてであり、オルガンティーノ、フロイス、ステファーノの神父三人が参加して執行された（フロイス、一五七七年九月十九日付、臼杵発信書翰)。

四旬節、聖週間および死者の記念日の歌　四旬節の間は毎日説教があり、金曜日と日曜日にキリシタンたちは「ミゼレレ・メイ・デウス」(詩編五一)を歌い口ずさみながらジシピリナ(鞭打ち《むちう》)の業を行なった。ヴィレラの前記書翰によると、聖週間の聖木曜日に必ずキリスト受難の説教があり、このち詩編五一が歌われるなかでジシピリナが行なわれるのが恒例であった。

府内では、一五五七年の四旬節に毎木曜日説教とジシピリナがあり、その間に詩編五一が一回歌われた。聖週間には、暗黒の水曜日(四月十四日)から諸儀式が始まり、越冬したポルトガル人とイエズス会の五人(ポルトガル人孤児)が参加した二つの聖歌隊が歌いながら祈りを唱えた。すなわち、「多声聖歌によるベネディクトゥス Benedictus(讃《ほ》むべきかな)を一回唱えて詩編を終えてから、次いでミゼレレ・メイ・デウスが唱えられた」。聖木曜日の夜に、キリシタンたちはジシピリナの業を終えてから、ベールで被われたキリストの大きな磔刑《たつけい》の像を掲げ、ラダイーニャ(連禱《れんとう》)を唱えながら、病院に行列して向かった。聖金曜日に荘厳な受難の歌が唱えられ、聖土曜日に教会の中心部分にある小祭壇に聖歌隊を配してミサがなされ、諸祭儀が終わってトルレスが退いて衣服を着替えると、聖歌隊が歌い始めた。司祭によりキリエとグロリアが唱えられ、これに聖歌隊が応誦し、復活祭の翌日には明方に松明《たいまつ》を点《つ》け蠟燭《ろうそく》を点《とも》しながら教会の敷地内を行列して歩き、その際に多声聖歌による詩編とハレルヤを歌ったが、これらはヴィレラら四人の宣教師が初めて聴いたものであった(五野井「豊後におけるキリシタン文化」)。

一五五六年に日本に来たポルトガル人若者、商人や船乗りたちが参加した聖歌隊が府内の教会に二組あったことが知られる。また聖歌隊が披露した聖歌が従来歌われていた単旋律のグレゴリオ聖歌でない多声聖歌であり、ヴィレラら宣教師たちの耳目を集めたことも事実であった。

聖体行列と聖歌　すでにヴィレラの書翰によって見たように、一五五七年の復活祭に府内の教会の敷地内で聖体行列が行なわれ、多声聖歌が歌われた。同年、平戸のキリシタンたちも教会から小山に建てられていた十字架まで行列して行き、ローソク(提灯)をかざしながら笛やシャルメラ(古オーボエ)を奏し、イルマン二人が祈禱文を唱え、これにキリシタンたちが多声聖歌を歌って応えた(ヴィレラ前掲書翰)。

教理教育と歌唱教育　キリシタンの子弟に対する教理教育で聖歌の練習が重視されその指導が入念に行なわれたことは、キリシタンの教会学校に関連して述べた。一五六八年に天草《あまくさ》の志岐《しき》で宣教活動に従事していたイルマン・ヴァスは、八歳になるかならない子供たちが多くの詩編と聖歌を知っていて大人のようであり、他にすることは何もないようだと伝える(一五六八年、志岐発信書翰)。

上長トルレスは一五六四年に口之津《くちのつ》に居住したのち、特に子供の教育に留意し、教理教育と同時に聖歌の練習に熱心であった。詩編や聖歌を日本語だけでなくラテン語で暗誦させようとしたことは、成長後の彼らの信仰生活に大きな影響を与えることになった。島原の乱の時に戦場で没収ないし拾得された平仮名文のラテン語聖歌「祈禱書」（耶《や》蘇教《そきょう》写経）があり、東京国立博物館が所蔵する。これは、「さんたまりやのらたにあす」（「聖マリアの連禱 ladainha」）と、「さんたまりやのおひしよ（ママ）（おらしよ）」（「童貞聖マリアの小聖務日課」の一部）の二部からなる（柊《ひいらぎ》源一『吉利支丹文学論集』）。ラテン語の祈禱文が平仮名に音写されて残っていたことは、同地方におけるキリシタンに対する教育の有りようを語っている。幼少時から教え込まれたラテン語の聖歌や祈りがローマ字読みされ、平仮名に起こされ書き留められて代々受け継がれてきたことを示している。

（二）聖歌隊の編成・組織化

府内の聖歌隊　一五五六年に府内の教会にポルトガル人若者による聖歌隊が発足した。同年七月に同地に着いたヌーネス・バレトが音楽に習熟した五人を同伴してきたからである。彼は日本に向かう途中のマラッカから次のように報じている。

私達はポルトガルから来た孤児五人を連れて行きます。彼らは言葉を覚える素質があり、私達の信仰の本質が表現される主要な祭日に私達が聖務を荘厳に執り行なうためにグレゴリオ聖歌 el canto llano と多声聖歌を教え込まれています。なぜなら、人々（日本人）はこのような外見に大いに心を動かされるからです（一五五四年十二月三日付書翰）。

多声音楽ポリフォニー poliphony はオルガヌム organum とも言われ、八五〇年ころにアルプスの北で始まり、十五世紀前半から十六世紀後半までフランドル地方の音楽がヨーロッパで重要な位置を占め、一般にフランドル楽派と呼ばれる全ヨーロッパ的な様式が確立したとされる（『平凡社世界大百科事典』）。一五五六年に日本で初めて多声聖歌が歌われたことになる。翌年、五人のうち、ギレェルモ・ペレイラとルイ・ペレイラの二人がイエズス会に入会した。ギレェルモが同年教会に組織されたキリシタン子弟からなる聖歌隊二つの指導に当たった。二つの聖歌隊とは男子と女子に分かれて編成されたのであろう。

一五六一年の復活祭（四月六日）に、府内教会で行なわれた聖体行列で三つの聖歌が少年たちの聖歌隊によって歌われた。①「マリア、我らに告げよ Dic nobis Maria」と、これに対する「マリア・マダレイナの答誦」、②「神を讃めたたえよ Aleluya」、③「すべての民よ、主を讃めたたえよ Laudate Dominum Omnes gentes」である。ギレェルモが聖歌隊を指導した。この年、復活祭後に来日したアイレス・サンシェスがイエズス会に入会し、一五人の日本人と中国人に対して歌と楽器ヴィオラ・ダルコの指導を始めた。少年たちは伝道士としての教育をローマ字の読み書きも含めて、サンシェスから受けた。一五六三年に、サンシェスは五、六人の少年からなる聖歌隊を連れて豊後各地のキリシタン教界を巡回し、さらに八月に肥前横瀬浦《よこせうら》の教会で行なわれたトルレス神父の最終誓願式（八月十五日）に少年たちを引率して参列した。聖歌隊の一行は誓願式の三、四日前に到着した。晩禱は聖歌隊の歌で始まり、トルレスが祈りを唱えた。被昇天の聖母の祝日に執り行なわれた誓願式では、フロイスが司式してミサを挙げ、聖歌隊がヴィオラ・ダルコを弾いて歌った。

一五六四年の復活祭（四月二日）に関連した報告がある。少年一六人からなる聖歌隊員が「胸に十字架を懸け白い着物を身に着けており、……彼らのうち数名の者はすでにかなりの歌い手であり、ヴィオラ・ダルコの奏者である」（モンテ、一五六四年十月九日付、豊後発信書翰）と見られていた。サンシェスの三年に及ぶ指導によって歌唱の面でも楽器演奏の面でも相当の進歩を見せていた者が数名いたことが知られる。

志岐の聖歌隊　一五六六年九月、志岐の宣教に派遣されたイルマン・サンシェスは「混成」の聖歌隊を組織して、グレゴリオ聖歌の指導に当たった。一五六八年に同地にトルレスが一時滞在していたが、同年六月に来日したアレシャンドレ・ヴァラレッジョ神父がトルレスを訪ねると、彼はイルマンのアルメイダやヴァスと共に、少年たちと少女たちの二つの合唱（聖歌）隊を率いて港にヴァラレッジョを出迎えた。聖歌隊は「イスラエルの神、祝福すべき主 Benedictus Dominus Deus Israel」を歌いながらやって来た（ヴァラレッジョ、一五六八年九月四日付、五島発信書翰）。

福田の聖歌隊　ヴァラレッジョ神父がマカオから福田港に到着したとき、少年と少女からなる一つの聖歌隊が「我ら、神なる汝を讃めたたえる Te Deum laudamus」を歌って彼を出迎えた（前掲書翰）。

口之津の聖歌隊　アルメイダによると、一五六三年に同地の子供たちがポルトガル人のために聖書の中の歌を歌った（同年十一月十七日付書翰）。聖書の中の歌とは詩編のことであろう。一五六六年に同地には少年と少女の別々の聖歌隊があり、彼らはアルメイダの倍以上の聖歌を覚え、発音や歌い方が良かったと言う（同年十月二十日付、志岐発信書翰）。一五六八年に口之津には三つの聖歌隊があり、同地を訪れたヴァラレッジョを、主を讃えた詩編と聖歌を歌って、領主（代官）ドン・レアンと共に舟に乗って出迎えた（前掲書翰）。

（三）　楽器と弾奏

ヨーロッパの楽器の初見　一五五一年ザビエルが大内義隆《よしたか》を正式に訪問したときに持参した贈物の中に、鍵盤楽器のクラヴォがあった。『大内義隆記』に「十三ノ琴ノ糸ヒカザルニ、五調子、十二調子ヲ吟ズル」とある。このクラヴォ cravo（cravichord）について、ヴァリニャーノは『東インド史』でクラヴィコルディオ cravicórdio と表記し、ジョアン・ロドリゲスは『日本教会史』でマニコルディオ manicórdio と記載する。『大内義隆記』から明らかなように、クラヴォは義隆の面前で演奏された。ヨーロッパの音楽が奏でられたことが文書の上で初めて確認される。弾奏者はイルマン・フェルナンデスであったと思われる。

ザビエルが山口から豊後に赴いた一五五一年九月、日出《ひじ》港に停泊していたポルトガル人たちは、「シャルメラ（古オーボエ）とフラウタ（フルート）を奏して祝砲を発して」ザビエルを出迎えた（岡本良知『十六世紀日欧交通史の研究』）。

一五六二年、府内の宣教師が大友義鎮《よししげ》を修院に招いて食事を供した際に、少年たちがヴィオラ・ダルコを演奏して歓迎した（アルメイダ、一五六二年十月二十五日付、横瀬浦発信書翰）。楽器の指導はサンシェスによって前年から始まったばかりであった。

伴奏楽器とミサ祭儀　サンシェスによる歌唱と器楽の指導は、一五六一年秋以降に府内の修院で始まった。彼は、「当修院にいる日本人とシナ人の少年一五人に読み書きを教え、デウスに奉仕して神の事をすべて荘重に執り行なうために［聖歌を］歌い、ヴィオラ・ダルコを弾くことを教えることに従事している。」（一五六二年十月十一日付、豊後発信書翰）と報じる。彼ら少年たちの歌唱力と器楽の練習の結果は、一五六四年には顕著であった。モンテ神父によると、「若干の者はすでに十分に歌い手cantoresであり、ヴィオラ・ダルコの弾奏者tangedores de viola darcoである。……教会に戻ってからミサが執り行なわれた。ミサは良き声とヴィオラviolasをもってなされた。」（一五六四年十月十四

図7　クラヴォ（楽器）

日付、豊後発信書翰）。アルメイダもまた、彼らの進歩と実力を評価した一人である。
（一五人はいる日本人とシナ人からなる修院の少年たちは、）彼らの多くはすでに可成りの楽手（歌い手）musicos であり、ヴィオラ・ダルコ violas darco を弾奏する。それは十分に聴くに堪え得る。……私たちは、主を讃える讃歌 canticos をたくさん歌いながら、病院に隣接する広場 campo にある十字架まで行った（アルメイダ、一五六四年十月十四日付、豊後発信書翰）。

府内の教会における少年たちの活動は、彼らの歌唱力と器楽弾奏の実力がつくに従って大いに活用された。モンテは一五六五年の書翰で、「土曜日［のミサ］にヴィオラ・デ・アルコ violas de arco を用いてサルヴェ［・レジナ］が歌われ、日曜日と聖日（祝日）にもミサにヴィオラ violas [de arco] を弾き、いくつものモテットを唱える。それは、すべて甚だ荘重にかつ敬虔に執り行なわれる。」と記す。ポルトガル語書翰に見られる「violas de arco」の記載は、モンテ本人のイタリア語書翰では「violoni」である。

〔注〕イタリア語辞典によると、violone はダブル・ベース（コントラバスに似た古楽器）のことである。『Dicionario Pratica Illustrado』によると、ポルトガル語 violão は六弦の撥弦《はつげん》楽器で、viola francesa あるいは単に viola であり、violão はポルトガルとブラジルでは非常にポピュラーな楽器であるという。なおヴィオラ・ダルコは、弓で弾くヴィオラのことで、擦弦《さつげん》楽器である。

教会の外での、十字架の立つ場所までの行列に際し、ヴィオラ・ダルコを弾きながら、それに合わせて聖歌を歌う光景は、府内でも河内三箇でも見られた。一五七〇年代に、府内の修院で養成された少年たちが伝道士となって畿内などの他地方に送られて各地の教会で、ミサや聖体行列などで活動するまでになっていた。イエズス会の修院では、ヴィオラ・ダルコなどの通俗的な楽器は音楽として楽しむための楽器であるために、初めはミサの祭儀に用いることには消極的であったが、オルガンのような伴奏楽器がなかったため、のちに典礼用として容認されるようになった。一五八〇年代セミナリオ教育のカリキュラムにヴィオラ・ダルコの弾奏練習が加えられるようになった背景には、オルガンの入手が難しかったことと共に、ヴィオラ・ダルコが手軽に持ち運びできる便利さもあったようである。

ヴィオラとヴィオラ・ダルコ　日本の音楽史家あるいはヴィオラ・ダ・ガンバ演奏者は、キリシタン時代にもたらされたヴィオラおよびヴィオラ・デ・アルコ（ダルコ）をヴィオラ・ダ・ガンバと断定している（イタリア語gambaは脚の意味である）。キリシタンの史料には、ヴィオラ・ダ・ガンバの記載は一切ない。リュート奏者佐藤豊彦によると、violaはポルトガル語で「ギター」を意味し、当時はギター系撥弦楽器の総称であり、今もギターをヴィオラと称する、という。またフロイスが『日欧文化比較』（十三章）で「我々のヴィオラは六本の弦が二重に張ってある。そして手で弾奏する。」と記載しているのは、スペインのビウエラvihuelaを指していて、ヴィオラ・ダルコではない、とする（「琵琶法師と弦琴師」）。ヴィオラ・ダルコは複弦ではなく、通常弦は三〜五本であり、六つの複弦をもつ楽器は十六世紀ヨーロッパではビウエラのみであって、六本の［単］弦をもつのは十六世紀後期になってヴィオラ・ダ・ガンバが現われてからともされる。ビウエラは従来のギターとリュートを合わせて作られ、ギターの形とリュートの調弦をもち、同系のものに viola de mano、弓で弾くものを viola d'arco と称し、スペインでは vihuela de mano といい、弓で擦る方は普及しなかったため vihuela de arco の表記はないとされる。

「violas」の記載は、ヴァリニャーノが一五八〇年に作成した「セミナリオ規則」に見られるだけで、他の宣教師の書翰に見られる記載は「viola(s) de arco（d'arco）」である。一五九四年三月十五日付「一五九四年度日本年報」には、八良尾《はちらお》のセミナリオの音楽教育に関連して、オルガン、ヴィオラ・デ・アルコ、ハープ harpa、アラウデ・ヴィオラ alaude viola、クラヴォなどさまざまな楽器を奏でて、時にはグレゴリオ聖歌 canto chão の、時には多声聖歌の歌ミサがあった、と報じる。アラウデ・ヴィオラのアラウデはリュート lute とされ、ポルトガル語・スペイン語辞書によると、「ギターラと思われる古楽器」と説明する。ヴィオラ・ダルコは単旋律のみしか弾けなかったとされるため、多旋律の多声聖歌の伴奏には数台が必要であり、複数形 violas の表記となった。一五七三年に河内三箇でマテウスは一人で弾奏したためにその楽器は単数形 viola で記載された。

（四）　典礼聖歌集・音楽書の導入

一五五六年七月に来日したヌーネス・バレトは、二冊の聖歌集をもたらした。一つは『ローマ教会通常典礼歌集』一冊で、グレゴリオ聖歌集である。他は、『多声聖歌集』一冊である。音楽書としては、フランシスコ会士フランシスコ・ティテルマーノの聖歌に関する註釈書『ソロモン頌歌《しょうか》の頌歌に対する註釈』（アントワープ刊、一五三六年）一冊があった。

（五）　イエズス会の音楽に対する姿勢

概して、イエズス会員の中には作曲家もまた礼拝堂のマスターもいなかったから、初期のコレジオでは学生のために音楽教師が雇われた（F.Kennedy, Jesuits and Music.）。三代総会長フランシスコ・デ・ボルハは日本在留の会員に一五六七年十月二十八日付の訓令を出した。すなわち、「ミサを歌い、ミサを多声聖歌canto fugurado で行なうこと」を許可し、しかし同会員には彼らが音楽教育に専念することは望ましくないとし、「もしコンパーニャ（イエズス会）が歌唱を教える責務がある場合には、……外部の者を招き俸給を払い、［会員］外の人々に教えさせること」を条件とした（ロペス・ガイ「キリシタン音楽—日本洋楽史序説—」）。総会長ボルハが訓令を出したのは、トリエント公会議での教会音楽に関する議論と同会議の意向を尊重したからである。教皇ピウス四世が開催した第三会期（一五六二〜六三年）で教会音楽の現状について論議され、その結果、当時のミサが極度に多声音楽を志向するあまり歌詞を聞き取ることが極めて難しくなり、信仰に向かわせるには不適当と指摘され、典礼を

「もっと簡素に」という表現をもって結着した。このため、装飾的につけた繰り返しの言葉や装飾音のついたもの、変奏曲（セクエンツァ）の名曲の多くが禁止された（竹井成美『南蛮音楽　その光りと影』）。

一五七三年四月開催の第三回総会議で、新総会長エヴェラルド・メルクリアンが選出された。彼は音楽に関しては従来の方針を遵守《じゅんしゅ》し、典礼儀式の簡素化を推進して多声聖歌を禁じた。「我々の教会における歌唱は、敬虔にして快く、かつ簡素でなければならない」、「歌唱はイエズス会士以外の者を入れない」というものであった（ロペス・ガイ前掲論文）。東インド管区巡察師としてゴアに到着したヴァリニャーノは、その二ヶ月後の一五七四年十二月開催の協議会で、総会議の意向に基づいて多声聖歌 canto figurado の禁止を提案した。しかし、同地の宣教師全員が反対の意見であったため、ヴァリニャーノはその旨を総会長に報告し、ローマからの新しい指示を得て一五七五年十二月に管区協議会を開いた。教会内での歌唱の廃止、イエズス会員の聖歌隊への参加禁止、多声聖歌禁止の案件が議題であった。ガーゴ神父は日本での宣教の経験を踏まえて、異教地の宣教における歌唱の重要性を説き、「歌唱によって異教徒が深く感動しキリスト教徒が教化された」ことを主張した。ヴァリニャーノもこの見解を支持するところとなり、最終的にはインド管区で従来どおり歌唱は続行された。

オルガンティーノは宣教活動における音楽の有効なることを痛感していた一人であり、一五七七年九月二十九日付の総会長に対する書翰で、「当地（京都）に歌い手たちと多くの人員をもって数台のオルガンとその他の楽器を持つときには、この都と堺全体がたったの一年で改宗することは疑いのないことです」と述べて、「歌い、かつあらゆる種類の楽器を奏することのできる者、そしてこれらの楽器を製作する幾人かの才能ある者、また彼らと共に建築学について詳しい画家数人を送って頂きたい」と要望している。

二　セミナリオ教育と音楽

オルガンの伝来　ヴァリニャーノが持ってきたオルガン二台は臼杵《うすき》城内の教会と安土《あづち》のセミナリオに置かれたが、彼は来日してすぐに天草を巡回視察し、四〇日間の同地滞在中に、音楽とオルガンをもってミサ祭儀を行なった。モンテ神父によれば、オルガンは日本では新奇な楽器であったためキリシタンたちは甚だ驚嘆し、また慰められた（一五七九年十一月十日付、天草発信書翰）。翌一五八〇年十月四日のアシジのフランシスコの祝日に、ヴァリニャーノは臼杵の教会でオルガンを用いてミサを荘厳に執り行なった。この歌ミサにフランシスコの洗礼名をもつ大友宗麟《そうりん》が参列した。高槻《たかつき》の教会でも一五八一年に安土のセミナリオに設置予定のオルガンでミサが挙げられた。「都に持っていくオルガンを演奏したところ、キリスト教徒たちはこのようなものを見たことがなかったので驚嘆した。」（同年度日本年報）。

オルガンは持ち運びができる小型のものであったようである。日本におけるオルガンの製作は、一六〇〇年ころに天草の志岐で始まったとされ、翌年に画家のイルマン・ニコラオが有馬《ありま》のセミナリオで製作の指導に当たり、主要な教会にオルガンが備え付けられるようになった。オルガンのパイプにフランドルのブリキではなく太く強固な竹筒のパイプが使われ、心地よい音を出した、という（F. Guerreiro,『東インド諸事年報』）。

セミナリオにおける音楽教育

セミナリオでの音楽教育の目的は、ミサ聖祭およびその他の祭儀や聖体行列など、教会の典礼に供するためであり、また神学生の教養と情操を養うためであった。ヴァリニャーノ作成の「セミナリオ（神学校）規則」は、学生が学習すべき科目についてラテン語と日本語の他に、「その素質のある者は歌唱やクラヴォとヴィオラ violas、その他類似の楽器を弾くことを学ぶ。」とし、これは、「教会の礼拝や儀式のため、そして教会で行なわれる荘厳な祝祭のために役立つだろう。」と明言する。セミナリオの日課表（時間割）に見られる音楽の学習に関する項目は三項ある。

第七　二時から三時まで歌唱 cantar と楽器演奏 tanger にあて、余った時間は休憩とする。教師は音楽の能力がある者たちや上達した者数名を助手とし、研鑽《けんさん》のための時間を持てるように、また互いに代行させることができるようにする。

第一二　一週間のうちに祝日がない場合には、水曜日一時以後に休憩が与えられる。このため、日本語の読み書きに二時間のみ取ることとし、その他は休憩とする。しかし、少しの時間を弾

奏と歌唱、すなわち多声部聖歌canto d'orgãoと、クラヴォcravosやヴィオラviolas、および
その他の同じような楽器の弾奏に宛てる。

第一四　日曜日と祝日には、食後に別荘や野原に遊びに出かける。雨天の時には、あるいは外出
できない寒い時には終日家の中で休養して過ごすが、楽器演奏や歌唱のできる者はこれに少し
の時間を宛てる。

イエズス会が神学生の音楽教育に十分に配慮していたことが右の日課表の割り振りからも窺われる。
音楽の才能に恵まれた神学生は必ずしも多くはなかったようであるが、彼らが教会音楽の担い手とし
て期待されていたことは確かである。一五八八年作成の「神学生名簿」に記載された七〇名のうち、
音楽能力について記載ある者は以下のごとくである。最良optimeとされる者は一五八〇年入学の一
八歳の喜多パウロ一人である。良く熟達bene calletは溝口アウグスティーニョ（一五八〇年入学、二〇
歳）、オオタオ・マンショ（一五八一年入学、二〇歳）、堀江レオナルド（一五八一年入学、一七歳）、フク・
メーナ（一五八六年入学、一五歳）。熟達者calletドミニコ・ピレス（一五八七年入学、一六歳）、普通に熟
達moderate calletの進士アレイショ（一五八三年入学、二二歳）、内田パストール（一五八五年入学、一七
歳）、やや熟達vero mediocriter callet伊予メルシオール（一五八二年入学、一七歳）、普通以下modice
山田ジュスト（一五八五年入学、一八歳）。都セミナリオの一九名について音楽学習の記載はない。

音楽教育に参与した人々　セミナリオの開設当初に音楽教育に誰が関わっていたかは明白でない。

イルマン・ギレェルモもサンシェス（一五八〇年に司祭叙階）も関与した形跡はない。臼杵の修練院長であったラモン神父がグレゴリオ聖歌を教えていたとされるが（ロペス・ガイ前掲論文）、何時セミナリオ教育に関わったのかは不明である。一六〇七年二月作成の「名簿」によると、有馬のコレジオにいたヴィセンテ・リベイロ神父は「歌唱、鍵盤楽器 tecla の教師、およびセミナリオでラテン語を講義」していた。彼が長崎でイエズス会に入ったのは一五九五年である。

日本人イルマンで音楽教育に参与したのは、一五八八年にイエズス会に入った溝口アウグスティーニョで、彼は「鍵盤楽器および唱歌の教師」となった。天正遣欧使節に同行したコンスタンティーノ・ドウラードは一五九五年イエズス会に入り、鍵盤楽器（オルガン）の教師でありセミナリオのラテン語教師でもあった。一六〇七年にイエズス会に入った牧ミゲルは、有馬のセミナリオで歌唱の教師を務めていた。一五八七年に一〇歳でセミナリオに学んだ塩塚ルイスは楽器の弾奏者で聖歌隊の教師であり画工でもあった。ドーム・ジョアンは管区長ヴァレンティン・カルヴァリョの同宿で、礼拝堂付き音楽教師で合唱指導者でもあった。彼は「イエズス会が見出した最も優れた声の持ち主」であった（ピレス、一六一六年六月十日付、マカオ発信書翰）。なお、一五七〇年代カブラル神父の通訳を務めたジョアン・デ・トルレスは、イルマン・サンシェスが指導した少年一五名の一人とされ、ヴィオラを弾くことができた（フアン・G・ルイズ・デ・メディナ「イエズス会士ホアン・デ・トーレス」）。

ヴァリニャーノの「服務規程」とセミナリオ

ヴァリニャーノは教会における音楽および音楽教育

に関して、インド管区で現地の意向を尊重したが、総会長の方針を遵守したいとの思いを引きずっていた。彼が一五八〇年に作成した「日本イエズス会員服務規程」は彼の音楽教育に対する姿勢に変化がなかったことを示唆する内容のものである。以下は、「第一九章　私たちの間に用いられるべき音楽 musica と歌唱 canto について」の一節である。

管区会議終了後に、ただちに長崎の協議会でこの点について扱われ、そこで結論が出た。日本人は私たちの各種の楽器、私たちの音楽 musicos と多声聖歌 canto d'orgão とを学び、かつ聴いているが、あまり熱心でないように思われ、またこの件について多大な労力を払って時間を費やされているにもかかわらず、成果がない。そして、コンパーニャの一般的な慣習にも反しており、またかけ離れており、当地にはこの件についてインドで免除されている諸理由はない。今後はセミナリオにおいて多声聖歌を教えないように、またヴィオラ viola、ハープ harpa やラベカ rabeca（三弦琴）、その他の楽器の演奏も教えてはならない。そして、鍵盤［楽器］tecla だけでなく、グレゴリオ聖歌 canto gregorio や、オルガンや、教会［の典礼］に奉仕することのできるその他の鍵盤楽器を弾くことだけを教えるようにすることである。そして、このため今後は私たちの教会で多声聖歌が用いられないようにすることであるが、むしろグレゴリアーノ gregoriano と呼ばれるカント・シャン canto chão（単声聖歌）、あるいは私たちの方法に従って、単純な調子の歌を用いることである。ただし、長崎ではそこに来るポルトガル人たちに関しては除外される。

しかし、セミナリオ開設に当たり、ヴァリニャーノ自らが作成した「セミナリオ規則」では、多声聖歌もヴィオラの練習も容認され、カリキュラムに組み込まれたことが確認される。一五五七年以来歌われてキリシタンたちの中に根付いていた多声音楽を否定することは、在日歴の長い宣教師たちには認めがたいことであったのであろう。勿論、オルガンを簡単に入手できなかったことから、伴奏楽器として使用されて来たヴィオラ・ダルコを断念することもできなかったからであろう。

三　天正遣欧使節と音楽

エヴォラ大聖堂でのオルガン演奏　有馬のセミナリオで教育を受けて間もない一二、三歳の少年たちが、長崎の港を出発したのは一五八二年二月二十日である。ローマまでの三年以上に及ぶ道中での生活では、語学の勉強と共に音楽の練習が重視され、つねに音楽教育を受け、休憩時間の一部を歌唱と楽器練習に時間を割いた。その練習成果は、一五八四年九月十四日にポルトガル・エヴォラの大聖堂で発揮された。伊東マンショと千々石《ちぢわ》ミゲルの二人が大聖堂の二階に置かれた三段の鍵盤を持つオルガンを見事に弾き、大司教ドン・テオトニオを大いに満足させた（フロイス『九州三侯遣欧使節行記』）。使節一行はエヴォラの大聖堂でコレジオの学生の演奏を聴き、また訪問先の方々の教会でオルガン演奏を聴いた。帰路、一行はフェラーラ滞在中の一五八五年六月二十四日に公爵夫人を訪問し、そこでグラヴィチェンバロ（ハープシコード）の演奏に与《あずか》り、ヴェネツィアではサン・マルコ大聖堂で音楽を聴いた（結城《ゆうき》了悟《りょうご》『新史料　天正少年使節』）。

彼らをゴアからローマに引率したメスキータ神父は総会長アクァヴィーヴァに対し、「ラテン語と音楽の練習には全員が非常に上達しているが、特にドン・マルティン（原）が将来日本で音楽を極めて巧みに教授しうるであろうし、諸種の楽器演奏と歌唱についても同様である。」（一五八九年十一月十四日付、マカオ発信書翰）と報じている。

図８　エヴォラのオルガン

聚楽第《じゅらくだい》での演奏　遣欧使節一行は、ヴァリニャーノと共に一五九〇年七月二十一日ころ長崎に帰着した。翌年三月三日、ヴァリニャーノがインド副王使節として副王書翰捧呈のため豊臣秀吉を京都・聚楽第に訪れた際、遣欧使節は教皇グレゴリウス十三世から賜った金モールの縁飾りのある長袍《ちょうほう》を着て同行し楽器を持参した。秀吉は引見後に食事を供し、使節一行に音楽を所望した。フロイスは聞書きながら前記『遣欧使節行記』で、その場を次のように描写する。

四人は弾奏を始め、クラヴォ、アルパ（ハープ）、ラウデ、ラベキーニャに合わせて歌った。彼らはポルトガルとイタリアで十分にこれを学んでいたので、立派な姿勢で品良く軽快に歌った。彼は彼らに命じて歌わせ、注意深くかつ大いなる好奇心をもってこれを聴いた。その故は、彼らが少しばかり弾奏した後で、彼を飽きさせぬよう敬意を表して弾奏を中断すると、彼は同じ楽器で繰り返し弾奏し、かつ歌うよう三度にわたって彼らに命じたからである。その後に楽器の一つを自らその手に取り、それについて彼らに種々の質問をした。

さらに、秀吉は「ヴィオラ・デ・アルコとアレジョ」を弾くよう希望した。アレジョ realejo は携帯風琴（手回しオルガン）のことである。風琴は弦の数も少なく、鍵盤やハンドルなどの機能でもって単純なメロディーを演奏できる、という。

秀吉の面前で演奏された曲について、フランドル楽派のジョスカン・デプレ（一四四〇?〜一五二一年）のリュート曲「千々《ちぢ》の悲しみ mille regretz」と推定されて、古楽器による演奏が頻繁に行なわれ、CD化されている。この曲はスペインではナルバエスによって弦楽器ビウエラのための「皇帝の歌」として編曲され、上流階層の社会で愛好されていたとされる。皇帝とは、スペイン国王カルロス一世（在位一五一六〜五六年）すなわち神聖ローマ皇帝カール五世（在位一五一九〜五六年）のことである。ビウエラはいわば、珍しい楽器や時計の収集家であったカルロス一世のために考案されたとも言われ、彼の死後には廃れてしまったと言われる（佐藤豊彦「琵琶法師と弦琴師」）。天正遣欧使節がスペインを訪れたのは、カルロス国王の死から二六年後のことである。使節一行のスペイン滞在は往還に六ヶ月余と長期にわたるが、マドリード滞在は一ヶ月半ほどであった。国王フェリーペ二世にはローマへの途上マドリードで、帰路にモンソンで謁見した。フェリーペ国王治世にも「皇帝の歌」がスペイン社会で引き続き愛好されていたかどうか、明らかでない。

当時のイエズス会の教会音楽に対する閉鎖的姿勢、ヴァリニャーノの世俗音楽および多声音楽に対する非寛容的姿勢を熟知していた若き司祭メスキータは、ローマで教会音楽家として活躍していたパレストリーナ（ジョヴァンニ・ピエルルイズ・ダ、一五二五?〜一五九四年）などの宗教曲に触れ、使節一行には宗教曲を中心に指導したであろう。秀吉の前での演奏も世俗歌というよりは宗教的な曲がヴァリニャーノの指示によって選ばれたと見るのが自然である。

四　司教出版の『サカラメンタ提要』と楽譜

為政者や要人の面前での演奏は秀吉の他に、織田信長が安土の修院を突然訪れた時にも見られた。「一五八一年度日本年報」によると、彼は修院の最上階（セミナリオとして使用）に上って行き、クラヴォとヴィオラを見て両方を演奏させ、これを聴いて喜んだと言う。また、一六〇七年に準管区長パシオは家康を駿府《すんぷ》に、将軍秀忠を江戸に訪問して長崎に下向する途中、大坂城に豊臣秀頼を表敬訪問した翌日、楽器を携えた同宿たちが遣わされ彼の面前で楽器を演奏し、これに合わせて歌った。その際に持参した楽器は、アルパ、ヴィオラ、ラベカ、レアレジョ（手回しオルガン）であった（「一六〇七年度日本年報」）。

「サカラメンタ提要」の出版　司教セルケイラは、司祭が洗礼・聖体・告解（赦しの秘跡）・婚姻・葬儀の五つの秘跡を授けるための手引書を編纂し、一六〇五年に長崎で印刷出版した。これが『教会の秘跡執行提要（サカラメンタ提要）』であり、セルケイラはトリエント公会議で決定されたローマ式典礼に基づいて日本の事情を勘案して、日本の教区司祭を対象にして編纂した。司教に関わる堅信と叙階の二つの秘跡は省略される。これには葬儀に関して一三曲、司教ら高位聖職者が任地の教区教会を訪問する際に歌われる六曲、計一九曲の楽譜が付載される。極東世界で初めて印刷された典礼音楽書でもある。音楽は独創的ではなく、サラマンカ版『サカラメンタ提要』と長崎版との比較検討をした音楽史家皆川達夫によれば、長崎版は特定の底本によって編纂されたのではなく、多数の印刷書特にスペイン系の諸書を参照しつつ、トリエント公会議の典礼改革の線に沿って独自の見地にたって作成された、という（『洋楽渡来考』）。

譜線は五本の赤インクで印刷され、音符は角形ネウマ譜で黒インクである。まず赤インクの五線が印刷され、その乾いたのちに音符や音部記号などが配せられたとされる。葬儀のための聖歌一三は、応誦Responsorium一〇曲、交誦Antiphona三曲からなる。司教らの教会訪問時に歌われる六曲は、今日でも歌われている聖歌Liber Usualiz（慣用聖歌集）にも入っているものである。第一五曲「タントゥム・エルゴ・サクラメントゥムTantum Ergo Sacramentum」（かくも大いなる秘跡）は、旋律がスペイン特有のローカルな聖歌であるとされる（皆川達夫前掲書）。

葬儀と司教訪問に関わる聖歌が特に選ばれたのは、日本人の祖先に対する敬虔な崇拝と熱心さのために、その習慣を尊重し儀式を重視したためであり、また物見高く好奇心の強い見物人の異教徒に対するデモンストレーションであり、キリシタンにはその盛大さと威厳を示そうとしたようである。第三曲はジシピリナの際に歌われた「ミゼレレ・メイ・デウスMiserere mei Deus」（主、われを哀れみ給え）〈詩編五一〉である。

『サカラメンタ提要』は現在、東洋文庫、上智大学キリシタン文庫、大英図書館など六機関に八部確認される。特に北京の中国国家図書館には文化大革命後に同館に収納された「北京北堂」旧蔵のイエズス会関係書として三部ある。中国国家図書館所蔵の三部のうちのA本には、付録「サカラメントと、その外品々の儀についての教」（ローマ字）が『サカラメンタ提要』と合本になっている。この付録は他の七部にはなく、A本のみであり、その紙質は本文よりも薄い和紙を使用している。

第六　活字印刷機とキリシタン版

活字印刷の技術は一五九〇年代にヨーロッパと朝鮮半島の二方向から日本に入った。天正遣欧使節がヨーロッパからもたらした活字印刷機は、イエズス会ではセミナリオ教育が開始された当初から渇望されていた。ザビエルは一五四九年十一月五日付の書翰で、印刷について、「私達は日本語で信仰箇条についての説明書を作成し、これを少し多く印刷することに従事するものと思われる。」と書いて、日本人の重立った人々はすべて読み書きができ、また自分たちが各地へ行けないために、聖なる信仰が印刷物によって多くの地方に弘布されることになるとの期待を表明していた。フロイスはその三八年後の一五八七年一月一日のローマ総会長宛書翰で、聖画像を日本で調達する手立てとして印刷機と印刷工を要求した。

一　活字印刷機導入とその目的

印刷・出版計画とその目的　ヴァリニャーノは一五八〇年六月に作成した「セミナリオ規則」で、

日本人神学生のための独自の教科書を作成し出版することを表明した。「反論の余地がない普遍的な教理を要約した一般書を彼らのために作成するか、あるいは……すでに作成された何か別の要綱や要略を彼らに講じることになる。……そのため、当地に印刷機を有して、これで彼らに講義する予定の書物を印刷することになる」。一五八三年十月にインドのコーチンで作成した「スマリオ」の一二章で、神学生が使う書物についてイエズス会の方針に従って編纂《へんさん》・印刷することを確認している。「作成されるこれらの書物は日本で印刷されなければならない。かようにして、日本では私たち「イエズス会員」が他のことを教えないよう厳禁しなければならない」。したがって、印刷機導入の第一の目的は、日本で日本人向けの教科書を作成することにあった。日本人に相応の教科書を作り、これには余計な疑念を引き起こすような異説や異端的な考えは一切排除されるとした。

図9　活字印刷機
（ポルトガル・エルヴァス文書館所蔵）

一五九〇年八月に加津佐《かづさ》で開催された第二回協議会の「諮問第十二」

は、ヨーロッパ人パードレとイルマンが日本語に上達し、日本人がラテン語に上達するために採るべき方法について検討し、同年日本にもたらされた印刷機を用いて完璧な完備した日本語辞典一冊を編纂するとの結論をえ、日本語とラテン語学習に役立つ『日羅《にちら》辞典』の編纂と印刷、日本語書籍数冊と文典の印刷をすべきとし、ヨーロッパから将来した印刷機の完成を促して、当事業が最善かつ最も有益なものになるとの見通しに達した。ヴァリニャーノは、印刷を要する辞典や書籍に関する協議会の勧告には、すでに印刷機があり、将来には同会のヨーロッパ人と日本人の学生にも、すべてのキリシタンにも甚だ有益な各種の書籍が印刷される、と楽観的であった。来日する外国人会員の日本語習得のために編纂・作成された辞典と文典および関連の日本語の書籍を印刷することが、印刷機導入の第二の目的であった。

また、宣教師にとっても日本人キリシタンにも必須の教理書、信心書、祈禱書、修養書などの出版に供することであり、さらに既述のように広範にわたる信者たちが渇望する御影《みえい》を銅版画に刷って提供することであった。

二　印刷技術の習得

印刷技術の習得　ヴァリニャーノは、天正遣欧使節に三人の日本人を同行させた。イルマン・ジョルジェ・デ・ロヨラの他に、同宿ドウラードと小者《こもの》のアグスティンである。特にドウラードが中心になって活字の原形作り（母型・字母）と印刷術の習得に努めた。リスボンでの技術習得の時間は限られていた。同地滞在は一五八四年八月十一日から九月四日まで（二三日間）、八五年十一月上旬から十二月十六日まで（三五日間前後）、八六年一月中旬から三月十三日まで（二ヶ月余）であった。同地滞在中に印刷術を十分に習得することは困難であった。このため、帰路のゴアで老印刷工ジョアン・ロドリゲスに八ヶ月間師事した。

〔注〕　母型は、活字の字面を形成する金属製の型で、これを活字鋳造機に取り付けて活字を作る。

インド管区長としてゴアに残ったヴァリニャーノは、一五八四年十二月二十五日付書翰をメスキータ神父に送って、活字の作字などについて次のように指示した。「もしも希望する母型がポルトガルで作れれば、それをメスキータ自身が日本に持ち帰るよう望む。母型をフランドルに注文しなければならない場合には、メスキータ神父の希望される四、五字の片仮名と、片仮名に交ぜて使う二、三の余分の文字記号等をプロクラドール（代表）に渡してもらいたい。片仮名の活字では学問的な書物を刷ることはできなくとも、婦人・子供・一般人向きの書物を作ってやれば、日本の宣教に大きな効果があるだろう。」（新井トシ「キリシタン版の出版とその周辺（一）」）。ヴァリニャーノは四、五字の片仮名文字の母型を日本に持ち帰り、それを手本にして日本で作字させようとしたのかもしれない。しかし、それは日本にもたらされることはなかったようである。彼は、片仮名による書物の印刷・出版を計画し、次いでいずれは有識者を対象とする漢字本の出版も構想していた可能性があるが、一五八三年の時点では日本の文字による出版は否定的であった。彼が「スマリオ」で、「私たちの書物を読むことができるように、ラテン語で読み書きを彼ら（神学生）に教えるように努めなければならない。たとえそれらが彼らの言語であっても、私たちの文字（ローマ字）で印刷されなければならない。それは、彼らの文字が数え切れないほど多数であるので、彼らの文字で印刷ができないからである。」（一〇章）と述べていることから、示唆される。リスボンでは、日本文字の作字はなされなかった。

ヴァリニャーノはローマ字本の印刷・出版の補佐のために、イタリア人イルマンのジョヴァンニ・バプティスタ・ペーチェ（ジョアン・デ・ペーセ）をゴアから日本に同行した。

印刷機の購入と活字　印刷器機は、一五八五年十一月から八六年四月までにリスボンで調達・購入された。印圧器（プレス式印刷機）の規模は、欧文（洋書）は縦約四〇センチ、横二六〜二七センチ（クォート版）と、縦約三五センチ、横二一〜二二センチ（オクタボ版）、和文（和書）は縦二六〜二七センチ、横三九センチであり、器機の版面はおよそ四〇センチと二七センチの紙面を作ることができ、和洋いずれの場合にも適応できるように計測されたらしい、という（天理図書館編『きりしたん版の研究』）。将来された活字は、三種類の欧文活字（ローマン体）と、その字母（母型）、および若干の符号である。

〔注〕ローマン体 letra redonda は、イタリック体に対し直立体の文字を指す。

活字は、第一種大文字（三六ポ）、第二種大小文字（大文字は一八ポ）、第四種大小文字（大文字は一〇ポ）である（富永牧太『きりしたん版文字攷』）。第一種は「見出し・表題」に、第二種と第四種は本文に使用された。

ゴアとマカオにおける印刷

使節一行のゴア帰着は一五八七年五月二十九日であるが、それから一〇ヶ月後の一五八八年四月に、リスボンから持参した印刷機で最初の印刷物となるラテン語本『原マルチノの演説』が、ドウラード作字のローマン体をも使って印刷された。原マルチノ（マルティーニョ）が使節を代表して、ローマへの旅行を企画しながらもゴアに留まらざるをえなかったヴァリニャーノに、ラテン語で謝辞を述べたものを印刷にしたのが、この印刷物である。これはドウラードの名をもつ一五頁からなる小冊子である。

同年八月十一日ヴァリニャーノと天正遣欧使節はマカオに到着してすぐに日本の神学生のための印刷に着手した。その秋にジョアン・ボニファシオの「Christianni Pueri Institutio」（キリスト教子弟の教育）が印刷された。さらにヴァリニャーノが日本のセミナリオのために一五八八年から翌一五八九年初めにかけて編纂した『デ・サンデ　天正遣欧使節記』が、ラテン語に訳され、一五九〇年に印刷された。ヴァリニャーノは一五八九年九月二十五日付の総会長宛書翰で、一五九〇年二月末、遅くても三月中に印刷が終了すると報じたが、印刷終了の時期は不明である。同書の印刷には第一種、第二種、第四種の活字が使用されている。ヴァリニャーノはリスボンから持参の三種類の活字に加え、別種の活字をも入手しようとしていたことが前記書翰から知られる。

日本使節行記（デ・サンデ　天正遣欧使節記）の標題紙上に三つの違った大きさのタイプがあります。しかし、私は別の種類の活字、即ち草書体（イタリック体を指す）及びローマン体文字が欲しいのです。……上記文字の母型を買い、ポルトガルのプロクラドールを通してお送り頂きたい。これらの母型は非常によく作られていて日本ではただ活字に鋳造すればよく、それからすぐに印刷できるようなものでなければなりません。又他の種類の母型も大変有り難い。さらに二、三の絵とIHSとタイトル脇の飾りと、章と巻末につけるものを望んでいます。日本では作ることができませんから（新井トシ前掲論文）。

本書の序文には、「日本のセミナリオに与う」とある。

日本における作字　一五九四年に印刷されたアルヴァレス原著『ラテン文典』に初めてローマン体第三種の活字（小文字）とイタリック体（第一種）が現れた（富永前掲書）。ヴァリニャーノが前記一五八九年九月二十五日付の書翰で総会長に依頼していたが未着であり、日本人によって作字されたものである。パシオ神父は総会長に対する一五九四年十月二十日付長崎発信の書翰で、「日本人は今まで父型や母型の製造には、全然経験を持ち合わせていないけれども、この方面にも器用な日本人は、短期間に、しかも六ドゥカドスを超えない僅少の出費で、印刷に必要なすべてのイタリック文字を作成してくれました。こうして、目下、ポルトガル語と日本語で説明したマヌエル・アルヴァレス神父のラテン文典を印刷中です。」と伝える。

〔注〕 父型は、活字母型を製作するための原型で、活字と同じ凸版を転鋼に彫刻して焼き入れて硬化させ、母型材を打ち込んで母型を作る。

全冊がイタリック体で印刷されたものに、『精神生活の提要』（ラテン語、一五九六年刊）と、『コンテンツス・ムンヂ』（日本語、一五九六年刊）がある。イタリック体の活字は、その後、一五九九年に第二種大文字が『ぎやどぺかどる』に、一六〇〇年に第二種小文字が『ドチリナ・キリシタン』に現れる（富永前掲書）。このようにして、一五九九年ころには日本における活字の自給体制は整っていた。それは、メスキータ神父が総会長に送付した一五九九年二月二十八日付の長崎発信書翰から知られる。

ここでは非常に大きく立派な印刷所が建って整備されています。そこでは私たちはラテン語の書物と、他に日本語と日本の文字の書物を印刷しています。それについて、ここには私たちのイルマンたちと同宿たちによって［作られた］二〇〇〇の父型 punções とそれと同じ数の母型 matrizes があります。……また、彼らがローマン体 latina redonda とイタリック体 grifa の父型および母型をたいへん美しく作ったので、私たちにはもはやそれらがローマから来る必要はありません。

文典・辞書などの語学書の出版においては、多様な文字を用いることによって複雑な語学書の印刷効果を出す必要があったから、より多くのローマン体の活字とイタリック体の使用は不可欠であった。『日葡辞書』（一六〇三・四年刊）では、見出し語（日本語）はローマン体、説明文（ポルトガル語）はイタリック体となっており、両者の違いが有効に利用された印刷物となっている（大塚光信「印字・印刷術」）。

国字の作字　国字とはローマ字に対する仮称で、具体的には片仮名・平仮名・漢字の三種に区別される。片仮名文字の作字は一五九〇年に始まったが、同年中に中断されたようである。漢字交りの片仮名文は断簡として四点残存しており、成書として現存しているものはない。印刷中断の理由は不明であるが、当時書写本が平仮名であったためともされる。しかし、半濁点符の使用、外来語の長音を小書きにする用法など、表記法が工夫されている。

平仮名文字の作字は、一五九一年より始まった。当時の日本人能書の手蹟をほぼそのまま用いて活字にしたとされる。同年刊行の『どちりいな・きりしたん』以後は平仮名大型活字が使用された。また翌年刊行の『ばうちずもの授けやう』（『病者を扶くる心得』）は、日本の古典類に見られる漢字・平仮名交り文を連綿体で活字にしたものである。室町時代までは、漢字・平仮名交り文（連綿体）は日本古典では書写本以外では伝えられることはなかったとされ、慶長のころになって日本の古典類の印刷にも漢字・平仮名交り文が採用されて普及していった、という（大内田貞郎「木版印刷本について」）。

一五九八年に平仮名第二種の文字、すなわち平仮名小型文字を初めて用いて、辞書『落葉集』と『サルバトール・ムンヂ』が出版された。小型活字は漢字のルビとして用いられた。一五九九年に出版された『ぎやどぺかどる』でも小型文字が使用され、さらにローマ字合体の略字四文字（デウス〓・キリシト〓・ぜずす〓・ぜずきりしと〓）が現れ、それ以降の出版物、特に宗教書に多く見られるようになる。

活字の書体については、片仮名本では楷書体が、平仮名本では行書体が採用されている。漢字活字については、片仮名文字の中に楷書体が用いられ、平仮名文字の中では行書体で使用している。活字は大型、小型、ルビ用の三種類があり、ルビ活字はほとんどの日本語に宛てられている。小型活字では二字連続（玉フ、故に、如此）、三字連続、濁点文字（パアテレ、ポロシモ）、造字が増加する（新井トシ「きりしたん版国字本の印行について」）。

キリシタン版における文字の展開　富永牧太によると、キリシタン版は文字の展開によって四期に分けられる。第一期（一五九〇～九三年）には、ローマン体の第一、二、四種と第五種、および片仮名と平仮名第一種が使用された。第二期（一五九四～九八年）には、ローマン体第三種Aとイタリック体第一種が追加され、邦文には平仮名第二種、平仮名小文字（小型平仮名）が追加され、第一種は廃止される。第三期（一五九八～一六〇三年）には、ローマン体第三種Aが廃止され、第三種Bが新たに現れ、イタリック体第一種が廃止されて、代わりに第二種が現れて『ぎやどぺかどる』に使用されている。第四期（一六〇三～一六一一年）には、ローマン体第三種が後退し、第三種Cが新出し、またイタリック体第三種が現れ、『ドチリナ・キリシタン』に使用される（『きりしたん版文字攷』）。一六一〇年に刊行された『聖教精華《せいきょうせいか》』では、『日本大文典』（一六〇四～〇八年）以前に使用された旧ローマン体活字がほとんど改鋳され、ここにキリシタン版印刷の技術は完成されたとされる（同書）。

日本における印刷の開始　一五九〇年八月に加津佐で開催された第二回協議会では、諮問第十二において、ヨーロッパ人宣教師の日本語上達と日本人のラテン語上達のための方法が検討された。そこでは完璧なよく整理された日本語辞典を早急に作成すること、さらに日本語・ラテン語辞典と日本語文典を編纂し印刷すること、すでに翻訳を終えていた数冊の書物、『どちりな・きりしたん』、『ヒデスの導師』、『ヘルソンの著書（コンテンツス・ムンヂ）』などの印刷について結論し、巡察師ヴァリニャーノがこれを是認した。

活字印刷機は加津佐のコレジオに設置されて開版の準備が始まり、一五九〇年に片仮名文字による祈禱書などが印刷された。翌年には本格的な印刷に着手し、大部なローマ字本『サントスの御作業の内抜書《うちぬきがき》』（二巻一冊、七〇〇余頁）が出版された。印刷の担当者は、欧文はイルマン・ペーセ、日本語文は同宿ドウラードと、肥前出身のイルマン・チクアン（竹庵？）・ペドロであった。印刷機は一五九二年に天草の河内浦《かわちうら》に移されて一五九七・九八年まで同地にあり、いわゆる天草版を多数印刷・出版した。ナバルロの『告解《こつかい》提要Compendium Manualis』について、その刊行年は一五九七年とあるが、刊行地についての記載はなく、日本のコレジオ刊と明記される。天草で印刷され、製本はコレジオの長崎移転後になされたのであろうか。一五九八年末から翌年初めに、長崎の岬にあるサン・パウロ教会の近くに大きな印刷所が完成した。このころ印刷に関与していた者は、ニコラオ・デ・アビラ神父、ジョアン・ニコラオ神父、イルマンの市来ミゲルと小者アグスティンであった。

日本のイエズス会は、遺欧使節派遣に際しヨーロッパの印刷技術習得のために日本人青年を使節に同行させた。彼らが習得した印刷技術は十分でなかったが、彼らを中心にしてゴアで日本人による最初の出版物『原マルチノの演説』が印刷された。活字印刷機の到着を機に、彼らの指導と外国人宣教師の補佐を得て、技術の継承と工夫がなされ、ローマ字本第三種と第五種の活字、およびイタリック体文字の製作が新たになされた。さらに平仮名と漢字の印字製作が行なわれ、イエズス会が印刷機を導入した意図が徐々に実現されて行った。

三　キリシタン版

現存するキリシタン版　活字印刷機によって印刷された出版物は、一五九〇年から一六一四年までに五〇種とも一〇〇種とも言われ、うち三二種七四本が現存する。日本には一二種現存する。天理図書館に五種（『ばうちずもの授けやう』、『精神生活綱要』、『ぎやどぺかどる』、『おらしよの翻訳』、『太平記抜書』）、東洋文庫に三種（『ドチリナ・キリシタン』、『サカラメンタ提要』、『聖教精華』）、上智大学キリシタン文庫に二種（「おらしよとまんだめんと」、『サカラメンタ提要』）、大浦天主堂《おおうらてんしゆどう》に一種（『スピリツアル修業』）、水府《すいふ》明徳《めいとく》会《かい》に一種（『ドチリナ・キリシタン』）である。

言語面から見ると、ローマ字本を含む邦文本二〇種、ラテン語本五種（『霊操』、『精神生活綱要』、『ナ

図10　キリシタン版「スピリツアル修業」
（スペイン・アウグスティノ会修道院所蔵）

バァルロの告解提要』、『金言集』、『聖教要理』）、辞典類三種（『羅《ら》葡《ぽ》日《にち》辞書（対訳辞典）』、『日葡《にっぽ》辞書』、『落葉集』）、邦文断簡四種となる。内容面から分類すると、教理書、祈禱書、典礼書、信心書、修養書、語学書（文典）、辞典、文学書からなる。

ローマ字本と「和らげ」　教理書『どちりいな・きりしたん』が、日本に将来された活字印刷機によって最初に印刷され、翌一五九二年にローマ字本『ドチリナ・キリシタン』が、さらに一六〇〇年に国字本・ローマ字本共に再刊されたことは一〇頁ですでに述べた。一六〇〇年再版の国字本『どちりな・きりしたん』は、イエズス会から委託された後《ご》藤宗《とうそう》印《いん》トメによって印刷された。キリシタン版で、日本人キリシタン用の国字本とヨーロッパ人宣教師用のローマ字本が対になって印刷されたのは本書一種のみで、双方ともに再版された。キリシタンの増加によって需要が多くなったこと、より読みやすい教理書が求められてもっと洗練された言葉にする必要があったために増補改訂となったようである。ローマ字本の巻末に、難解な言葉を集めてやさしく注解した、「和らげ」が付載してある。文語文が用いられたため平明な表現になってはいるが、ヨーロッパ人宣教師には難しかったようであり、理解を深めるために採られた措置であった。「ドチリナのうち言葉によっての和らげ」には、複数の意味が必ず見られる。例えば、「Iro ca　色香。色、匂ひ。Cor & cheiro, accidentes」のようにである。「和らげ」はその後の出版物にも踏襲されていく。

日本語学習と辞書　ヴァリニャーノは一五七九年に来日してのち、ヨーロッパ人宣教師が日本語に習熟していない事実を知って、日本語習得が喫緊《きつきん》な課題であることを認識した。フロイスでさえ一五七八年十月十六日付のポルトガルの同僚たちに宛てた書翰で、「この国語は語彙《ごい》が非常に多い上に、儀礼上必要があって知っておくべき助詞が多いために、他の国語のように容易にこれに通じることはできない。イルマンたちのうち数人は、同時に日本の文字の書き方を習った。国語を完全に知るうえに大きな利益があるからである。」と述べる。日本イエズス会の元上長カブラルは、日本語習得の困難を強く指摘する。

文法を学び、また学習することによって、それほど容易に「キリスト教を」教えられると思って

刊行地	刊　年	用　語	文　体	用字・書体
(加津佐)	(1590)	日本語	文語	漢字交り片仮名
(加津佐)	(1590)	日本語	文語	漢字交り平仮名
(加津佐)	(1591)	日本語	文語	漢字交り平仮名
加津佐	1591	日本語	文語	ローマ字
天草	1592	日本語	文語	ローマ字
天草	1592	日本語	文語	ローマ字
(天草)	(1592)	日本語	文語	漢字交り平仮名
天草	1592	日本語	文語	ローマ字
天草	1593	日本語	口語	ローマ字
天草	1593	日本語	文語・口語	ローマ字
天草	1595	ラ・ポ・日		ローマ字
天草	1595	ラ・ポ・日		ローマ字
(天草)	1596	日本語	文語	ローマ字
天草	1596	ラテン語		ローマ字
(天草)	1596	ラテン語		ローマ字
(天草)	1597	ラテン語		ローマ字
(長崎)	1598	日本語	文語	漢字交り平仮名
(長崎)	1598	日本語		漢字交り平仮名
(長崎)	1599	日本語	文語	漢字交り平仮名
(長崎)	1600	日本語	文語	ローマ字
長崎	1600	日本語	文語	漢字交り平仮名
長崎	1600	日本語	文語	漢字交り平仮名
(長崎)	1600	日本語・漢文	文語	漢字交り平仮名
(長崎)	1603	ラテン語		ローマ字
長崎	1603〜04	日・ポ		ローマ字
長崎	1604〜08	日・ポ		ローマ字
長崎	1605	ラ・日	文語	ローマ字
長崎	1607	日本語	文語	漢字交り平仮名
長崎	1610	ラテン語		ローマ字
京都	1610	日本語	文語	漢字交り平仮名
長崎	1611	日本語	文語	ローマ字
不詳	1611〜12頃	日本語	文語	ローマ字

表1　キリシタン版

	邦文書名	欧文書名（略称）
1	（サルベ・レジィナ他）	
2	（おらしよ断簡）	
3	どちりいな・きりしたん	
4	サントスの御作業の内抜書	Sanctos no Gosagueono uchi Nuqigaqi
5	ヒデスの導師	Fides no Dõxi
6	ドチリナ・キリシタン	Doctrina Christan
7	ばうちずもの授けやう（病者を扶くる心得）	
8	平家の物語	Feiqe no Monogatari
9	エソポのハブラス	Esopo no Fabulas
10	金句集	Quincuxu
11	（ラテン文典）	De Institutione Grammatica
12	（羅葡日対訳辞典）	Dictionarium Latino Lusitanicum ac Iaponicum
13	コンテンツス・ムンヂ	Contemptus Mundi
14	（心霊修業）	Exercitia Spiritualia
15	（精神生活綱要の提要）	Compendium Spiritualis Doctrinae
16	（ナヴァルロの告解提要）	Compendium Manualis Navarri
17	（サルバトール・ムンヂ）	Salvator Mundi, Confessionarium
18	落葉集	Racuyoxu
19	ぎや・ど・ぺかどる	Guia do Pecador
20	ドチリナ・キリシタン	Doctrina Christan
21	どちりな・きりしたん	Doctrina Christam
22	おらしよの翻訳	Doctrinae Christanae
23	倭漢朗詠集巻之上	Royei, Zafit
24	（金言集）	Aphorismi Confessariorum
25	（日葡辞書）	Vocabulario de Lingoa de Japam
26	（日本大文典）	Arte da Lingua de Japam
27	（サカラメンタ提要）	Manuale ad Sacramenta
28	スペリツアル修行	Spiritual Xuguio
29	（聖教精華）	Floscuri
30	こんてむつす・むん地	Contemptus Mundi
31	ひですの経	Fides no Quio
32	太平記抜書	

刊行地	刊　年	用　語	文　体	用字・書体
ゴア	1588	ラテン語		ローマ字
マカオ	1588	ラテン語		ローマ字
マカオ	1590	ラテン語		ローマ字
マカオ	1620	ポ・日		ローマ字

を参照した.

いるのは、日本語を知らないからである。なぜなら、才能ある者でも告解を聴けるようになるのは少なくとも六年はかかり、キリスト教徒に説教することができるには一五年以上を要する。異教徒に対する本来の説教などはまったく考えられないことである

（一五九五年十一月二十三日付、ゴア発信書翰）。

司祭の要務は、告解を聴くこと（聴罪）と説教である。ヨーロッパ人宣教師には日本語習得のための道具類が必要であり、そのための編纂事業が一五八〇年代初期に始まった。文典と辞書の編纂は活字印刷機の到着によって成果を出し、宣教師たちの日本語学習に弾みを与え、また日本人修道者や学生のラテン語学習に便宜を与えた。一五九四年にマノエル・アルヴァレスの『ラテン文典』に日本語の活用を併せ説いた日本語版が天草で出版され、その翌年同じ天草で、ヨーロッパで盛行していたカレピーノのラテン語辞書を基礎として、これに豊富な日本語対訳を添えた羅葡日対訳辞書『羅葡日辞書』が出版された。印刷に八ヶ月間を要したこの辞書は、スペイン人ゴメスによれば、同国人のスペイン語学の第一人者ネブリハのものにも劣らない高質なでき

	邦文書名	欧文書名（略称）
	原マルチノの演説	Oratio habita a Fara D. Martino
	キリスト教子弟の教育	Christiani Pueri Institutio
	天正遣欧使節記	Do Missione Legatorum Iaponensium ad Romanam curiam
	日本小文典	Arte Breve da Lingoa Iapoa

〔注〕邦文書名のうち（　）は仮題を示す.
刊行地・刊年の（　）は推定である.
用語のラはラテン語，ポはポルトガル語を指す.
『日本キリスト教歴史大事典』（教文館），『新カトリック大事典II』（研究社）

ばえであった（『羅葡日辞書』解題）。この辞書は、説教のための辞書と言われ、ヨーロッパ人神父は説教に当たって、まず古典を参照しながらラテン語で草稿を作り、それを日本人修道士などの協力のもとに日本語に移した。その際に利用されたのがこの辞書であり、そのために卑語も方言も含まれず、使用の日本語は文語であった（大塚光信「キリシタンの日本語研究」）。

宣教師の来訪が頻繁でない地方のキリシタンたちには、司祭に告解を聴いてもらうことが大きな救いであった。このため、司祭にはあらゆる種類の日本語に広範に精通することが求められた。それに応えるために、一五九〇年代の終りころに辞書の編纂が始まったようであり、一六〇三年に『日葡辞書』が、翌年には「補遺」が続いて印刷された。これは、キリシタン宣教師による日本語研究の一つの頂点ともされる。本篇と補遺をあわせた丁数は四〇二（八〇四頁）、見出し語は、本篇二五、九六七語、補遺六、八三一語である。動詞の標出には『羅葡日辞書』の様式に準じて、語根、現在形、過去形を連記し、また「日葡辞書は話し言葉を主体とするが故に、口語の活用に基づいて」いた

(『日葡辞書』解題)。同辞書では、類義語や異義語・対義語を並列している。

当時、わが国では近畿に対して九州と関東が著しい方言差を有する地方として知られていたから、九州地方を宣教の中心としてきたイエズス会は、これらの地方の言葉に重大な関心を持っており、近畿方言をCami（上）、九州方言をX. Ximo（下）と標《しる》して取り扱い、上（ミヤコ・都）に対比させた九州方言について指摘している。方言注記のあるものは四六五語、その大部分は下地方の語が占める。その六割以上は名詞で、動詞は約一〇〇語とされる。卑語については、B（Baixa下品な）などで注記し、卑俗な語であることを明示した例は約九〇語である。方言や卑語は言語の性格に基づいて宣教師の使うべきでない言葉とされた。また宣教師の立場から避けるべき特殊語の一つは、女性語palaura de molheresで、約一一〇語に注記がある。その多くは女房詞《ことば》と呼ばれるものである。明確な仏教用語については採らない方針であったが、一般に通用している仏法語《ぶつぽうご》はBup.（Buppô）と注記して約一五〇語取り上げている。その他に文書語、詩歌語などの注記がなされている（同解題）。

漢字を扱った辞書『落葉集』が印刷されたのは一五九八年である。漢字漢語の音と訓を知るためである。当時、日本には漢字の字形から訓を検索するための『倭玉篇《わごくへん》』と、日本語の音訓からそれに相当する漢字漢語を知るための『節用集《せつようしゆう》』が流布していたから、イエズス会はこれらの辞書に基づいて独自の漢字辞書『落葉集』を編纂した。漢字の実際の用途に即して漢字を取り扱い、当時通用の字体である行書で活字を統一し、漢字にルビを付している。三部構成で、本篇は字音から引く「落葉集」

六二丁、字訓から引く「色葉字集《いろはじしゆう》」三三丁、字形から引く「小玉篇」一七丁からなる。『落葉集』は日本のものでいえば、『節用集』と『倭玉篇』と合体したようなものであり、「小玉篇」が『倭玉篇』に、「色葉字集」と「本篇」が『節用集』に相当すると言われ、別々の存在であったものを、漢字を「読み書く」の視点から一書に統合したところにも、キリシタンの語学書の実用性尊重の姿勢をうかがうことができる、という（大塚前掲論文）。イエズス会は、比較的短時日で実用性に富んだ高質な辞書を編纂・印刷し、宣教師たちの需要を満たしたと言えそうである。

説教用テキスト　彼らの日本語習得のための教科書になったのが、『平家の物語』（一五九二年刊）、『エソポのハブラス』（一五九三年刊）、『金句集《きんくしゆう》』（一五九三年刊）である。これらの三種は宣教師の日本語学習のためにキリシタン版印刷の初期に編纂・出版された合綴本《がってつぼん》であり、説教用語の学習を段階的に進めうるように体系立てたものとされる（『日葡辞書』解題）。「解題」によると、「有識階級の人々を説得できる的確で雅馴《がじゆん》な表現を駆使できることを目標とした」もので、こうした要請に応じて「三部合綴本」が用意された。「先ず最初に当時日本で主要な歴史書と見られた平家物語を四巻に要約して、対話体に改めて口語訳し、話詞《はなしことば》の規準を示した。次に伊曾保物語の口語訳本により、説教の際に利用できる例話を提供するとともに、日本語表現の多様性を具体的に教え、更に僧侶などの好んで用いた漢文出自の金言名句に口語注を添えた金句集を加えることによって、宣教師の言葉遣いに深さを増す資料とした」。唯一つの伝本は大英図書館にあり、それには一五九〇年来日のマノエル・バレト神父の書き込みがあるという。

ロドリゲスの『日本大文典』　一六〇四〜〇八年にジョアン・ロドリゲスが編纂した『日本大文典』三巻が印刷された。アルヴァレスの『ラテン文典』（一五九五年刊）を規準としたもので、文法範疇《はんちゅう》や文法の基本的概念についてはアルヴァレスの学説用語を遵守しながら、文法現象はあくまでも日本語の事実を尊重する態度を堅持し、ラテン的と日本的との二元的立場を併せ採ったものであるという（土井忠生『吉利支丹論攷』）。ロドリゲスはラテン語の文法範疇で処置しがたい事象のあることを認めて、その文法事実を日本語の「表現法、言い方」と呼んで随所にその具体例を挙げて示した。また、彼は日本語の系統的分類に及んで、固有語を「よみ」、字音語を「こえ」と呼び分けている。言語については正確・明瞭・優雅の三条件を重視し、書札礼に関しても詳述し、来日宣教師に対し広範囲な事象を取り上げることによって日本語についての心得を説いた（同書）。

民間委託による出版　イエズス会が国字本の印刷を経済力のある有力キリシタンに委託したのは、ポルトガル船の欠航や越冬によって同会の財政が逼迫《ひっぱく》状態にあったためである。経費節減と人的負担を軽減するためであった。後藤宗印トメ（登明）が一六〇〇年以降に印刷・出版したものとして三種が確認される（後藤版）。表紙には「イエズス会印刷所　Gotô Thome Sôin（後藤登明宗印）出版」と銘記される。（一）慶長五年三月上旬刊の『おらしよの翻訳』は羅和対訳の祈禱文、（二）千六百年、慶長五年六月上旬刊の『どちりな・きりしたん』は、一五九一年版の増補改訂版、（三）慶長十六年五月上旬刊の『ひですの経』は、一五九二年に出版されたローマ字本『ヒデスの導師』の改訂国字本である。この他に国字本『コンテンツス・ムンヂ』が一六〇二年ころに印刷されたとされる。

原田本と言われる『こんてむつすむん地』(四巻一冊)は、一六一〇年、慶長十五年四月中旬に都の原田アントニオ FARADA ANTONII の印刷所で印刷された。原田アントニオは四国伊予の有力キリシタンで、一六二一年十二月九日付のローマ教皇宛中国・四国キリシタン奉答書の中に「原田隼人《はやと》あんとうによ」の署名がある(『大日本史料』十二之三十五)。本書は一六〇二年ころに長崎で刊行されたという後藤版の覆刻版とされるが、一五九六年刊のローマ字本『コンテンツス・ムンヂ』(一一九章)の抄訳本(六八章)である。

『エソポのハブラス』とその影響

表題「エソポのハブラス」の下に「ラチンを和して、日本の口となすものなり」とある。「ハブラス」Fabulas について、『羅葡日辞書』は「慰みのために語られる物語、または話し。日本語、草子 Sôxi、作り物語、話し」と説明する。「日本の口」とは日本の言葉の意味である。ラテン語を翻訳して日本語にしたのが『エソポのハブラス』である。初めに、マシモ・パラヌデという人がゲレゴ(ギリシャ)の言葉よりラテン語に翻訳されたもの、と述べる。天草版『エソポのハブラス』は口語訳で二巻七〇話からなる。

慶長年間に文語訳本『伊曾保《イソホ》物語』(古活字本)三巻九四話が平仮名本で出版された。のち、元和《げんな》、寛永、万治《まんじ》年間に九種の改版がなされた。特に万治二年の版本は絵入りである。これらの古活字本は天草本とは別系統のものとされるが、両書に共通するのは二五話である。

口語訳の天草版については、直接にラテン語の原本から口訳したのではなく、その以前にあるいはすでにあった文語訳本の一異本に基づいたのであろうとの推定がなされ（新村出『文禄旧訳天草本伊曾保物語』）、追認されている（土井忠生『吉利支丹文献考』）。『伊曾保物語』の翻訳が、先ず文語文でなされたとされる。文語訳の広本が先ずでき、その略本が現存の国字本（古活字本）であるという。その抄出口語訳本がローマ字本となったようである。

江戸時代に『伊曾保物語』が版を重ねたのは、キリスト教的色彩が皆無であったこと、室町時代以来の教訓物語（処世物語・長者物語）の流れを汲む書として民衆に受け入れられたこと、同書が軽妙な筆致で俗語的であり機智や笑いがあること、などの理由からである。こうした要素が、江戸時代初期の笑話集などへ影響を与えたのであろう。

活字印刷機の導入とそれによる印刷・出版によって、ヨーロッパの哲学、文学、新しい宗教思想が紹介され、キリシタンのみならず、一般の日本社会にも少なからずヨーロッパ的なものが影響していたのである。

第七　キリシタンの美術と工芸

キリスト教宣教に伴って、聖画像や信心具としてのコンタツ（ロザリオ）やメダイ（メダル・メダリャ）などが日本に持って来られた。宣教活動の進展により信者が増加すると、舶来の品々だけでは彼らの需要を満たすことができず、国内での製作が始まった。また、宣教開始から三〇年経って画家pintorを名乗るイエズス会員が来た。初期洋風画の基礎がおかれることになり、一五九〇年代に本格的な画学舎が設置され、絵画と銅版画の制作者養成が始まった。

キリシタンの美術・工芸は、聖画像を中心とした絵画と、コンタツ（ロザリオ・念珠《ねんじゅ》）・メダイ・十字架・十字架像・聖餅箱《せいへいばこ》・踏絵《ふみえ》などからなる。絵画は主にキリスト教に関わる油彩画（油絵）・水彩画（テンペラ画）・銅版画からなり、これらは初期洋風画として扱われる。宗教画とは別に、一五九〇年代初めに始まった南蛮屛風《なんばんびょうぶ》は日本人絵師によって描かれ、その題材に宣教師や教会、南蛮船（ポルトガル船）が選ばれた。一般の生活品にも多くのキリスト教に関わる意匠が採用された。南蛮趣味が高じた結果である。このため、従来はキリシタン美術というよりは、南蛮美術と称されてきた。ここでは、キリスト教宣教に関わる美術と工芸に焦点を当てる。

一　聖画像について

最初の聖画像　聖画像は最初祭壇に安置せられて祭儀に用いられ、また祈りの対象でもあった。舶来の画像（御影《みえい》）についてのポルトガル語表記 retavolo（retábulo）は、祭壇後方に立てられるレリーフ（浮き彫り）のある石・大理石・木製の構造物（作品）、あるいは宗教画をしまっておく物を指し、飾り板、祭壇に安置する額をも指す。また板製の像をも含む。イマジェン、イマセ、イマヘンの語源である imagem は、宗教的主題を表現する版画図・挿絵ないし彫刻を指し、紙（画布）製の肖像画でもある。

日本に最初に持って来られて記録にある聖画像は、ザビエル携行の「聖母子像」huma imagem de nossa Senhora である。おそらく画布に描かれた肖像画であった。「私たちの主であるキリストと聖母の画像」を見た島津《しまづ》貴久《たかひさ》は驚き跪《ひざまづ》いて拝み、母寛庭《かんてい》はその画像と同じものを制作させようとしたが、鹿児島にはその原料がなかったため制作を断念した（ザビエル、一五四九年十一月五日付、鹿児島発信書翰）。

聖画像についての記事　宣教師が聖画像について報じた記事は多くない。それだけ稀少であったことを示している。山口でザビエルの最初の宿主《やどぬし》であった内田トメは、山口の戦乱を避けて一五五七年に豊後《ぶんご》・府内《ふない》に来た時、画像 retavolo 二枚と十字架一つを持って来た。画像は山口の教会「大道寺」

の祭壇か壁に飾られていたものであろう。

イルマン・アルメイダは、一五五九年六月中旬に府内を発って、八月末まで博多《はかた》↓度島《たくしま》↓生月《いきつき》↓平《ひら》戸《ど》↓博多↓府内と長期の巡回宣教に出、画像retavoloを携帯した。平戸ではポルトガル船の後ろ甲板の船室を利用して祭壇を作り、ゴアからもたらされたばかりの画像retauoloを飾って、平戸地方のキリシタンたちがこれを拝めるようにした。彼は平戸出発前に籠手田安経《こてだやすつね》アントニオの屋敷に一種のオラトリオ（礼拝堂）を造ってここに画像を備えた。この画像は彼が府内から携行していたものであった。舶来の画像はアルメイダによって博多に運ばれた（アルメイダ、一五六一年十月一日付、豊後発信書翰）。彼は一五六一年十二月から翌年六月にかけてポルトガル船が入港した薩摩の阿久根《あくね》と坊津《ぼうのつ》に赴くため鹿児島に行き、そこから市来《いちき》城を訪れた。荘厳な画像を携帯し、キリシタンたちが城内に造った教会にこれを納めた。この画像は「聖母訪問の画像」retauolo da visitaçãoであった（アルメイダ、一五六二年十月二十五日付、日本発信書翰）。

横瀬《よこせ》浦《うら》に一五六二年にできた教会には、フロイスによると、その祭壇に「御恵みの聖母像」retavolo de nossa Senhora de Graça が置かれていた。領主大村純忠《すみただ》は「これを大いに信仰し、これは小さいので、もし叶うならば、インドから別の像が届いた時、その像を彼に与えて」くれるよう願った（一五六三年十一月十四日付、大村発信書翰）。

一五六五年に、高山図書《ずしょ》友照（ダリオ）は松永久秀《まつながひさひで》の配下にあって大和・沢城の城主であったが、城内の教会に「キリスト復活の画像」ingem de Christo resuscitado が飾られていた。これを実見したアルメイダは、「この像は彼（ダリオ）がある偉大な職人（絵師カ）に命じて私たちの［画像］から写させたものである。私はそれを見て、私たちのものに劣ることなく、敬虔に思われた。」（一五六五年十月二十五日付、福田発信書翰）と報じる。この画像は和紙ないし画布に写されたものであろう。また、堺の金細工師のキリシタンが一五六七年にキリスト降誕の祭壇画 retavolo を制作した（フロイス、一五六七年七月八日付、堺発信書翰）。

当時、日本のキリシタンが求めていた画像の絵柄について、フロイスは日本に渡航予定のヴァリニャーノに対し、将来すべき品々について要望した。すなわち、「私たちの主なるキリスト、あるいは聖母か、あるいは諸聖人のいくつかの肖像 algumas imagens」（一五七七年八月十日付）である。オルガンティーノもまたヴァリニャーノに対し、「祭壇やカペラ（礼拝堂）のための大毛氈《だいもうせん》二枚、金襴《きんらん》またはビロード製の祭服数着と、美しい［画］像数点 algumas imagens をポルトガル人船長から得られるよう尊師が尽力して下さるなら、喜ばしいことです。日本人はこうした外面的なことに心を動かされてキリスト教徒になることが多いからです。」（一五七七年九月二十一日付、都発信書翰）と要望している。

右の報告の数々から知られることは、（一）初期教会の祭壇にはキリスト像かマリア像が安置されるか飾られていた、（二）画像は板製のもの retavolo か、紙・布製の肖像画 imagem であり、額に入った肖像画もあったと思われる、（三）宣教師は地方への巡回宣教には聖画像を携行し、仮祭壇を設《しつら》えてこれを飾った、(四)聖画像の不足により、国内での自給調達がなされ畿内中心に複製が制作された、(五)日本人キリシタンが求めた聖画像はキリスト像、マリア像、聖人像で、しかも美麗なものが求められた、ことである。

国内における聖画像制作　一五五〇年代、イルマン・シルヴァが豊後・府内で絵筆をとって肖像画を描いたとされるが、明確でない。一五六〇年代に入り、畿内地方で画像の模写と制作が行なわれた。前述したように、高山ダリオが日本人職人に「キリスト復活の画像」を模写させた。職人が絵師であったか否かは不明であるが、職人は京都に住んでいて姥柳《うばやなぎ》町の教会にあったと思われる画像を模写したのであろう。堺では金細工師 ourivez の一人がキリスト降誕の画像 retavolo do nacimento を制作した。フロイスによると、「そのできばえが見事であったので、日本人はポルトガルからの舶来品と思った」。また「聖土曜日には、私たちは立派な装飾品をもって教会を整え、堺の金細工師が復活の別の画像 outro retauolo da Resurreição を作った。それは、確かに見るべき価値があり、私たちの主であるキリストの復活の勝利、光輝、および栄光がその画像に表現され、しかも彼らの心中に描かれたために、キリスト教徒たちの信仰を非常に強固にした。」(一五六七年七月八日付、堺発信書翰)。堺にいたフロイスが、それらの画像を実際に見た印象である。金細工師が模造した画像が舶来物と遜色ないほどのものであったということは、その細工師の技術の高さを示している。模写・模造を重ねるうちに、職人や細工師の技術も向上し、ヨーロッパ技法を学んでいったように思われる。

姥柳町に三階建ての教会（南蛮寺）が一五七六年八月十五日に落成して、教会内部にキリスト像などの聖画像が飾られたであろう。京都の名所図会《ずえ》の一つとして「なんはんとう（南蛮堂）」（神戸市立博物館所蔵）を描いた狩野《かのう》元秀《もとひで》（宗秀《そうしゅう》）は、教会の建物の外観だけでなく、内部の装飾にも強い関心を抱いて聖画像などを一見する機会を得たであろう。京都の絵師たちと西洋画との出会いは一五六〇年代後半以降に始まった、と言えそうである。

画家ニコラオの来日　イエズス会の名簿に「pintor 画家」と記載された人物が一五八三年七月に来日した。ジョアン・ニコラオ（ジョヴァンニ・コーラ）はナポリ出身の二三歳の若さであった。一五八一年十二月二十日作成の「名簿」に、日本に渡航すべくシナ（マカオ）に滞在する者の一人として彼の名が確認される。ゴアで一五八四年十二月に作成された「名簿」にも、彼は絵を描いている、とある。日本到着後の一五八三年の「名簿」に「pintor」と記載され、人文課程の学生とあるから、府内のコレジオで学んでいたことになる。来日後一五八四年十二月までの期間に、彼は長崎と有馬の両教会のために祭壇用の聖画像 retavolo 二枚を制作した（フロイス、一五八四年十二月十三日付書翰）。彼は島津軍が臼杵《うすき》に侵攻した一五八六年十二月初旬まで同地の修院に在って、大友宗麟のために臼杵城内の教会用に被昇天の聖母 imagem de Nossa Senhora da Assumpção の画像を完成した。これは「たいへん美しく、大きくまた見事な画像で」、「一枚の厚く非常に重い板に油絵で描かれているために、城まで運んで行く手立てがなかったし、たとえそれを運んで行こうとしても、城内に運び入れることができる門はすでにそこにはなかった。そこで、画像の上を板で被って釘で打ち付けて、これを教会に留め置き、これに生じる運命に任せた。」（フロイス『日本史』第二部、四一章）。島津軍は修院や教会を破壊することなく臼杵を撤退したため、画像は損傷を受けることはなかった。

ニコラオはその後間もなく大坂の修院に異動し、伴天連追放令が出た一五八七年七月以降に九州に下った。大坂に半年ほどしかいなかったが、この間、畿内各地にある教会のために祭壇画を制作し、日本人絵師との交流があった可能性がある。彼はイタリアで当時盛行していたマニエリスム manierismo の画風の影響を受けていたとされる。その画風はレオナルド、ラファエロ、ミケランジェロらの手法 maniera を摸倣し、その手法によって制作する態度・傾向をいう。彼らの死後、その画風がフィレンツェやローマで起こり、ヴェネツィアではティツィアーノを中心とする画派が活動した。この芸術様式は十六世紀半ばにヨーロッパ全土に紹介され流布した。一五六〇年生まれのニコラオは、イエズス会に入会した一五八〇年にすでにマニエリスムの手法を習得していたと思われ、その才能と技量を買われて日本へ派遣されたのか知れない。

キリシタンが好んだ聖画像　フロイスは前出のヴァリニャーノ宛書翰で、日本人が特に求めていた聖画像がキリスト像、マリア像、諸聖人像であると指摘した。彼は総会長宛一五八四年十二月十三日付の書翰では、キリシタンに最も有用な図柄について、手に地球をもつ救世主の像または十字架の付いた地球を手にした構図、キリストの変容、キリストの復活、キリストの群衆に対する説教の場面、聖母マリアの図、三王の礼拝（東方三博士の礼拝）、および諸聖人の絵である、と詳述する。地球をもつキリストの図は、キリストが地球世界を支配していることを指す。変容とは、イエスが山上（タボル山）で光り輝き、神性を啓《ひら》き示したできごとのことである（『岩波 キリスト教辞典』）。フロイスはまた、キリシタンおよび異教徒の領主たちに見せるために、教皇庁の豪華な絵も有益であるという。

一五八六年八月に来日したイタリア人マルコ・フェラーロ神父は、特別のキリスト像を総会長に依頼した。それは、十字架の下に聖母マリア、使徒聖ヨハネ、聖マリア・マグダレナが立ち、十字架の上に天使が描かれた図柄のものである。また「十字架上のキリスト受難図」もまたキリシタンに喜ばれた（一五八七年十月二十五日付、天草発信書翰）。

地球をもつキリスト像の画像は五点（銅版画四、油彩画一）確認される。①バレト自筆写本の挿入図「地球をもつ救世主」、②一五九一年刊の国字本『どちりいな・きりしたん』の裏表紙図版、③一五九二年刊のローマ字本『ドチリナ・キリシタン』の扉絵、④一五八八年マカオ刊、ボニファシオ『キリスト教子弟教育』の表紙「十字架の付いた地球図」の図版である。④の図版は、一五九〇年マカオ刊『天正遣欧使節記』の扉絵にも使われている。③の扉絵は、イルマン・ニコラオが制作したとされる。⑤茨木市中谷家から発見された銅板油彩画「救世主像」（東京大学総合図書館所蔵）には「十字架の付いた地球」が見られる。裏には「Sacam Iacobus」の署名があり、イルマンのニワ（丹羽ヵ）・ヤコブの作と推定されている。

右の他に、キリスト像は、①『サントスの御作業の内抜書《うちぬきがき》』（一五九一年）の内扉の図版、②『ヒデスの導師』（一五九二年）の扉絵にある。②の図版は、天正使節が持ち帰ったと思われる、一五七三年ローマ刊『西洋銅版画帳』（彰考館文庫所蔵）から模刻されたものである。

二　銅版画の制作

絵画・銅版画の学習　活字印刷機の将来によって聖画像を大量に製作し印刷することが可能になった。一五九〇年に加津佐《かづさ》で銅版画の印刷が始まった。『バレト写本』に五枚の挿画があり、その一枚「聖ペトルス」像の右足許に「一五九〇」と刻まれた標石が見られることから、印刷機到着と同時に銅版画の印刷が始まったことが知られる。翌一五九一年五月ころに天草島志岐のレジデンシア（住院）に画学舎が併設された。レジデンシアの上長モレホン神父の下に、画家のニコラオと、絵を学んでいた日本人オオタオ・マンショとマンショ・ジョアンを含む五人のイルマンがいた。一五九二年十一月の「同宿の名簿」によると、志岐に一八人の同宿がいたが、全員が画学舎で学んでいたか否かは分からない。画学舎は翌年に有馬の八良尾《はちらお》のセミナリオに移り、本格的な教育が始まった。

準管区長ゴメスが一五九四年三月に執筆した「一五九三年度日本年報」によると、画学舎は二課程に分かれていた。「子供たちの幾人かは絵画 pintor の面でも、銅版画 abrir laminas para estampa の面でも進歩を示している。彼らのうちの八人が水彩画（テンペラ画）figuras de agouuada、そして油絵outras（figuras）de oleosを、また五人が銅版画を修行していて、双方共に私たちをひどく驚かすほどの成果を上げているからである。また彼らの幾人かが、日本の貴紳たち（使節）がローマから持って来た最も優れた画像数枚をそのままに写しとっていて、色も形も完璧であるからである」。絵画課程と銅版画課程であり、絵画課程では八人が水彩画と油絵を学び、もう一方の銅版画課程には五人が学んでいた。彼らが手本としたのは、遣欧使節がローマから持ち帰ったものであった。既述の『西洋銅版画帳』はその一つであった。一五九四年三月の時点で、画学生たちはかなりの上達を示していた。ゴメスは彼らが描いた絵をローマ総会長や日本の司教に送付することを命じたと言い、今後は方々の教会に立派な画像を備えてキリシタンたちを満足させることができるとの期待を表明している。

画学舎の教師ニコラオは絵画のみならず銅版画の指導も行なった。一五九三年一月作成の「名簿」は、「絵画ならびにその他にも手仕事の資質がある」と評価する。画学舎は一五九五年夏に有家さらに長崎と移転するが、彼は画学舎で時計やオルガンの製作にも当たっていた。

初期の銅版画　マノエル・バレトは日本語学習のために毎日曜日のミサで朗読されていた福音書を日本語ローマ字で筆写した。「バレト自筆写本」（一五九一年編纂）と言われ、それぞれ関連する福音や伝記や物語の直前に五枚の挿画がある。最初に「救世主の像」、次いで「十字架上のキリスト受難」、「聖ヤコブス像」、「聖マリア像（聖母子像）」、「聖ペトルス像」と続く。

キリシタン版の出版に伴ってその出版物の扉絵や挿絵が制作された。「バレト写本」に挿入された「救世主（キリスト）の像」図に見られる「地球をもつ」モチーフが最初期の出版物の扉絵や挿絵に表れることから、日本でそれらの原図が制作されたとされる。初期の銅版画は、図柄や意匠がシンプルで技術的にも未熟である。それは、ゴメスが「日本年報」で指摘するように、ローマからもたらされた原画や原図をそのまま模刻したためであり、まだ摸倣の状態であって、習作の域を出ていなかったからである。模刻された銅版について、加津佐の元山元蔵《もとやまげんぞう》が古い銅版を所蔵していたが、現在は不明である。増田廉吉編『長崎南蛮唐《から》紅毛史蹟』第二輯（昭和四年刊）に収載される。右手に笏《しゃく》を持ったキリスト像と、幼子イエス（天使ケルビムともされる）が彫られた図柄で、その容貌は日本人的である。

銅版画制作技術の向上　一五九六年八月に来日した日本（府内）司教マルティンスは準管区長ゴメス、カピタン・モールらと共に、有家《ありえ》のセミナリオを視察した際に、印刷所と画学舎で絵画制作と銅版画の彫刻の場を見学した。彼は「ヨーロッパ製の版画と区別できないほどのできばえである」と称讃した（「一五九六年度日本年報」）。キリシタン版の挿画や扉絵だけでなく、一枚摺りの聖画像が彫られるまでになっていた。有家のセミナリオで制作された銅版画二枚が大浦天主堂に現存する。①一五九六年制作の「聖アンナと聖母子（聖家族）」と、②一五九七年制作の「セビリャの聖母子」で、いずれもマニラのアウグスティノ会が所蔵していたが、プチジャン司教に贈られたものである。①には「一五九六年日本のセミナリオにて　有家」の銘がある。原画は一五八四年にアントワープで刊行され、

図11　有家のセミナリオで作成の銅版画「セビリャの聖母子」（大浦天主堂所蔵）

マルタン・ド・ヴァスの原図、ヤン・ザドレル彫版の版画で、これを左右逆にしたものである（坂本満編『初期洋風画』）。②にも「日本のセミナリオにて　一五九七」の銘がある。セビリャの大聖堂ヒラルダにある十五世紀末のイタリア系後期ゴチック様式の壁画「アンティグアの聖母」がモデルであり、セミナリオの日本人により制作された（坂本前掲書）。

有家の画学舎では、かなり複雑な意匠の原画・原図が素材とされた。それを模刻できるだけの実力が蓄えられていた。上記作品からは、高度の技術が習得されていたことが知られる。輪郭線が深めに彫られ、それだけ立体感が少し感じられる。この線的描写、濃い輪郭線の存在は、一六〇七年に刊行された『スピリツアル修業』の扉絵「珠冠のマヌエル」（大浦天主堂、バリャドリード所在アウグスティノ会修道院所蔵）にも言える、という（坂本同書）。

版画の原画が多く舶載されたことは、制作技術を高める契機となった。同宿やイルマンたちの技術が年々向上していったことが確認される。福井藩の元藩医邸の土塀から発見されたフランス製の版画二〇枚があり（東京国立博物館所蔵）、その一枚（「バラの聖母」）、あるいはそれと同一の版画が「ロザリオ十五玄義図《じゅうごげんぎ》」（京都大学文学部博物館所蔵）に描かれている、とされる。

三　初期洋風画の成立

銅版画から絵画へ　ヨーロッパでは十六世紀中期以降、銅版画による絵画やデッサンの複製技術が洗練され、映像の交流と普及に大きな影響力をもった（坂本満「聖画工房、日本イエズス会画派」）。日本でも銅版画を利用して、その上に彩色した油彩画が作製された。さらに、原寸の銅版画を拡大して模刻制作し、これに彩色した。これが銅版油彩である。版画が西洋画伝播の媒体としての役割を担い、日本の洋風画は当時の西欧の画風の影響を直接間接に受けたことになる。銅版画の見本・手本となったのは天正遣欧使節が持ち帰った舶載品が大部分であったと思われ、書物の図版や地図帳、一枚摺りの版画が参考にされ、手本となった。したがって、日本で独自に制作された版画を素材として絵が描かれ彩色された事例は少なかったようである。題材となった図版は、都市図、建物図、戦闘図、人物肖像図などであった。

都市図　遣欧使節は一五八五年七月七〜九日にイタリアのパドヴァに滞在し、同市の植物園長からアブラハム・オルテリウス編纂の『世界輿地図《よちず》』（一五七〇年刊『世界の舞台』）と、「巧妙をきわめた技術で描いて印刷に付された世界の最も有名な町々の図が入っている」（『世界諸都市図』）三冊を贈られた（泉井久之助他訳『デ・サンデ　天正遣欧使節記』〈『遣欧使節対話録』〉）。「二十八都市図・万国絵図《ばんこくえず》屏風」（宮内庁書陵部所蔵）に描かれた「ポルトガル地図」はオルテリウス『世界の舞台』に収載されており、「同じ図形を東西を逆にした方向で写しとられている」（坂本満『初期洋風画』）。

金沢で発見されたという「十二都市図・世界図屏風」（大阪・南蛮文化館所蔵）は、「二十八都市図・万国絵図屏風」に比べて稚拙である。遣欧使節がパドヴァで贈られた『世界諸都市図』を手本にしたもの、とされる。この『世界諸都市図』はゲオルグ・ブラウンとフランス・ホーヘンベルクが一五七二年から一六一七年までに六巻を編纂・刊行し、一五八一年までに三巻が出版されていた。

「四都市・世界図屏風」（神戸市立博物館所蔵）、前述の「二十八都市図・万国絵図屏風」は、オランダ人ウィレム・ヤンスゾーン・ブラウが一六〇七年に改訂した世界地図を、ペトルス・カエリウスが一六〇九年に改訂したものを原図にした、とされる（岡泰正「初期洋風画をめぐって」）。「万国絵図屏風」をはじめとする世界図・都市図の制作年代は少なくとも一六〇九年以降であることが明らかになっている（杉森哲也『描かれた近世都市』）。なお、「四都市・世界図屏風」に描かれたローマ図の出典は、一六一〇年刊行の『福者イグナチオ・ロヨラの生涯』であるとされる。画学舎で学んだ者が都市図および世界図屏風制作にどのように関わったかについてはまったく不明である。フロイスの指摘によると、ローマ教会の栄光と実態について、キリシタン領主や異教徒の領主たちに語られる際に、彼らが明確に理解するためにローマ市の絵 retrato が求められていた（総会長宛、一五八四年一月十五日付書翰）。

戦闘図　遣欧使節が「軍隊および陣営内を描写したもの」や「海戦についての描写図」を持って来たことは『天正遣欧使節記』から知られる。使節一行が戦闘図などを持って来た背景には、日本の領主たちや武士たちの強い要望があった。プレネスティーノ神父によると、日本の上長が領主たちの要請を受けて何年も前に、武装した武人の絵や、歩兵と大砲を備えた戦争隊形をもった軍隊および海戦の絵を要求した（一五七八年十一月十一日付、豊後発信書翰）。六曲一双の世界図屏風「レパント戦闘図屏風」（香雪美術館所蔵）は、一五七一年十月にギリシャのコリント湾レパントでスペイン・ヴェネツィア・ジェノヴァ連合軍がトルコ軍に勝利した海戦図である。この世界図と人物図はウィレム・ブラウの世界地図に拠ったとされる。戦闘図には、数枚の銅版画が下絵または元絵となって写されている。御会戦図の原図はポエニ戦争時のザマの戦いが象戦車の部分図であり、「ルイ十三世婚礼図版画」が御者の部分図となっている（坂本満『初期洋風画』）。大名や領主が「武人図」、「海戦図」、「陸戦図」に強い関心を示し、これを求めていたことは、プレネスティーノの書翰から明らかであり、イエズス会の画学舎は聖画だけでなく、彼らへの贈答用として戦闘図や武人図などをも制作していたのであろう。「レパント戦闘図屏風」はカトリック世界がイスラム世界に勝利したことを讃え、カトリック世界の強大さと偉大さを印象づけ、強調しようとして制作されたようである。

人物肖像画　プレネスティーノの指摘するように、日本人の武将や領主が強い関心を持って求めたとされるヨーロッパの人物図は、天正使節が持って来た肖像画・書物に掲載され、あるいは挿入された図版、さらに世界図に付載された武人・帝王図が原画・原図となった。これらの図が模写され、あるいは版画のものを拡大して描き、彩色する手法がとられた。

「一六〇七年版ブラウ図」は、世界地図・都市図・王侯騎馬図・諸国人物図の構成図である。この「ブラウ図」を改訂しカエリウスの一六〇九年版の「世界図」が『万国絵図屛風』の臨本と推定される（杉森哲也前掲書）。『万国絵図屛風』に描かれた王侯騎馬図八点は、「カエリウス図」の王侯騎馬図一〇点に対応する。そして、初期洋風画の白眉とされる『泰西《たいせい》王侯騎馬図』（神戸市立博物館、サントリー美術館所蔵）に描かれた王侯騎馬図八点は、『万国絵図屛風』の王侯騎馬図八点に酷似している。なお、王侯騎馬図の多くは、フランドル出身の画家ヤン・ファン・デル・ストラートの原画『古代ローマ皇帝集』に一致する（坂本前掲書）。『泰西王侯騎馬図』については、「題材も表現の仕方も西洋絵画のものであり、いわば、西洋の骨格と肉づけに日本的装飾を施した作品と見なしうる」（岡泰正前掲論文）とされる。銅版画を素材にした日本的洋画、いわゆる、初期洋風画の萌芽とも言うべき成果が生み出されていた。

神戸市立博物館が所蔵する『西洋二武人図』は、信方と読める落款とヨーロッパ風印章をもつ。これと対をなすとされる『師父二童子』（同館所蔵）と共に、セミナリオ系の画風であるとされる（坂本満「南蛮美術」『南蛮美術と洋風画』）。信方には聖ヒエロニムスの読書する図をまねたとされる『老人読書図』（満福寺所蔵）、『達磨図』（養竹院所蔵）がある。また伝信方として『日教上人像』（兵庫・青蓮寺《しょうれんじ》所蔵）、『婦女弾琴図』（大和文華館所蔵）がある。

風俗画　福岡市美術館所蔵の『泰西風俗図』は、比較的統一された視点で描かれ、横に横にと風景をつらねていく形式や、右隻から左隻に春夏から秋冬へと移ろいゆく方向性が暗示される点、優美な叙情感とも相まって、むしろ大和絵の四季山水図に近しい雰囲気が感じられる、という（岡泰正前掲論文）。これに似た構図と図柄をもつものに、『洋人奏楽図屏風』（ＭＯＡ美術館、細川家所蔵）がある。狩猟図と城館の図を加えて他の風俗画とは少し趣を異にしたものに、『西洋風俗図屏風』（大阪・南蛮文化館所蔵）がある。

風俗画の一つに、南蛮屏風図（南蛮船入港図屏風）がある。これは日本の伝統画派によって制作され、一五九三年ころから一六三〇年代（寛永十年代）が盛期である。一五九一年、豊臣秀吉が朝鮮出兵に当たり肥前名護屋《なごや》城築城を命じ、その城の壁画を描くために狩野光信《かのうみつのぶ》とその一門が下向した。城の完成した一五九三年に狩野派の画家が長崎を訪れて写生し、畿内に戻ってそれを屏風に描いたのが南蛮屏風の始まりである。土佐派などの画家も南蛮屏風を描くようになった。南蛮人すなわちポルトガル人、南蛮船（ポルトガル船）、交易、南蛮寺（教会）などが題材とされた。一五九三年から一六八七年までの屏風六三点が確認される。

イエズス会の画家と作品　画学舎に学んだ者について、同会の名簿から知られる者は七名である。彼らはイエズス会に入会してイルマンとして宣教に従事した。ニワ（丹波カ）・ヤコブは父が中国人で、コレジオに学び、一六〇一年にマテオ・リッチの招きでマカオに渡り、のち北京に赴いて聖堂の絵を描いた。一六〇六年八月にマカオでイエズス会に入り、「画家pintor」として名簿に記載される。木村レオナルドは一六〇三年の「名簿」に「絵師pintor・銅版画師abridor」とある。一六一九年十一月長崎で処刑された。塩塚ルイスは一五八七年にセミナリオに学び、一六〇七年二月にイエズス会に入った。絵師・銅版画師・オルガン奏者で、一六一四年十一月禁教令のためマカオに渡ったが、翌年同会から放逐されて帰国し、のちマニラでフランシスコ会のルイス・ソテロによって司祭に叙階された。一六三七年琉球で捕われ、長崎で処刑された。マンショ・ジョアン・タデオは一五九〇年にイエズス会に入り、長崎のコレジオおよび京都・下京の修院で絵師であった。一六一四年十一月マニラに追放となり、一時帰国してマカオに行き、一六二七年に同地で死去した。

ペドロ・ジョアンは一六〇七年十月の名簿では長崎のコレジオで絵画と音楽の教師であったが、一六一二年三月十日以前にイエズス会を脱会ないし放逐された。オオタオVotavo, Votaó・マンショは一五八一年にセミナリオに学んで一五八九年一月にイエズス会に入り、一五九一年から志岐で絵を学んだが、一五九三年一月以降の消息は不明である。一六〇七年二月にイエズス会に入ったタイチク・

マンショは、一六一三年二月の「名簿」に「pintor」とあり、長崎のコレジオにいた。一六一四年にマカオに追放され、翌年一月に同地で死去した。ニワ・ヤコブ以外の六人が絵画・銅版画の制作にどのように関わったかについては不明である。

イエズス会員以外の絵師についての情報は乏しい。同会の影響を受けた者をセミナリオ系と称するが、既述の信方以外にその名は知られない。島原・天草の乱時に原古城に掲げられた、いわゆる「聖体秘跡図指物《さしもの》」の作者が山田右衛門作《うえもんさく》（古庵）であるということについて確証はない。この旗（幟）は「至聖なる聖体は讃美されんことを」とあるように「聖体のコンフラリア（信心会）」の幟《のぼり》（会旗）で聖体行列などに掲げられたものである。絹の織物に描かれた十字架入りのホスティア（聖餅）とカリス（聖杯）と二人の天使図は正確なデッサンで、銅版画風の線によって肉づけされ、その色調と素描はニコラオ学派の挿画の典型であるされる（D. Pacheco, La Hermandad del Santísimo Sacramento y la Rebelión de Shimabara.）。

イエズス会系の手になったとされる『聖フランシスコ・ザビエル像』（神戸市立博物館所蔵）は茨木市千提寺の東家から一九二〇年（大正九）に発見された。「漁夫環人」の落款と壺印をもち、その制作は列聖の一六二二年以後とする説と、それ以前説に分かれる。聖人を示す光輪を配し、陰影のつけ方は西洋画を思わせるという。その作者には、狩野光信の門弟狩野道味《どうみ》（土佐道味）説がある。彼は堺のキリシタンで木屋道味平渡路《へいとろ》、すなわち狩野源助ペドロで、キリシタン絵師四人の中心人物であった

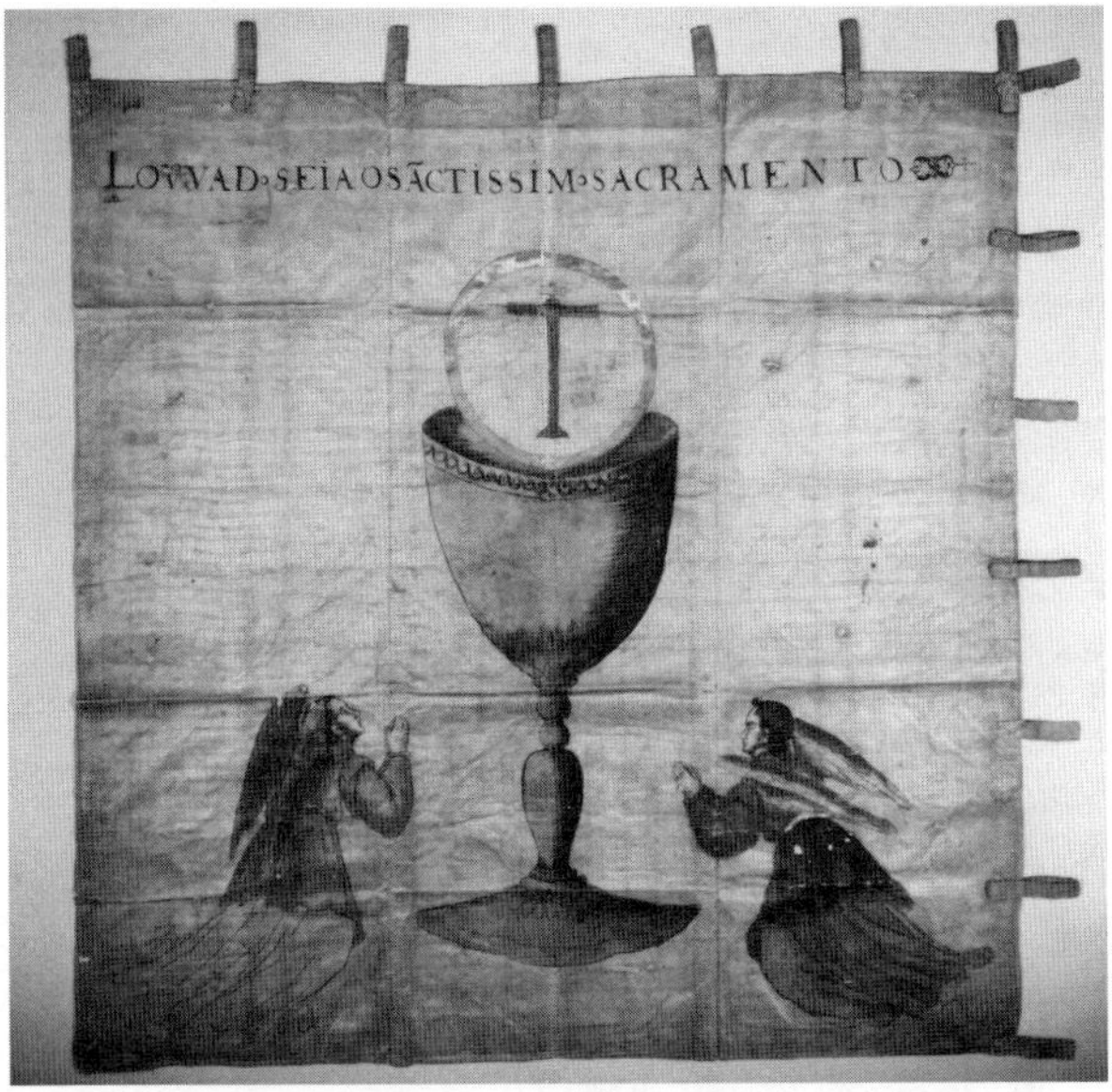

図12　コンフラリアの幟
（通称 天草四郎陣中旗，天草市立天草キリシタン館所蔵）

（福永重樹「『聖フランシスコ・ザビエル像』に就いての考察」）。

茨木市の東家と原田家から発見された『ロザリオの十五玄義図』（マリア十五玄義図）はほぼ同じ構図と図像であり、イエズス会系の絵師によって描かれ、その中の「聖母子」の図は福井藩の藩医邸から発見された銅版画「バラの聖母」を源泉とする（坂本満「南蛮美術」）。

フランシスコ会系の『ロザリオの十五玄義図』は長崎・外海《そとめ》の出津《しつつ》で発見され、一八六五年（慶応元）プチジャン司教を介して浦上天主堂に収められたが、原爆によって焼失した。その模写は長崎歴史文化博物館が所蔵する。

外海の潜伏キリシタンが信仰し保存してきた紙製の『雪のサンタ・マリア』（口絵）は、ニコラオ神父のアトリエで一六一四年以前に描かれたものとされる。

セミナリオで学んだイエズス会系の画家によって始まった初期洋風画は、坂本満によると、西洋風俗画、武人図、都市図などの世俗画が様式的にはモチーフが共通するものが多く、単一のグループによって描かれた可能性が強い、という。また甘美さと優雅さを感じさせる比較的整った様式のものがあり、習熟した筆致のものがあるともいう。転写、拡大あるいは部分を変化させて組み合わせること、彩色の技術は習得されていたが、直接現実からものの形を画面に写し取る観察力と描写力はまだなかったこと、ルネッサンスの成果である解剖学的知識、陰影法、遠法は十分に採用されていないこと、これは近世絵画を構成する基本的教養が不足していたことによる、とされる（『初期洋風画』）。

四　キリシタンの工芸

信心具の不足を補うために、コンタツ（ロザリオ）やメダイの制作が、一五七〇年代に畿内地方で始まったことは、「第二」章の「三（キリシタンの信心の道具）」において若干述べた。豊後府内でもコンタツやメダイの模作が行なわれたと思われるが、それについて言及したものはなく、教会跡地からもまだ確認されていない。しかし、「中世大友府内町跡」調査によって、扁平な円盤状のメダイ様金属製品が府内町跡から出土し、またコンタツやメダイの未成品が出土していることからすると、町方の職人によって作られていたと見て良いであろう。

舶来品の「無原罪の聖母」のメダイ（メダリャ・メダリオン）には、長方形と楕円形のものがある。東京国立博物館には長崎奉行所旧蔵品として長方形・楕円形のメダイ二点がある。いずれも十六世紀後期から十七世紀初期のヨーロッパ製である。長方形のメダイ（銅牌）は縦一〇・四チセン、横六・六チセンで木枠に嵌《は》められている。踏絵として絵踏に利用されたためである。これと同形のメダイは長崎の二十六聖人記念館、出津《しつつ》ドロ記念館、個人（愛媛県土居町元庄屋）にあり、いずれも舶来品である。これを模造した国産品に生月・壱部《いちぶ》のメダイがある。

ヨーロッパ製の真鍮《しんちゆう》製メダイ（メダリャ）には、イグナティウスやザビエルの列福・列聖を記念するメダイ、「聖母子と聖人」、「聖ペドロ」、「聖ヨゼフ」などのメダイがあり、日本製のものもある。東京国立博物館に長崎奉行所旧蔵のヨーロッパ製メダイ七〇点以上がある。

メダイは禁教迫害の強化に伴い、キリシタン検索のために絵踏に利用され、信心具は一転してキリシタン摘発の道具・責め具となった。紙に描かれたキリスト像やメダイが責め具となり、その摩滅が激しかったために、長崎奉行所は南蛮鋳物師萩原祐佐《ゆうさ》に真鍮踏絵二〇枚を造らせた。キリスト像（エッケ・ホモ ecce homo〈この人を見よ〉）、十字架上のキリスト像、ピエタ像、母子像（ロザリオの聖母）各五枚ずつである。ピエタ像一枚を欠く一九枚が東京国立博物館に現存する。長崎奉行所がキリシタンから没収したメダイを手本に造らせたものである。

原城跡地から一九五一年に出土したヨーロッパ製の「黄金の十字架」（縦四・八㌢、横三・二㌢。大阪・南蛮文化館所蔵）は、天正遣欧使節がローマ教皇から託されて有馬《ありま》晴信《はるのぶ》にもたらしたものとされる。一九二三年ころに大阪・四条畷《しじょうなわて》の農家の土蔵壁から発見された銅製十字架（高さ一四・八㌢。個人蔵）は、キリスト磔刑《たっけい》の十字架である。舶来品と思われ十字の意匠は他に類例がないようである。南蛮文化館にある「秋草葡萄《ぶどう》模様象嵌《ぞうがん》十字架」（熊本出土）、「荊《いばら》模様象嵌十字架」は国産のもので草花や蝶をあしらった優美なものである。

当時盛行していた漆芸がキリスト教の宗教道具にも影響を与えた。キリストの身体とされる聖体（ホスティア）を納める聖餅箱が製作された。優美な蒔絵《まきえ》はヨーロッパ人に特に喜ばれたようであり、聖餅箱も輸出された。南蛮文化館が所蔵する『イエズス会紋章入七宝《しっぽう》蒔絵螺鈿《らでん》聖餅箱』は、ポルトガルで発見されたものとされる（『南蛮文化館図録』）。同館には山口県萩市で発見された『イエズス会紋章入蔦《つた》蒔絵螺鈿聖餅箱』がある。これに類似したものに、南蛮唐草を周縁にめぐらし葡萄図を描いた『葡萄蒔絵聖餅箱』（鎌倉・東慶寺所蔵）がある。聖餅箱は他に二点、『萩蒔絵螺鈿聖餅箱』（水戸・彰考館所蔵）、『秋草蒔絵螺鈿聖餅箱』（逸翁美術館所臓）が確認される。

長崎のサンティアゴ病院に一六一二年に鋳造された鐘があった。これは竹田市中川神社所蔵で、現在竹田市歴史資料館に寄託されている。京都の南蛮寺に一五七七年に鋳られた鐘があったことは、京都の妙心寺春光院にHISと「一五七七」の年紀入りの鐘があることから確認される。永青文庫《えいせい》には南蛮鐘として知られる「細川家九曜紋入《くようもん》」の鐘がある。国内の鋳物師が梵鐘製作《ぼんしょう》と同様伝統的技法で鋳造したとされる。その出自について不明であるが、細川忠興《ただおき》が妻ガラシア追悼のため小倉城《こくらじょう》下の教会に施入したという（『細川家の至宝』）。大阪の南蛮文化館にある南蛮鐘は、美作《みまさか》・津山《つやま》の森忠政が小倉城を範として築城し、その竣工に当たりこれを祝って忠興から贈られた鐘とされる。同形のほぼ同じ大きさで、同じ「九曜紋入」である。

フランシスコ会のアロンソ・ムニョス神父の一六〇七年の報告によると、江戸のフランシスコ会の教会では鐘が公然と鳴らされて礼拝の諸儀式が行なわれていた。教会の鐘の音が朝に夕べに江戸の町に鳴り響いていたことは確かなことである。教会の建物や病院に鐘が据えられていたところでは、決して珍しくない光景であった。

第八　慈悲の組と信心会の活動

ミゼリコルディアMisericordiaとは一般に「慈悲の組」と理解され、その世話人あるいは指導者を「慈悲役」または「慈悲の役人」と言った。一五五八年（永禄元）に平戸に設立されたミゼリコルディアは、宣教師不在の状況下で宣教師に代わってキリシタン共同体（教界）を指導するために七名が慈悲役に選ばれた。ミゼリコルディアは初期宣教時代に各地の教界に早くより設立された。一五八七年に伴天連《バテレン》追放令が出て禁教の時代になると、信仰を強化する意図からコンフラリア（信心会）が設けられた。正式には「Confraria de Misericordia」と称され、「慈悲［実践］の信心会」とも「慈悲の兄弟会」とも言われた。一六〇二年当時長崎のコンフラリアの役員たちがローマのイエズス会総会長に書き送った文書からすると、一般にミゼリコルディアとコンフラリアは同義のものとして把握されていた。Congregação（信心会、集まり、集会）の用語も使われ、キリシタンたちはいずれも「組Cumi」として理解し呼称していた。「組」の代わりに「講」という言い方もある。

ミゼリコルディア設立の目的は、隣人愛の実践にある。教理書『どちりいな・きりしたん』の「第十二　此外きりしたんにあたる条々」で、その肝要なることの一つとして「慈悲の所作」十四ヶ条が明示されていることは、すでに「第三」の「一」（六八頁）で述べた。「愛徳のわざ（業）」「慈悲の所作」Obra（Operação）de Misericordia は、キリストに倣《なら》う行為であり、初代教会以来の伝統として重視されてきた。『マタイによる福音書』の最後の審判〈すべての民族を裁く（二五、三一～四六）〉に、「人の子は、栄光に輝いて天使たちを皆従えて来るとき、その栄光の座に着く。……お前たちのために用意されている国を受け継ぎなさい。お前たちは、わたしが飢えていたときに食べさせ、のどが渇いていたときに飲ませ、旅をしていたときに宿を貸し、裸のときに着せ、病気のときに見舞い、牢にいたときに訪ねてくれたからだ」（『新約聖書』）。この福音書に見られる言葉は、「慈悲の所作」の「色《しき》身《しん》にあたる七つの事」、肉体的慈悲の行為を指し、隣人愛実践の根拠になっている。

一　慈悲の組・信心会の組織化

最初の慈悲の組　ヴィレラ神父は一五五八年平戸から追放される時、有力キリシタン七人を慈悲役者 Gifiyáquxa、すなわち、ミゼリコルディアの会員（兄弟）Irmãos da Misericordia に指名して慈悲の組を設立させ、その運営について指導した。「パードレに代わって毎日曜日に教会でキリスト教徒たちを援助するために働き、また死者を埋葬するために世話をする七人を七人の助祭 Diaconos に従って指名した。」（ヴィレラ、一五七一年十月二十日付、ゴア発信書翰）。『聖書』の「使徒行伝」に、一二使徒が宣教活動において食料の世話など身体上の用務に当たる七人の者を選んだとあり、七人の指名はこれに由来する。

一五五九年豊後府内にトルレスの指導下に設立されたミゼリコルディアは、既述のように病院の管理・運営に当たる目的から設立された。「慈悲の組」の名に相応しく慈悲の所作・隣人愛を実践するためであった。会員は一二名（一二家族）であり、毎年二人ずつ当番（監事）mordomo を務めることになっていたが、最初の二人はその実績を評価されて次年度も役務を担った（アルメイダ、一五五九年十一月二十日付書翰）。

籠手田安経《こてだやすつね》アントニオの所領があった平戸島西岸の春日《かすが》・獅子《しし》・飯良《いいら》の各地に一五六三年にミゼリコルディアが設立された。慈悲の組とその組頭《くみがしら》mordomo が教会を世話しキリシタンを指導した（フェルナンデス、一五六三年四月十七日付書翰）。同氏の所領である度島《たくしま》では、同島にいたフロイスによれば、聖母マリアの聖イサベル（エリザベト）訪問の日（七月二日）が同地のミゼリコルディアの祝日であり、この日に各教会の組頭とその会員たちがその地の者全員を食事に招くことを恒例としていた（一五六四年十月三日付、平戸発信書翰）。こうしたことは降誕祭や復活祭の時にも行なわれ、未信者にも食事が出された。山口の教会ではすでに一五五三年からなされていた。イルマン・サンシェスは、肥前の樺島《かばしま》のミゼリコルディアに組頭四人がいて、彼らが貧者や病人を扶助している、と伝える（一五六七年十月十三日付、志岐発信書翰）。

畿内の慈悲の組　京都における宣教活動は一五五九年秋に始まったが、一五六五年七月正親町《おおぎまち》天皇の綸旨《りんじ》によってヴィレラとフロイスの両神父が京都から追放されたため、堺の元仏僧トマスがキリシタンたちを指導した。一五六九年三月フロイスの京都帰還に際し、ミゼリコルディアの組頭らが山崎まで彼を出迎えるために赴いたが（フロイス、一五六九年六月一日付、京都発信書翰）、同地のミゼリコルディアもまた宣教師の退去後に設立され、トマスが組頭となっていたようである。高槻では、高山氏が城主となった一五七三年以降、右近（友祥《ともなが》）ジュストに家督を譲った父友照ダリオが指導してミゼリコルディアを組織し、その世話人および指導者として毎年組頭（監事）四人を選任した。彼らは異教徒の改宗、貧者訪問、死者の埋葬、祝祭の準備、また各地から訪れる客人の接待等に当たった。ダリオは第一の組頭、惣親《そうおや》の立場にあった（フロイス、一五七六年八月二十日付、臼杵発信書翰）。

本格的な慈悲の組の発足　長崎にミゼリコルディアができたのは、一五八三年である。マカオに会員を遣わして、同地で活動するミゼリコルディアがもつポルトガル人の規則と旗を取り寄せ、その規則に基づいて慈悲の組を運営した。ポルトガル人の規則は、リスボン市の中心部、サン・ロケ教会に隣接するミゼリコルディアの規則に由来し、それはゴア、マラッカ、マカオにもたらされた。イタリアのフィレンツェやシエナのそれを模範としたリスボンのミゼリコルディアは、一四九八年八月十五日にポルトガル国王ジョアン二世の王妃レオノーラらが中心になって改組され、慈悲の聖母会Nossa Senhora da Misericordiaという兄弟会が創設された。その目的は、慈善を全国に広げ医療による慈善事業を推進することであった。会員Confradeは一〇〇名、半数は職人、半数は貴族・王・王妃らを含む上級身分の者で、のち会員数は三〇〇名、さらに六〇〇名に拡大された。組Confrariaの運営は会長であるプロヴェドールProvedorの手に委ねられ、評議員Conselheirosないし役員Oficiais一二名が補佐した。全会員の会合は年三回で、七月二日の聖母マリアの聖エリザベト訪問の祝日に役員の選挙があった。他の二回は四旬節の贖罪《しょくざい》行列と十一月一日の諸聖人の祝日であった。一五一九〜二〇年に設立されたゴアのミゼリコルディアは、リスボンの組織と規則を模範にしていた。同地の王立病院がミゼリコルディアに移譲されたのは一五四二年、一五六八年にはミゼリコルディア経営の貧者たちの病院があった（J・ヴィッキ「ポルトガル領インドにおける「ミゼリコルジヤ」の組」）。

長崎のミゼリコルディアは会長（惣親）Provedor一名と会員Irmãos一〇〇名からなり、聖母マリアの聖エリザベト訪問の日を祝日とし、その日に荘厳な儀式を行なった。会員は葬儀と聖体行列に参加し、貧者のために町に出て募金活動を行なった（「一五八五年度日本年報」）。会長は堺出身の細工師ジュスティーノであり、妻ジュスタは一五八五年に既婚女性一二名からなる女性のミゼリコルディアを設立した。一五九〇年に会員が一二〇名に増員されたミゼリコルディアは、三つの施療施設を保有していた。翌年、ポルトガル人船長の寄進によって長崎郊外（現在、本蓮寺が所在）にハンセン病患者のための病院が始まり、サン・ラザロ病院と称された。

一五八七年秋以降に教会（南蛮寺）が破却された京都には、「一五九一・九二年度日本年報」によると、ミゼリコルディアが組織されていた。キリシタンたちは日曜日ごとにある一軒の家に集まって長時間にわたり霊魂に関して祈った。霊的書物の朗読後に、これについて語り合い、教会暦に従って祝日を祝い、四旬節の毎金曜日に鞭打《むちう》ちの業に励み、聖週間の聖木曜には特に厳しい鞭の業があった。都にはこのような組が七、八つあり、女性は独自に組を作り、男子と同様の方法で組を維持していた。オルガンティーノの一五九四年九月二十九日付、都発信の書翰は、都の各信心会Congregationiが貧者、特に病人の援助のために公益質屋monte di pietàのような事業に着手していることを伝える。公益質屋の必要性について、ヴァリニャーノは「スマリオ」の三〇章で、ローマやイタリアの各地にあるように、下《しも》・豊後・都の三布教区に公益質屋を設置し、これに病院を隣接する。それは、病人の貧しいキリシタンたちや母親たちが習慣として殺している子供を収容するためである、と述べている。ポルトガルやゴアではミゼリコルディアが実際に公益質屋を運営していた。

信心会（コンフラリア）の発足　一五九二年大村に最初のコンフラリア、「サンタ・マリアの御組《おんくみ》」が設立された、とされる。一五七八年から一六〇六年二月まで大村宣教に従事したアフォンソ・デ・ルセナ神父の『回想録』によると、大村には長崎にあるようなミゼリコルディアの組がなかったので、その組に似た組織を作るためにキリシタンたちが役員数名を選び、彼らが他の役員を日曜日ごとにキリシタンの家に遣わして施し物を求め、これを貧者に分配した。フロイスは、一五九三年に同地に「ロザリオのコンフラリア」がいくつかあり、会員たちが大いなる慈愛をもって動いている、と伝える（『日本史』二部六〇章）。一五九六年になると、各地にコンフラリアが作られた。「一五九六年度日本年報」によると、天草・志岐の城主日比屋兵右衛門《ひびやへいえもん》ヴィセンテは自ら組親となり、身分ある者が世話役になっていた。島原ではコンフラリアが堕胎の悪習を改めることに努め、貧者への施しを実践し、またキリシタンのための墓地用地を購入した。

一六〇〇年代以降のコンフラリア　一六〇二年ころに、長崎ではミゼリコルディアとコンフラリアの名が共用されていた。コンフラリアの会長Provedorのディオゴ（了五）・リウファと、役員Offici-aes六名が連署してローマのイエズス会総会長に請願書を提出している。

目下、猊下《げいか》に書状を書き認《したた》めている者は、当長崎の住民のミゼリコルディアの聖なる家（慈悲院）の委員会mesaの会長と役員です。コンフラリアはコンパーニャのパードレたちによって設立され、同会によって指導されていますので、私たちはすべてにおいてその方針に従い、その保護下にあって、当地において協調すべき時にはポルトガル人のミゼリコルディアの規定（掟《おきて》）を守っております。それで、このコンフラリアが始まってから三二年にすぎませんが、これについてはすでに日本中に知られています（一六〇二年三月十日付、請願書）。

コンフラリアが三二年前、すなわち、一五七一年に始まったという点について、その年が長崎の町建ての年であったことからすると、無理がある。彼らの請願は、ポルトガルのミゼリコルディアの会則を遵守している自分たちのために教皇からミゼリコルディアに関わる贖宥《しょくゆう》（免宥・免償）を得て欲しいこと、同時に都のミゼリコルディアのため、さらに今後日本の他のあらゆる地方に設立されるミゼリコルディアのために贖宥を得てくれるようにとの内容である。

イエズス会による豊後教界の再建は、一六〇二年ペドロ・パウロ・ナヴァルロ神父がコンフラリアを再編することから始まった（コウロス、一六二三年一月九日付書翰）。稲葉領内の高田を拠点に大友氏の改易《かいえき》以降に活動が停止していた教界とコンフラリアの復活が図られた。

一六〇三年、有馬のセミナリオに「お告げの組」Congregação da Annunciada が設立された。セミナリオの生徒全員と有馬領内にいる同宿《どうじゆく》たちが参加した。これは準管区長の指示によって始められた。同様にして、長崎にも前司教マルティンスの要望に応じて「お告げの組」が作られ、新会員が受け入れられて組の役人たちは会員のみならず周囲のキリシタンたちをも篤信に導くよう決定した、という（「一六〇三年度日本年報」）。翌年の「日本年報」によると、有馬の「お告げの組」の会員は五〇人近くに達し、彼らは各地のレジデンシアに派遣され、他の者たちはコレジオやセミナリオにいて、慈悲の所作に努めた。同年、組への入会希望者が多く、一つの組だけでは対応できず、準管区長はさらに別の「お告げの組」を設立することを決断した。第二の「お告げの組」に新たに六人の同宿が受け入れられたように、この組の活動の中心は同宿であった。会員は徳を修め、信心を養い、速やかに罪を悔い改め、苦行を行ない、互いに欠点を教えあい、日々喜捨《きしゃ》をして貧者を救い、異教徒に教えを説き、病人を見舞った。

イエズス会以外のコンフラリア　一六一一年長崎のサン・ミゲルの墓地にある教会にもコンフラリアが設立された。長崎ではすでに病院にもコンフラリアがあり、イエズス会以外の托鉢修道会、フランシスコ会、ドミニコ会、アウグスティノ会も一六一一年ころまでに各地にコンフラリアを設立していた。ドミニコ会の管区長代理フランシスコ・モラーレスは、一六〇四年初めに眼病治療のため下《しも》甑島《こしきじま》から長崎に赴いたおり、乏しい日本語にもかかわらず「ロザリオの組」を設立し、滞在一週間で二万人以上を会員にした、とされる（井手勝美訳『オルファネール　日本キリシタン教会史』）。同会の長崎における本格的な宣教活動は、一六〇九年京泊《きょうどまり》を追放されて勝山町に教会を移築した時に始まる。

フランシスコ会は「コルダァン（帯紐《おびひも》）Cordão の組」を組織したが、一六一〇年ころに江戸に下ったルイス・ソテロ神父はコンフラリア「セスタ（勢数多）講」を設立した。彼は、一六一三年十月、伊達政宗《だてまさむね》がスペイン国王およびローマ教皇に遣わした慶長使節の使者の一人に指名され、江戸の勢数多講の定書《さだめがき》とオラショの次第を教皇に捧呈した。和文とラテン語の文書からなり、これには会員一一七人（うち夫婦二六組）の署名がある。アウグスティノ会は「帯の信心会」を設け、一六一〇年に長崎・高麗《こうらい》町に建造された在日高麗人のロレンソ教会とその信心会をも世話した。教区司祭村山フランシスコが一六一四年に長崎に作った「クルスの組」は、彼が大坂の戦いのおりに大坂城内にいて死んだのちは、ドミニコ会のアロンソ・ナバレテ神父がこれを受け継ぎ、「イエズスの御名の組」に改称・改組された。

二　禁制下の信心会

禁教令発令後の信心会　禁教令が発令され、大多数の宣教師がマカオとマニラに追放された一六一四年十一月以降、残留潜伏した少数の宣教師の指導を受けながら、コンフラリアは会員自らが模範を示し、会員以外の多数のキリシタンの信仰維持に努めた。長崎では町の中心部にあったミゼリコルディアは閉鎖されて監視付きであったが、聖なる慈悲の組の兄弟会Irmandade de Santa Misericordiaが、各地から長崎に追放されてきたキリシタンや貧者たちを世話した（「一六一五年度日本年報」）。教会が破壊された各地には、すべての教界でコンフラリアが設立され、あるいは再編成されて禁教迫害の事態に対応しようとした。

一六一八年、長崎ではイエズス会の一司祭の指導下に信仰のために追放されてきた者を救済する名目で、新しいコンフラリアConfraria de Misericordiaが組織され、貧者のために一〇〇〇クルサド余を集め彼らのために出費した（「一六一八年度日本年報」）。一六二〇年二月に閉鎖されていたミゼリコルディアの教会が破壊され、翌一六二一年五月に慈悲院Casa de Misericordia跡地に大音寺《だいおんじ》が建った（マトス、一六二二年四月三十日付、マカオ発信報告）。一六二二年の「イエズス会日本年報」は、高麗人のコンフラリアの会員が貧困で外国人であるにもかかわらず、拘禁されていたキリシタンたちへの衣類の調達などを始めとして特別の奉仕をしている、と特筆する。彼らの中心的存在はアウグスティノ会の元同宿市兵衛ジョアンとその妻であった（コウロス、一六二〇年三月二十日付書翰）。

イエズス会以外のコンフラリアが活発化したのは、イエズス会管区長コウロスによれば、一六二〇年ころからである。同会宣教師が活動する村にフランシスコ会のコルダァンのコンフラリアやアウグスティノ会指導の高麗人のコンフラリアが存在していた（一六二〇年三月十三日付、長崎発信書翰）。同年十一月、フランシスコ会のアントニオ・サン・ブエナベントゥーラ神父は長崎から大村の各地のコンフラリアを巡歴した（コウロス、一六二一年三月十五日付書翰）。一六二〇年、江戸にはソテロが組織した「勢数多講」とは別に、ディエゴ・デ・サン・フランシスコによって組織された信心会「コルダァンの組」があった。男性の一二組、女性の四組があり、同会の同宿二人がこれらを世話し、パードレがいるのと同様の修行が行なわれていた。一組の構成人員は五〇人であった（「ディエゴ・デ・サン・フランシスコ報告」）。

翌一六二一年、大村にドミニコ会のロザリオのコンフラリアが設立され、フランシスコ会も新たなコンフラリアを組織し、イエズス会から信者を遠ざけていると、コウロスは批判する。同年の「イエズス会日本年報」は、ガスパール・デ・クラスト神父が熊本に設立されたコンフラリアを訪問したこと、紀伊国のキリシタンが結城《ゆうき》ディオゴ神父の指導によってコンフラリアを新設し、尾張国の二地方にコンフラリアができたことを報じている。「一六二二年度日本年報」によると、同年、八代《やつしろ》でコンフラリアの組頭が殉教した。同地における殉教事件は一六〇三年に始まり一六〇四年秋には慈悲役三人が拘禁され、一六〇六年にそのうちの一人が牢内で病死している。一六二二年に大村では、上・中・下層からなるコンフラリアの会員一五〇〇人がおり、また堺に「聖ミゼリコルディアのコンフラリアの兄弟会」が再建された。大村の会員はイエズス会指導の人物である。「高来《たかく》布教区のポントス(覚書)」は、この年、島原に子供のコンフラリアが設立された、と伝える。

一六二四年七月十八日に、久保田(秋田)のコンフラリアの組頭河井喜右衛門ジョアンが火刑になり、同月二十七日に院内銀山の組頭大津三郎右衛門ルイスと岩見サダユウ・ジョアンが斬首され、このとき他に二五名が同銀山で処刑された(「一六二四年度日本年報」)。同「年報」には鍋島《なべしま》氏による迫害に関して佐賀のコンフラリアの監事Mordomoダミアンの堅信のことが言及される。翌「一六二五年度日本年報」は、高来(有馬)の「聖父イグナシオの組」Confraria de S. Patriarca Ignacioの再設立と、大坂と堺の「慈悲の組の兄弟会」Confraria de Sta. Misericordia de Irmandadeの活動について報じる。「一六二六年度日本年報」には、天草・大矢野《おおやの》の「聖なるパードレ・イグナシオの組」Confraria de S. Padre Ignacioの拡大について述べられ、また能登、越中から佐渡に渡った日本人神父が同地に「慈悲の組の兄弟会」Irmandade da Santa Misericordiaを設立中である、という。さらに一六三〇年には志岐の女性のコンフラリアの監事mordomaジュリアが数ヶ月間山中に隠れたのち衰弱死したことが伝えられる(「一六二九・三〇年度日本年報」)。

ロザリオのコンフラリア　一六一六年初めに、ロザリオに対する信心が高まり、ドミニコ会の信心会が急増した（D・アドゥアルテ『ロザリオの聖母管区の歴史』）。そのため、「信心会では、ロザリオのみを問題にして聖母像を描かせる以外には何もしないほどであったという。しかし、多くの者は希望通りに聖母像を描けず、修道士は、人々の信心を紙一枚のロザリオの聖母の御影《みえい》によって満足させるために印刷しなければならなかった」（同書）。

一六二二年の初め、ドミニコ会のディエゴ・コリャード神父は同会宣教師の決死的活動を証明してもらうために長崎と大村のロザリオの組の会員たちに証言を求め、彼らの署名文書二点を入手した。（一）「元和八年正月十三日（一六二二年二月二十三日）長崎ロザリオ組中連判書付《かきつけ》」は、長崎のロザリオの組員は数万人を数えるが、組親一〇四人のみが署名する、とある。この和文に対応するラテン語文は、「会員は何千名、その組親の幾人かの者が署名した」となる。一六一九年七月に来日したばかりのコリャードはまだ十分に日本語を理解できなかったようである。組親の署名者一〇四人は、内町一四町の三三人、外町二二町の四七人、不明の町五、その住人六である。なお、女性の署名者は一九人である。署名者の洗礼名はポルトガル語であり、彼らはイエズス会の宣教師から洗礼を受けたことが推測されるが、長崎町建てを主導したイエズス会と密接な関係を有してきた内町の住人が三割強を占めていることは、長崎住民のイエズス会離れを示唆している。一六二二年九月十日に長崎・西坂でパードレ・イルマン二一人を含む五五人が殉教死した。いわゆる、元和の大殉教であるが、宣教師の宿主とその家族三四人のうち、二一人がロザリオの組の会員であった。

(二)「元和八年三月　大村ロザリオ組中連判書付」は、大村領九九ヶ村のうち、村々の頭分七七人が署名する。ラテン語文には「人数が余り多すぎるので、村の有力者だけが署名した」とある。署名者七七人が組親であったか否かはっきりしないが、そのうち女性は四人で、いずれも殉教者の後家である。イエズス会は一六〇六年二月に大村領から追放されたから、ドミニコ会の活動の余地が十分にあった。両「書付」は、コリャードの意向に沿って、ドミニコ会士の活動が他修道会に抜きん出てキリシタンを世話し、そのために拘禁中の同会士が多いこと、同会の出家衆(宣教師)は特に貧富上下の隔てなく教化に従事している、と証言する(『大日本史料』十二編之五十六)。

コウロス徴収文書と「組」　托鉢修道会のフランシスコ会とドミニコ会の活発な信心会設立による信者獲得とイエズス会の宣教活動に対する批判に応えるかのように、イエズス会管区長コウロスは、全国の有力キリシタンに同会宣教師が自らの義務を果たして宣教活動に専念していることについて証言を求めた。一定形式の文案を作ってこれを全国に送るか、イエズス会の宣教師たちがこれを持参して署名文書を集めた。一五ヶ国七六ヶ所の七六一名が署名して証言したもので、七六通が現存する。地域によってはその地のキリシタンの活動の一端が語られている。「山城国、都、元和三年八月十一日(一六一七年九月二十六日)」の文書は、七五名が署名し、一六一四年に処刑されたキリシタン一家に対する「慈悲の所作」の実践について語る。奉行所により六条の傾城屋《けいせいや》に入れられた女房子供をミゼリコルディアが過分の造作をもって一家を請《う》け出したことが分かる。署名の筆頭者は、「都見せりこう流しや本路へとる Provedor　杉山　貞信 戸明 Thome」である。ミゼリコルディアの活動を的確に語る文書である。

「豊後国、由布院《ゆふいん》　一六一七年　元和三年八月二十七日」の文書は、石丸村のコンフラリアの指導組織を明らかにしてくれる。惣組《そうぐみ》大親（惣親に当たる。惣庄屋の次良右衛門はひ庵＝ハビアン）―大親（彦左衛門志すと＝シスト）―小親（与三右衛門如庵＝ジョアン）の指揮系統があり、この他に、奉加役《ほうがやく》すなわち会計（五良右衛門ろれんそ＝ロレンソ）と、志ひ（慈悲）役七右衛門るいす（ルイス）の二役がいる。コンフラリアの顧問として「かんほう（看坊《かんぼう》）」宗雪寿すと（ジュスト）がいた。

「肥後国、上津浦村・大矢野村　元和三年八月十二日」の文書には、二四名の署名者があり、コンフラリアの役務者として、「組親―惣代―慈悲役」と顧問の看坊二名の名が見られる。他に庄屋と肝《きも》入《いり》の地役人のキリシタンが署名している。コウロス徴収文書には僅かではあるが、コンフラリアの役職とその指揮系統について知る手がかりがある。

三 「組ないしコンフラリアの覚書」

慈悲の組およびコンフラリアがどのようなものであるかについて言及したのが、日本イエズス会副管区長ジェロニモ・ロドリゲスが作成した「組ないしコンフラリアに関する覚書」である。彼は、大坂の陣で敗れて潜伏逃亡した明石《あかし》掃部《かもん》全登《ぜんとう》の子内記パウロ秘匿に関与し、その嫌疑で一六一六年十二月イルマン・木村レオナルドが逮捕されると、翌年マカオに退去した。この「覚書」は一六一八年一月十日付をもってマカオで作成され、三部構成である。一部では、被昇天の聖母の組ないしコンフラリアの規則の要項が六章五六ヶ条にわたって述べられる。二部では、被昇天の聖母の組（コンフラリア）に関する戒めについて言及し、キリシタンたちの信心に関する所作（業）、すなわち慈悲の所作や、教皇に請願する贖宥《しょくゆう》（免償）についての覚書、および贖宥の許可により可能となる有効な所作一八ヶ条について述べる。三部では、教皇に請願される贖宥獲得のための条件となる所作二四ヶ条について言及される（五野井隆史「一六一八年、ジェロニモ・ロドリゲス作成の「組ないしコンフラリアに関する覚書」について」）。

組ないしコンフラリア（信心会）の規則の要項　組 Cumi 設立の目的、組の構成と組織、組維持の方法、組の会員（組衆）の守るべき義（掟）、およびそれによって得られる霊的利益、役務者（役人）の名称とその役務の内容、組において許されない過失（科《とが》）について明示される。まず「被昇天の聖母」と称される所以《ゆえん》が述べられる。それは、聖母の庇護と扶助のもとにあり、またその祝日に日本への最初の福音宣教者である福者フランシスコ・ザビエルが到着したためである、とする。組設立の目的は、入会する会員各人の個人的な霊的利益のため、また援助することにあり、これによってキリシタン教界が教化され、十分に機能することが期待され、その成果は迫害の時期に特に際立って見られた、とロドリゲスは評価する。

キリシタンはそれぞれ決まった組親《くみおや》cabeçaや班（組）Congregaçãoに所属した。組ないし班、およびコンフラリアは、その機能と指導の観点から三つ、すなわち小組menores、大組mayores、惣《そう》組《ぐみ》（親組）universaisに分けられる。小組はほぼ五〇人の男性からなり、女性と子供は夫の組に所属し下男・下女も含んだ。一組は五〇戸前後から構成されていたことになる。大組は小組の集合体で五〇〇ないし六〇〇人以下で、およそ一〇の小組からなる。惣組は同地区にある大組からなる。惣組はその所在する地区名か地域名によって識別され、小組は守護者としていずれかの聖人の名をもち、大組はなんらかの祝日名を称した。

小組の各組には二人の親（頭領cabeçasないし監事mordomos）がおり、一人は大親、他の一人は小親を称した。大親たちが大組を指導し、さらに大親たちが惣組に所属した。惣組は一人の保護者ないし頭領をもち、この者はその権威と愛顧をもって聖なる所作を支援し導くためにその土地の領主である殿か有力者が適任とされた。組の指導と運営のために、他の役務者（役人）が置かれる。慈悲の奉行が一人、彼は喜捨（布施）の出納人ないし保管人のごとき存在である。慈悲の奉行は、『コウロス徴収文書』「豊後国由布院石丸村」のコンフラリアにおける「奉加役《ほうがやく》」に該当する。惣代は請願人ないし伝言人（伝達使）であり、パードレや役務者たちによる決定事項を組の者たちに伝達し、会員数に応じて二人いた。また一ないし数名の慈悲役がいて、慈悲の所作の役務を担当し、実務の世話人で役人official とも言われた。さらに各組ないし班の模範的で年相応の女性若干名が、監事の組親の指導下に、組の女性たちに対し慈悲の所作を実践した。

会員の入・退会と会員の義務　役務者の選任は、担当地区のパードレが組親または監事たちの意見に基づいて行なった。組への受け入れ・除名も同じ手順でなされ、過失を犯した者の入会は拒絶され、会員で更生の意志のない者は除名ないし追放された。入会には、四つの祈り、すなわち主の祈り、アヴェ・マリア（天使祝詞）、クレド（使徒信経）、十のマンダメント（十戒）を知っていることが条件であった。会員は年に二回の初物、小麦と米の収穫時に喜捨《きしゃ》した。会員は聖母に対する信仰を深めるために毎日あるいは二日ごとにコロア（花冠の意味。ロザリオ一環）の祈りないしロザリオの三つの玄義《げんぎ》（喜び・苦しみ・栄光）の一つを聖母のために唱えた。死者の埋葬にはこれを葬送し、他に慈悲と愛徳の所作を実践し、キリシタンとしての良き模範を示して生活することが求められた。病人がいるか、死の危険にある時には直ちにその組親か組の監事に知らせ、告解《こっかい》をせずに死ぬことのないように配慮された。また、会員は現世の困窮時には喜捨によって助けられ、病気の時に見舞いを受け、苦難の時には助言を与えられ、臨終には秘跡に与り、死後には組の会員たちの参列のもとに埋葬された。棺《ひつぎ》のない貧者には組がこれを与え、この一切の世話は組の役務者たちの義務とされた。こうしたことは、禁教令施行以前、教会が存在し宣教師が自由に活動し得た時期にも機能していたと見ることができる。

『コウロス徴収文書』では、組親およびその他の役務者以外に、「看坊」の記載が多く見られる。元和六年十二月二十五日（一六二一年一月十七日）の日付をもつ「高来においてパアデレ・ジャコメ・アントニョ・ヂヤノネの編める組の掟」には、看坊について言及し、「おのおの談合の時節かんぼうに相談せられ、もしかんぼう衆のまへよりならざる儀あらば、おのおの了簡《りょうけん》をくわへられ、かんぼうにちからを添らるべし」とある。看坊は組（コンフラリア）の顧問ないし相談役の立場にあったが、ロドリゲスの「覚書」には看坊についての記載がまったく見られない。

四　修道会間の対立と信心会

イエズス会と托鉢諸修道会との競合　マニラ経由で来日した托鉢諸修道会が、イエズス会が切り開いた宣教地で信心会の設立に着手したのは、禁教令施行によって大多数の宣教師が追放された後のことである。イエズス会の宣教師の巡回が極度に減ったためである。また一六〇六年以降禁教を実施していた大村領ではドミニコ会は広領域にわたって浸透していった。イエズス会のコウロスが一六二〇年三月の総会長宛書翰で、他修道会の信心会活動が活発化していたことについて報じていたことは既述した。バルタザール・トルレス神父が、「イエズス会の地盤であるキリスト教界にロザリオとコルダァンとコレア（高麗人）のコンフラリアが入り込んで来ている」（総会長宛、一六二三年二月二十六日付書翰）と報じる一節からは、イエズス会が種を蒔いた土地での同会と他修道会との競合がさらに厳しくなっていたことが知られる。

ドミニコ会とイエズス会の対立

ドミニコ会は、同会のパードレたちが設立したロザリオのコンフラリアがいくつもの贖宥を有して真実のコンフラリアであって、イエズス会のコンフラリアはこれまでいかなる贖宥も持たず偽りのコンフラリアであると批判していたために、イエズス会設立の信心会に入っていた会員たちの熱意を失わせるほどの混乱と動揺を引き起こした（「ロドリゲス作成の覚書」）。その状況は、特に、旧有馬領内において顕著であった。

二十六殉教者の列福調査の使命を帯びて来日したコリャード神父は、托鉢修道会の宣教活動に対するイエズス会の妨害を糾弾するための材料を集中的に蒐集し、一六二二年日本を出国してローマに向かった。彼が蒐集した文書の一つが、イエズス会のジョヴァンニ・バッティスタ・ゾラが有家《ありえ》に設立した「せすすの御組」の「れいからす reglas（規則）」である。「一．世主々《せすす》の組れいからすの事」には次のような箇条がある。

一　何《いず》れのはてれpadre御来儀有といふとも、組親のゆるしなくして参会する事あるべからず、
一　当時逼塞《ひつそく》之間は、伴《は》てれそう《ソ》ら《ラ》ゆるしなくして、何れのはてれの御前にてなりとも、御さつけを受へからさる事、

イエズス会以外のパードレがやって来ても、「せすすの組」の組親の許可がなければそのパードレの講話に参加してはいけないこと、また現在進行中の迫害の間はパードレ・ゾラの許可なしには、いずれの修道会のパードレの前でもご聖体の授けを受けてはならない、と規定した。

コリャード神父は、旧有馬領内の三会《みえ》・島原・千々石《ちぢわ》でロザリオ会員たちとイエズス会のゾラ神父との間に交わされた往復書翰と、これに関する証言文書をも蒐集した（松田毅一『近世初期日本関係南蛮史料の研究』）。三会のヴィセンテ平左衛門等一四名のゾラ宛元和六年十二月十五日（一六二一年十一月三十日）付書翰は、ロザリオの組に恨みを抱いているとされるゾラ神父への弁明と嘆願の書であり、「イエズス会の伴天連《バテレン》様へのご恩は子孫末孫までも忘れがたいものがあるが、どのご門派（托鉢修道会）の伴天連もでうす（神）の名代《みようだい》としてお越しなされて告解を聴いておられる。特にドミニコ会の伴天連は迫害の難儀の時期に当地の転んだキリシタンたちを立ち上がらせたこと、後世の便となるロザリオの組を弘められたことによって今後ともドミニコ会の伴天連を申し受け、ロザリオの組を捨てることはない」と表明して、ゾラ神父に返事を書付で頂きたいと願い出ている。

これに対する休庵ゾラ神父の書翰は、同年閏十二月九日（一六二一年一月三十一日）付で書かれたが、

三会のロザリオ会員たちの要望に誠実に応えるものではなかった。司教の名代に伺いを立てた上で、彼がロザリオ会員たちの書翰に立腹していると伝え、さらに結婚の秘跡を授からない夫婦はこれまでにはなく、その授け手は当地係りの住持パードレのゾラであって、彼の許しなく他の伴天連から結婚の秘跡を受ければ、夫婦として認められず、もるたる科（大罪）になること、また、教会の禁令によって意のままに他のパードレからすべての秘跡を授かることはできない、と司教の名代の意向を伝えている。

有馬ヒミ（日見）の村長ミゲル・ゴンザエモンの妻カテリーナが一六二一年一月八日にコリャード神父に証言したことによれば、イエズス会の木村セバスティアン神父は、ロザリオの組の長である彼女に、組から脱会し、他の会員たちをも脱会させるよう説得し、イエズス会以外の修道会の宣教師に宿を提供しないよう要求した（松田前掲書）。イエズス会の宣教師がドミニコ会の宣教師に特に敵意のごとき強い感情を抱き、それを日毎に募らせていたことが推知される。コリャードは『日本教会史補遺』で、イエズス会の対応を暗に批判して以下のように述べている。

ある噂《うわさ》が伝わってきた。それは少なくとも良き天使の噂ではなかった。アポロと聖パブロの弟子たちの間に生じたような悪質な対話や不和、そしてより悪辣《あくらつ》で、その原因となった対立や不和が長崎、有馬の諸地方、大村及びその周辺に弘まって、それらの不和を助長して組や活動している良く受け入れられていた者についても悪口を言うまでになった。……この機会に熱心なキリスト教徒数名は真理を擁護し自分の思いを説明するために数通の書付を作成した。……これらの書付が結論として述べていることは、聖ドミニコ会のパードレ達が彼等を迫害で棄教したのちに立ち上がらせ、新たに信仰にある者の如く彼等を再び教化したこと、そして信仰を維持するのに大いに彼等の助けとなっているという点である（六五章）。

イエズス会と他の修道会、特にドミニコ会との信心会をめぐる争いが迫害の強まるなかで熾烈《しれつか》化したことは、キリシタンたちの信仰に悪影響を与えたばかりでなく、彼らの信仰を揺るがしかねないものであった。しかし、一六三〇年代前半に宣教師や同宿の大多数が捕縛・処刑され、看坊も激減したために、信心会はおのずから自立化せざるをえなくなった。信心会に倣って信仰維持のための新たな潜伏組織が模索された。

第九　キリシタンの葬礼と墓碑

仏教各宗派の寺院に僧侶が定住し、庶民の葬祭を担当するのは、早めにみても一五五〇年代以降のことと思われる（圭室《たまむろ》文雄『葬式と檀家』）。また、「一四六七年の応仁の乱から、江戸幕府によって寺院法度《はっと》が制定される一六六五年までの約二〇〇年間に、仏教寺院は全国津々浦々に建てられ、その数は一気に急増した。仏教が庶民層の葬祭儀礼を独占的に扱うようになった。」（池上良正『死者の救済史』）とされる。その時期は八〇年ほどずれるが、たまたま、キリスト教の宣教師が来日し宣教活動を展開していった時期から禁教政策として採られた寺請《てらうけ》制度が確立し、さらに檀家《だんか》制度が成立する時期にほぼ当たる。

本章では、宣教師たちが日本の葬礼とその儀式、あるいは供養をどのように見ていたのか、キリスト教による新しい葬礼と、それに対する日本人の反応について、またイエズス会はキリスト教による葬礼と儀式を日本に定着させるためにいかに対応したのかについて見ることになる。さらに、キリシタンの墓として造られた墓碑についても言及する。

一　宣教師の見た日本の葬祭儀礼

日本の葬祭儀礼に関する最初の報告

イエズス会宣教師は来日以前に、ポルトガル人船長ジョルジェ・アルヴァレスがザビエルの依頼によって執筆した「日本諸事報告」や、ゴアで鹿児島出身のアンジローからの聞き取りによってニコラオ・ランチロット神父が作成した「日本報告」によって、日本の葬祭儀礼に関してある程度の知識を得ていた。アルヴァレスは「彼等は次の方法によって死者のために葬儀を行ない、病人のために祈願します。それらの宗派の僧侶全員が葬儀の行なわれる偶像の家（寺）に集まります。そこでは全員が秩序を守って着座します。最長老の者たちが偶像（仏像）のある祭壇（仏壇）の近くに、その他の者たちが彼等の背後に坐ります。そして、彼等の傍に大きな鉢（大《だい》磬《けい》）があります。そこで、そのパードレ（僧侶）達の中の最長老の一人が祈ります。その祈禱が終わると、彼等は鉢を叩いて全員が唱和します。彼等は夜明けから正午まで、この葬式に詰めています。」と記し、また「彼等はそうした祈願を自分達にさせた者たち（施主）が提供する物を飲み食いします。その依頼者は葬式が終わるまでその息子達と一緒にその場にいます。」（『イエズス会日本書翰集』）と描写する。ランチロットは、僧侶の葬儀における有りようについて「彼等（病人）が死ぬと、前述の司祭（僧侶）達は歌い（経文を唱え）ながら行列して来ます。彼等は修道院（寺院）の回廊に死者を運んでいき、その罪を赦してくれるよう終始神に祈って懇願します。そして、彼等はいかなる差別もせずに貧者も富者もすべての者を埋葬し、そのために彼等はいかなる報酬も受け取りません。もしも死者の親戚が何某《なにがし》かの喜捨を彼等に与える場合には、彼等がそれを受け取っているのは事実です。その一方で、そのために報酬を受け取るならば邪悪の人と思われるでしょう。」（前記書翰集）と報じる。

来日後の宣教師の葬祭についての報告　一五五二年に来日したイルマンのシルヴァは、仏式における死者の扱いについて、一五五五年九月十日付の書翰で、次のように伝える。

人びと（異教徒達）が自分の父に対しても、死ぬとすぐに彼等が［いつも］使用している［表］門を通って［彼を通す］のではなく、人びとが彼を見ないように、［また彼等に祈りをきかれないように］裏門を通って埋葬のため彼を運び出す［だけでなく、彼等は他にも残酷な事を行なうからです。そして、死者達に対しては坊主達までが誰かが死にかけている時には、家の中で死なないようその人を家の外においています。］

ランチロットの報告とは異なって、葬儀に多額の出費がなされ、資産のない者は借金を強いられた。イルマン・フェルナンデスは、キリシタンの葬儀が異教徒に感化を与えている理由について、「彼らが死者たちのために祈り儀式を行なうことに非常に心が傾いているからです。このため、たいして財産のない者たちは死者の葬儀を豪華に執り行なうために借金をして、坊主たちを呼んで、他にも出費をします。これは、彼らが霊魂の不滅について知っているだけでなく、古来からの習慣と俗世間の評判のためです。」（一五六一年十月八日付書翰）と述べて、葬儀の豪華さとその理由を明らかにしている。このため、当初質素であったキリスト教による葬儀の印象から、「最初は多くの者は私たちが死者たちのための葬儀をしないと思ってキリスト教徒になることを拒んでいた」という。フロイスもまた、一五六四年九月二十四日付平戸発信の書翰で、葬儀の進行の様子と共に、葬儀にかかる多額な出費についても若干言及している。

たいへん大きな寺院、祭壇、釣り鐘、小さな鐘があり、合唱隊のように、彼らのパードレである黒と薄墨色の衣を着た坊主たちと尼僧たちが二手に分かれて祈りを唱えます。全員が数珠《じゅず》 contas を持っています。その祈り方は偶像の名を唱えながら両手を擦り合わせるだけです。彼らは金銭を得るために民衆に偽りの［聖］遺物、そしてまるで聖フランシスコに通じるかのように遺体を埋葬するための衣服（死装束ヵ）や、勅書や贖宥《しょくゆう》のような完全な赦免状をいつも与えています。ある者たちは非常に高い山で悪魔に対して告白をします。……彼らは葬儀に最大の関心を払い、これに多額の金銭を費やします。

一五六五年一月に上洛したフロイスは、その二〇日後に書いた書翰で、同地の盛大な葬儀について詳述する。彼が実際に見たのか、同僚のヴィレラ神父に聞いたかは明確でない。

日本人たちは死後には何もないと大部分の者が確信して、子孫に対して名声を永く伝えることを強く願望しているので、彼らが過度に評価し、そのために彼らの幸せの大きな部分を占める事柄の一つは、彼らが死んだ時の葬儀の壮麗さと豪華さにあります。このことは、次のような都の当市における埋葬の際に見られた次第から容易に理解できるでしょう。死者を墓に運んで行く一時間前に、男性の友人や知人多数が最良の着物を着て死者を待つために墓に行きます。やがて死者の女性の親戚や友人が行きます。身分あり裕福な者たちは杉材からなる甚だ洗練された輿《こし》palanquins あるいは籠《かご》 andas に乗って、頭にマントを被り部屋着ないし丈のある袴のような白い絹の着物を着ています。……これらの婦人は各人の身分に応じて他に多くの女性を伴って行き、皆琥《こ》珀《はく》織のような白い絹の着物を着ています。これらの者が通ってから多数の男たちが自分たちの持っている最良の着物を着て歩いて行きます。このようにして行く男たちは老人や貴人たち fidalgos です。

彼らが通過した後に、絹と錦の着物（袈裟）を着た坊主一人が小窓の付いた大きく立派な輿に乗って行き、絹の着物を着てストラのような内張りのある頭巾を被った二、三〇人の坊主が彼に従った。輿に乗った坊主は「墓穴で引導《いんどう》 Indoo と呼ばれる祈りをする者」であって、引導は「天国への道を示すこと」であると説明する。彼は続けて、「直ちに薄墨色の衣服を着た一人の男が背中に松を割った檜の長さほどの火のついた松明《たいまつ》を持って現れます。それは、そうした死者の霊魂が墓穴まで行く道を照らすためです．死者には［その道が］分からないので道で途方に暮れる事のないようにです。」と述べる。さらに、まもなく坊主一〇〇人ないし二〇〇人が仏像を持って進んだ。彼ら坊主は、死者が拝んでいた聖人の名を唱え、一つの鉢を持って歩み、一人の者がこれを鐘のように叩いて墓まで行く、という。その後に、墓の様相、葬儀、死者の荼毘《だび》、僧侶への謝礼、翌日の集骨、僧侶の読経《どきょう》、さらに葬儀代等について叙述する。

これらの儀式では、多額の金が費消されます。武士fidalguoや裕福な者は少なくとも二、三千クルザードをこれに費やし、貧者は二百、三百クルザードを費やすことです。何物も所有していないほど貧しい哀れな者は闇夜に紛れて虚飾を与えずに死者を御身捨《ごみす》て場に運んで埋葬します。しかし、この国民は甚だ気位が高いので、大部分の者がそのような葬式を行ないます（一五六五年二月二十日付、都発信）。

豊後府内や平戸の下《しも》地方と京都で葬儀の在り方、規模等に大きな差異があったことは当然であったが、葬祭費用が貧者に大きな負担であったことは都鄙《とひ》ともに変わらなかった。

二　キリスト教による葬礼と儀式

豊後・府内における葬礼と埋葬　大友義鎮から付与された教会敷地内の一部に墓地が設定され、そこに墓石一基が置かれた。イルマン・アルカソヴァはその状況を府内からゴアに戻った時点で、「たいへん広大な私達の敷地内の一部にキリスト教徒達が埋葬されるようにパードレと定めました。このために、彼等はたいへん美しい墓石一基を準備し、最も身分の高い者たちがたいへん熱心に死者のために［葬儀に］参加しています。」（一五五四年発信書翰）と報じる。府内における初期キリシタンの葬儀に関するガーゴ神父の詳細な報告がある。

埋葬の方法は以下の通りです。誰かが亡くなる時には、先ずその人を訪ねて、臨終に際して如何《いか》に準備されるべきかを諭し、亡くなるとすぐに大勢のキリスト教徒が参集し［直ちに］彼のための棺、すなわちそのための木の箱を整えて、その中に遺体を納めて埋葬します。貧しくこれを作れない者たちには、他の者たちの寄進によって作られます。棺は絹布で覆い、四人の者がこれを運びます。そして、一体の十字架上のキリスト像を携え、短白衣を纏《まと》ったイルマンと、聖水を持った若者（侍者）一人、一冊の書物を携えた［私は］連禱を唱え、キリスト教徒達は［私達のために祈り給えと］応誦し、両側には明りを点《とも》した数多くの高い灯籠《とうろう》が並びます。異教徒達はこれらの事柄から大いに得心し、キリスト教徒達の教え以外に教えはない、と言っています。私達は死者と共に修院を出る前に、私は立ち止まって少し祈り、主の祈りを三回唱えました。彼等は遺体を墓穴に納める前にも同じことをします。翌日キリスト教徒達は教会に参集した後、蠟燭《ろうそく》に火を点し、私は死者の霊魂のために前述した方法で追悼の祈りと主の祈りを唱えます（一五五五年九月二十三日付書翰）。

死者は教会の敷地内ではなく、府内郊外の墓地に埋葬された。貧者のためにキリシタンたちの寄進によって木棺が作られ、彼らが手厚く葬られたことは異教徒たちには驚きであり、また彼らをキリスト教に近づける効果があった。フェルナンデスもまた、一五六一年十月八日付の書翰で、「キリスト教徒たちの死者の葬儀は、異教徒にもキリスト教徒にも深い感動を引き起こした。」と指摘する。彼はまたガーゴ神父とは若干違った角度から葬儀について述べている。

貧者には慈悲院 Casa da Misericordia が援助を与えますので、貧者も富者も、たいへん立派な葬儀が行なわれます。最初に私たちのやり方に従って死装束を着せて、これを棺に納め、その上に白い覆い物 lensol が、次いで黒い絹布が置かれ、周囲に白い十字架と蠟燭を置きます。死者があることを教会で聞いた時には鐘を鳴らし、手のすいているキリスト教徒は皆、教会に集まります。彼らはこの慈悲の所作に大いに賛意を示していて、死者の家が当地からたとえ一レグア（約五・五キロメートル）または一レグア半あろうとも、男女共に篤い信心をもって葬儀に行きます。そこに着くと、ポルトガル人または日本人四、五人がつねに短白衣を着け、遺体を家から送り出す前に、臨席のキリスト教徒と異教徒に向かって肉体および霊魂の死について何度か説教を行ないます。かようになすべき慣例となっている諸儀式を終えた後、最前に掲げた十字架をもって出発し、次に遺体が続きます。私たちは［例の］中央にあってラダイーニャ（連禱）を唱え、キリスト教徒全員がこれに応誦しながら、市外にある古くからの決まった場所にある墓穴にまで赴いて、そこに埋葬します。ここ豊後［府内］には平戸および山口のキリスト教徒が所有しているような墓地

semiterio を私たちは持っていないからです。

ガーゴとフェルナンデスの両書翰の報告から、キリスト教式の葬礼と儀式がどのような方法と経過で執り行なわれたか、そのおおよそを知ることができる。各地のキリシタン教界でも同様の葬礼・葬儀が執行され、同じような形式と次第が遵守された、と見ることができる。

山口での葬儀に関する最初の報告は、一五五四年九月に死去したファイズメ（橋爪）の義兄弟アンブロジオの葬儀についてであるが、男女二〇〇人以上のキリシタンがこれに参列した。葬儀は修院で執り行なわれ、棺はそこから市内を通って、墓地に運ばれて埋葬された（シルヴァ、一五五五年九月十日付、豊後発信）。平戸キリシタンの埋葬記事は、アルメイダの一五六三年十一月十七日付の横瀬浦発信書翰に見られる。アルメイダらが十字架を掲げ、キリシタンおよそ一五〇人が死者に同行して十字架の立つ墓地 campo da Cruz に行き、彼を埋葬した。

仏教徒のキリスト教式葬儀に対する関心　日本の葬儀の盛大さに影響されて、イエズス会はキリシタンの葬儀をできる限り荘重に行なうように努めた。また祖先に対する篤い信仰を考慮して死者のための月を設定した。フロイスは、「日本人たちは葬儀にたいへん気を遣うので、彼らが来世のことをさらに一層大事にするために、パードレは毎年十一月のまる一月《ひとつき》を死者たちのために、ミサをいつも挙げることにしていた。そして、赦禱《しゃとう》（応誦）を唱えることができるように教会の中央に棺台が置かれ、その側に四本の大きな蠟燭を立てた。このことは彼らにたいそう満足を与えた。……府内の異教徒たちには、私たちの死者を埋葬する方法がたいへん立派に思われた。教会で行なわれた最初の葬式には、私たちの葬儀と埋葬の仕方を見るためにおよそ三〇〇〇人の異教徒が私たちと一緒に参列したであろう。」（『日本史』一四章）という。この一節はシルヴァの前掲書翰に拠って書かれたが、シルヴァはさらに、キリシタンたちが最貧の者にも富裕な者にも等しく敬意を払って慈愛と兄弟愛をみせ、尊敬の念を込めて貧者を埋葬していることに異教徒たちが強い感化を受けている、と報じる。日本人が奇異に感じたのは、キリシタンたちが貧者を手厚く葬った行為にあったようである。ヴィレラ神父は多数のキリシタンが連禱を唱えながら十字架を掲げて死者に付き添うことに関して、「このことは、大いに教化となっています。というのは、彼らが貧者であれば、いかなる飾りもなく犬のように死者たちをいつも埋葬するからであり、また私たちがそのような埋葬の仕方をしているのを見て、彼らが感化されて、死者たちのために説教をもしているからです。私たちが埋葬に行く時には、多数の異教徒が私たちの行なうことを見るために付き従って来ます。」（一五五七年十月二十九日付書翰）と述べ、仏教徒たちもまた貧者の死者のために説教をするようになったとその変化について指摘する。

三　イエズス会の葬送儀礼に対する対応

フロイスの葬送儀礼についての覚書

フロイスは『日欧文化比較』の第四章「坊主 Bonzos ならび

にその風習に関すること」と、第五章「寺院、聖像および宗教の信仰に関すること」において、「葬儀・葬礼」について若干日本とヨーロッパとの比較を試みている。

第四章三五「フランシスコ会の修道士はある死者たちに無料で同会の修道服を与える。坊主らは男や女に生前に、法華経を書いた紙の帷子《かたびら》を手に入れさせるが、これは死んだ時に身に着けるためであって、坊主らはそれによって報酬を手に入れるのである。」

同三六「われわれの司祭は死者の葬式を教会で執りおこなう。坊主らは死者の家で大いに回を重ねておこなう。そこで食べたり飲んだりするためである。」

同四一「ヨーロッパでは主人が死ぬと従僕らは泣きながら墓まで送って行く。日本ではある者は腹を裂き、多数の者が指先を切りとって屍《しかばね》を焼く火の中に投げ込む。」

第五章二〇「われわれの棺は細長い。彼らのは円状で樽《たる》半分程のものである。」

同二一「われわれの死者は顔を上に向けて横たえられる。彼らの死者は坐らされ、顔を膝《ひざ》の間にはさんで縛られる。」

同二二「われわれは死者を埋葬する。日本人は大抵これを焼く。」

同二四「われわれの間では死者の葬儀の後、親族の人々は蟄居《ちっきょ》する。日本人は葬儀の後で、坊主や会葬者に対して酒宴を催す。」

第四章三五と三六、第五章二四については、すでに二四一・二四三頁にその事例を紹介した。

第五章二二については、フロイスは前記一五六五年二月二十日付の書翰で詳述している。

イエズス会の葬送儀礼に対する方針　キリシタンの葬送儀礼に関して、イエズス会は日本人の慣習に十分に配慮した上でキリスト教式の葬礼にキリシタンたちを導こうとしたようである。巡察師ヴァリニャーノは、一五八〇年に開催した協議会、一五九〇年八月に加津佐《かづさ》で開催した第二回協議会、および一五九二年に長崎で開催の第三回協議会と管区会議で検討された諸決議の中から抜粋して「服務規程 Obedientias」を規定した。これはのち一六一二年に巡察師パシオによって追認され、その抜書きが日本在留のパードレに残された。ヴァリニャーノの「服務規程」では、二三章「埋葬と死者の葬儀」一〇ヶ条からなるが、パシオのそれでは一七章で扱われ、字句の入れ替えが若干みられ、また省略されて文章が簡潔になっている。

一、日本人は死者の埋葬をきわめて大切にするので、万人を深く感動させ、その人の地位に応じて［できうる限り］相応しい盛儀で行なうよう努めること。

二、パードレであれ他の聖役者であれ、死者の遺体を引き取りに行く時には、白上衣を着ずに死者の家まで赴き、そこでそれを着ること。しかしながら、埋葬が何人かのパードレ、イルマン、および伝道士（原文では同宿）によって盛大に行なわれる時には、祭服を着て修院から死者の家まで整然と赴き、十字架を揚げるのが妥当である。但し、これ以外の埋葬には、死者の家で掲げるために十字架をあらかじめ絹の袋に納め、鞄《カバンゴ》（原文 cavango 皮籠）に入れたまま送り、鞄の中に旗その他上述の埋葬を盛大にするために使用する道具を入れておくこと。

三、埋葬が盛大に行なわれ、しかも大身《たいしん》、有力な領主（原文では殿 tonos）の場合には、諸上長はパードレの全員あるいはその中の誰れかが灌水用祭服 capa を着用するよう命じ得る。旗の数も一二本を超えないという条件でこれに応じること。但し、死者の親族が旗を決める場合は、彼らの希望通りの数にすること。提灯《ちょうちん》 chochins と蠟燭についても同様に心得ること。

五、死者を送る時の行列はこのようにすること。すなわち高燭台を従えた十字架が先頭に進み、高燭台の前には一人が鐘を鳴らして進む。死者に随行する慈悲［の組］ misericordia のある場所で埋葬する時には、信心会 cofradia がその旗を持って先へ進み、順次、会員が続く。次に、我々の十字架と高燭台、その後に旗、それから蠟燭あるいは提灯が続くが、その一部は遺体の両側につき添うために残す。提灯の後には、聖職者が順序を守って進む。……主宰者の後に棺が、その後にはその他の人々が日本の慣習に従って進む。……

六、墓地に着くと、十字架の捧持者は墓地の前で、あるいは礼拝堂があれば、その前で停止する。中央に棺が、旗、蠟燭と共に並び、旗と蠟燭が棺の片側に、他の半分が他の側に並ぶ。次に聖職者が同様に分かれ、祭式を主宰するパードレが、もし他のパードレがおればパードレ二名と共に棺の後に位置す。パードレは定式書に従って禱りを唱え、死者を墓穴に納め、祭式を主宰するパードレが死者の上に最初に少量の土を掛けること。

七、死者の相続人が、各自の身分に応じて旗の数その他の埋葬料を定めるよう努めること。貧者の場合は、棺衣と旗を修院から運ぶこと。墓地に旗を携えてゆくのは日本の慣習でないことに注意すること。しかし、我々は埋葬を盛大にするために旗を採用するであろう。他方、それはキリシタンの慣習ではないので、土地の住民から喜ばれぬ所では、パードレたちは旗の使用を容易に止めてよい。
八、埋葬者が字が読めない場合には、主禱文を三度、天使祝詞を三度、全会衆と共に誦えること。我々のイルマンと伝道士は埋葬の簡略な方式を守ること。
九、幼児の埋葬には定式書の方式を守ること。
十、死者の命日は、でき得れば歌ミサできわめて盛大に行なうこと。特に主要な修院ではそうである。小住院では通常ミサで行ない、ある種の棺台を作ること。……ミサ終了後、墓地へ行列を行ない、パードレはミゼレレあるいはデ・プロフンディスを誦えること。パードレは墓地に着くと、定式書記載の祈りを誦え、死者の墓に水を注いで香を撒《ま》き、最後に死者の霊魂のために主禱文を三度、天使祝詞を三度、大声で全会衆に誦えさせること（ロペス・ガイ『キリシタン時代の典礼』）。
右の「埋葬と死者の葬儀」の規定は、一五五〇年初頭から実際に執行されてきたキリスト教式葬祭の経験を踏まえ、日本の慣習にも配慮した上でまとめられたものであり、葬祭における日本人の感性を気遣いながらも、キリスト教式葬祭の基本は貫かれている。

四　キリシタンの墓・墓地

墓・墓地に関する記載　豊後府内の教会にはその設立と同時に、その敷地の一部に墓地が設定され墓石が置かれた。これについての記載は少なく、復活祭を迎える聖週間に度々行なわれた行列などの行事に付随して言及されるにすぎず、どのような形の墓が作られたかについては明確でない。フェルナンデスが一五六一年十月八日の書翰で述べていることからすると、ゴアのサン・パウロ教会にある墓を想像させた。

［聖］木曜日の朝に、およそ七、八〇人のキリスト教徒が至聖なる聖体を授かりました。それから、私たちは彼らと共に至聖なる聖体を一つの墓 monimento（エヴォラ版日本書翰集では、sepul-chro）に納めました。これは、愛すべき修道士ルイス［・デ・アルメイダ］が設《しつら》えたもので、豊後の教会の墓というよりも［ゴアの］サン・パウロ教会の墓のように思われました。……正午が過ぎて、キリスト教徒たちが聖なる聖体 Santo Sacrament（エヴォラ版では sepulchro）の前で武装し、病院の敷地の門を閉じ周囲を警固してからジシピリナ（鞭打ちの業）を始め、正午から夜中まで続きました。……ジシピリナを行なった者は多く、甚だ熱心にこれを行ないましたので、墓 monimento から十字架まで、また十字架から病院までことごとく血で濡れていました。

右の書翰の原文に見られる「墓 monimento」は、印刷本エヴォラ版では「墓 sepulchro」に置き替えられている。教会内に設えられた「墓」は聖体を納めるための「龕《がん》」であり、ジシピリナを行なった者たちが、病院―十字架―墓を巡って歩いた「墓」は墓石の据えられていた場所であった。イルマン・サンシェスも一五六二年十月十一日の書翰で、同内容のことを報じている。「キリスト教徒全員が聖週間の各務《つと》めに出席し、すべての者に篤い信仰が見られました。この週の月、火、水曜日にはいつも受難の説教がありました。礼拝堂 capella には一つの墓 sepulcro が設えられ、そこに多数の蠟燭が点されました。礼拝堂と教会 igreja 全体は暗くなっていて、支柱の辺りに［キリスト］受難の絵数枚を掲げ、日本語にされて日本の文字をもって書かれた聖書の文言《もんごん》をいくつか添えていました。水曜日には暗黒の祭儀がなされました。木曜日には、すでに述べたようにイルマンたちやキリスト教徒たちが聖体拝領をしたのち、主［なるキリスト］は［墓に］納められました。そして他にも勤行をしたのちに、……日本人たちのたいへん立派な武具をもって武装した男四人がやって来て、イルマンたちと一緒に墓を警固しました。」

豊後朽網《くたみ》氏の老臣ルカスが自費で造った墓地について、ガーゴ神父はゴアに戻った後に次のように報じている。「豊後から九レグアの一伯爵領である朽網に、ルカスと称する別のキリスト教徒が自費で非常に立派な大きな教会をもう一つ造りました。そして、死者を葬るための場所を柵《さく》で囲い、その真ん中に石の大きな十字架一基を据えました。また、自分の死に際しては十字架の下に彼を埋葬するよう命じています。」（一五六二年十二月十日付書翰）。ルカスが造った墓は周囲が柵で囲まれ、中央に墓石代わりに十字架が据えられていた。

フロイスはトルレス宛の書翰で、島原の有力キリシタン、ルイスが自宅の庭に父の墓を造り、その頭の部分に十字架を立てていると伝えている。それは埋葬地が未定であったために仮に造られたものであった（一五六四年十一月十五日付、島原発信書翰）。

一五六八年九月に五島に渡ったアレシャンドレ・ヴァラレッジョ神父は、同地にキリシタンのための墓地がないこと知って、直ちにその造築に着手し、同年の十一月一日、諸聖人の祝日には完成を見て、その祝別式を行なった。キリシタンたちは彼の指導で石を運んで来て墓地に壁を廻《めぐ》らし、大きな美しい十字架を作って、これを墓地まで運んで立てた。祝別式後に、何年も前に遭難して海岸に埋められていた外国人数名の骨が棺に納められ、追悼ミサののちにキリシタン五〇〇人が行列して墓地に赴き、これを埋葬した（ヴァラレッジョ、一五七〇年の書翰）。

京都では、一五七〇年十一月二十四日に裕福なアンタンとマグダレーナの老夫婦の一人娘パウラが死去した。「善良な老人は娘の死により多大なる喜捨を行なって孤児たちを保護し、貧者や寡婦に衣服を与えました。彼は石にイエズスの名を刻ませ、十字架に彼の娘パウラの名と、私たちの主であるキリストの紀元一五七〇年を金文字で彫らせました。それは、日本人が元来葬儀を重視し荘厳な葬礼を行なうからです。彼はそれを娘の墓に立てました。」（フロイス、一五七一年五月二十五日付、都発信書翰）。

上記の一節からは、どのような形状かは明確でないが、十字架と西暦年号と洗礼名パウラの名が彫られた金石文の立碑であったことが知られる。

五　現存するキリシタン墓碑と遺構

現存するキリシタン墓碑　長崎県下でキリシタン墓碑が初めて発見されたのは明治三十五年（一九〇二）、花十字入箱型の二基が南高来郡《みなみたかきぐん》有家町《ありえちょう》（現在、南島原市）においてである（片岡弥吉「長崎県下キリシタン墓碑総覧」）。現在キリシタン墓碑と確認されるものは、一六五基前後である。長崎県内の一一六基、熊本県内の三基、大分県内の一八基、京都市内の二〇基、大阪府下の八基である。他に自然石を用いた無紋・無名のキリシタン墓碑、あるいは禁教迫害による弾圧のために破壊されて二分された墓碑が大分・熊本両県下に多く見られる。

墓碑の型式　型式は立碑と伏碑に大別される。京都帝国大学考古学研究室編『吉利支丹遺物の研究』（一九二三年）では、中世板碑の流れをくむ板碑形と、ヨーロッパ式の蒲鉾《かまぼこ》形に区別される。板碑形の頭部形式が尖頭と円頭の違いがあり、後者は蒲鉾形の影響とされた。「長崎県下キリシタン墓碑総覧」（一九四二年）では、同県下のキリシタン墓碑を、蒲鉾型、箱型、庵型、丸庵型、平庵型、平型、薄型、自然石立碑、自然石伏碑、石祠型の一〇の型に分ける。八六基のうち平型が四一を占める。片岡弥吉は三〇数年後に、キリシタン墓碑の型式を三つに分類した（「キリシタン墓碑の源流と墓碑型式分類」）。寝棺《ねかん》型伏碑、寝棺蓋石型伏碑、立碑である。寝棺型伏碑には蒲鉾型、箱型、庵型等が含まれる。遺体が地下に埋葬され、棺に象った伏碑（冠り石）が地上墓碑となったものである。寝棺蓋石型伏碑に切妻《きりづま》蓋石型（庵型）、入母屋《いりもや》型、寄棟《よせむね》型、樽型、半円筒型が含まれる。いずれもヨーロッパ式墓碑の系譜を引く。立碑形、蒲鉾形、伏碑形の三分類も見られる（田中祐介「キリシタン墓碑研究の現状と課題」二〇〇八年）。

南欧出身の宣教師の指導によって築造されたキリシタン墓碑は伏碑であり、その型状は屋根型と半円柱型からなる。屋根型には切妻型と入母屋型と寄棟型がある。入母屋型についてはその存在が疑問視されてきたが、長崎県南島原市有家町小川に一基が確認される。また大分県臼杵《うすき》市野津町《のつまち》の鍋田地区にある四基は入母屋型に類似しているが明確でなく、寄棟型とも見られるものである。南欧でも入母屋型墓碑は少なく、管見ではポルトガル北部バルセロスの考古学博物館の一基のみである。半円柱型の墓碑は、地下墓室のウオルト天井やアーチ門を象徴したものとも、また樽に死者を入れて埋葬した樽棺に由来するとも言われるが、日本では蒲鉾型と通称される。

碑文をもつ墓碑　十字架やIHS（人類の救い主イエズス）、死亡の年紀や洗礼名などの碑文が刻まれた墓碑は、三七基確認される、という（田中祐介前記報告）。年紀の古い墓碑は、二〇〇二年（平成十四）二月に大阪府四條畷市《しじょうなわてし》の千光寺跡地から出土した田原礼幡（レイマン）の墓碑である。尖頭立碑の墓碑は、最大の長さ約四三・五㌢、最大の幅約二四㌢で、基底部中央に突起があることから、本来は台座のようなものに据えつけられていたようである。墓石の上部中央に、十字と「H」が彫られ、下部中央に「礼幡」、その右側に「天正九年辛己(巳)」、左側に「八月七日」と刻まれる。天正九年八月七日は一五八一年九月四日に当たる。年紀の最も新しい墓碑は、長崎県東彼杵《ひがしそのぎ》郡川棚町にある自然石立碑「富永二介妻」の墓碑で、クルスCrusの上に、横線の略字があり、その下に「M」(洗礼名メンシアカ)の略字と、「元和八年壬戌」「七月十五日」が分ち書きされて刻まれている。元和八年七月十五日は一六二二年八月二十一日に当たる。現存の墓碑は慶長期のものが圧倒的に多く三二基を数え、天正期のものは二基、元和期のものは三基にすぎない。

図13　田原レイマン墓碑（四條畷市教育委員会所蔵，大阪府指定有形文化財）

墓碑は、初め日本の板碑式の立碑が一般的で尖頭立碑であったようであり、確認はされていないが、永禄~天正年間に豊後の大友領内、肥前の有馬・大村領内、肥後天草等で立碑が建てられ、伏碑も天正年間中ごろに宣教師の指導で造られていたように思われる。大阪府の八尾《やお》で一九三三年(昭和八)に発見された墓碑は「天正十壬午　五月二十六日」と「MAИTIO」の洗礼名をもった光背型で、尖頭墓碑から円頭墓碑への過渡期のものと思われ、円柱型伏碑の影響を早くより受けたようである。

キリシタンの墓地遺構　国内でキリシタン墓地の遺構が初めて発掘されたのは、一九九八年（平成十）六月、高山右近《たかやまうこん》の居城があった大阪府高槻《たかつき》市においてである。木棺墓二七基が発掘され、そのうち人骨と歯の遺存したものが二二基、人骨が遺っていた木棺は一五基、干十字の墨書をもつ蓋板のある棺が一基である。成人墓一四基と幼児・小児墓八基が混在する。木棺墓は墓坑の長軸がつねに南北方向に整然と配列されていて、各墓は東西に等間隔に列状に配置されている。埋葬の姿勢は伸展葬で、二つの木棺から木製のロザリオの珠が多数出土した。これらは高山ダリオが京都から招いた轆轤《ろくろ》師に製作させたものであろう（『高槻城キリシタン墓地』）。墓域は溝によって区画されていた。溝は一五七四年ごろ教会が建造された時に掘られ、墓地は教会建設時に教会関連施設として、城郭と教会領域の間に溝で仕切られていたようである。

東京都千代田区東京駅八重洲《やえす》北口遺跡調査会によって、二〇〇〇年（平成十二）から翌年にかけて発掘調査が実施され、キリシタン墓碑遺構が確認された。木棺墓四基が認められ、六基は土坑内に直葬されたものである。木棺一基の側板（蓋裏）に墨筆の十字架が確認され、金属製メダイとガラス製（四九個）と木製ロザリオ木玉（二個）が出土した。墓域を区画するL字形の溝があり、埋葬は東西方向に長軸をとっている。仰臥《ぎょうが》伸展葬、木棺の使用、成人と小児用木棺の区別などは高槻城キリシタン墓地の場合と共通点はあるが、墓の配列、墓坑の長軸方向、頭の位置等では高槻のような規則性と計画性はない、とされる。墓域は室町時代後期には共同墓地があったところである（『東京駅八重洲北口遺跡』）。一五九九年に教会が建ったのち、江戸のキリシタンたちは共同墓地の一角に彼らのための埋葬地を確保した。教会がその近辺にあったことを予測させる。

二〇〇二年二月〜八月に大分県教育委員会が実施した「中世大友府内町跡一〇次調査Ⅱ区」調査で、「タイウス堂」すなわち教会敷地の一部である墓地から、一七基の木棺墓・土坑が発掘された。キリシタンの墓は一六基で、その内一一基は幼児墓である。育児院が一五五五年に設立されたことと関わりがあろう。埋葬時期は一五六〇〜八〇年代であり、府内教会の存続期にほぼ一致する。埋葬方法について、成人墓は等間隔で列状に配置され、成人墓と幼児・小児墓は混在している。埋葬の姿勢は座葬、屈葬、伸展葬である。キリシタンの遺物や墨書は一切確認されない（『豊後府内6　中世大友府内町跡第一〇次調査Ⅱ区　埋蔵文化財発掘調査報告書（五）』）。

第十　潜伏キリシタンの信仰生活

潜伏キリシタンの時代について、明確に定義することはむずかしい。一六一二年および一六一四年の禁教令施行以降まもなく、殉教者が出て殉教・禁教時代に入ったとされ、あるいは一六三〇年代初期に宣教師の大多数が逮捕・処刑されて宣教活動がほとんど不能状態に陥って、キリシタンは自力による信仰共同体の維持を余儀なくされた。彼らの本格的な潜伏時代が始まった。この時代、信仰を秘匿して生きたキリシタンを潜伏キリシタンと称する。

一　伝道士バスティアンの予言

バスティアンと日繰《ひぐ》り　長崎の浦上《うらがみ》や外海《そとめ》地方、外海から移住した五島《ごとう》や長崎付近の島々や山間の村において潜伏キリシタンが信仰を保ち続けたことについては、地下組織による指導のほか、日本人伝道士バスティアンの影響によることが大きいとされる（片岡弥吉『日本キリシタン殉教史』）。バスティアンは佐賀藩深堀《ふかほり》領平山郷布巻の生まれで、深堀の菩提寺の門番であったとされる。深堀にあったキリシタン教会で働いていた者であろうという。

彼は帰国するという宣教師ジワンから「日繰《ひぐ》り（キリシタン暦）」について教えを受けたが、十分に納得できず二一日間断食《だんじき》苦行しながら「もう一度、帰って来て教えて下さい」と祈ったところ、どこからかジワンが現れて「日繰り」の繰り方を教えたのち、海上を歩いて遠くに去ったという（片岡弥吉『かくれキリシタン』）。この「日繰り」を「バスティアンさまの日繰り」という。一六三四年の太陰暦で、これによって年間の祝日が繰り出された。外海や五島、長崎地方のキリシタンたちが長い迫害の中で信仰を伝承し得た力の一つが、この「日繰り」であったとされる。

バスティアンの予言　大村領内では、外目《ほかめ》、のちの外海《そとめ》にある三重《みえ》村と外海町にキリシタンが潜伏した。同地には旧佐賀藩の飛地が散在し、潜伏キリシタンがいた。この地方にキリシタンが潜伏し得たのは、地理的条件が幸いしたこと、それに関わって立地条件の厳しさによる貧しい生活が信仰を拠り所とさせ、かつ信仰を強めることになったと思われること、そして、バスティアンの影響が強かったことが指摘されている（『かくれキリシタン』）。処刑前に彼が遺したとされる予言が外海に伝承される。

①お前たちを七代まではわが子とみなすが、それからあとはアニマ（霊魂）の助かりが困難になる。

②コンヘソーロが、大きな黒船にのってやって来る。毎週でもコンヒサンができる。

③どこでも大声でキリシタンの歌をうたって歩ける時代が来る。

④道でゼンチョに出会うと、先方が道をゆずるようになる。

コンヘソーロ confessor は聴罪司祭、コンヒサンは confissão 告解《こっかい》、ゼンチョ gentio は異教徒のことである。バスティアンが「予言」以外に残したものは、既述の日繰り、十字架、椿の十字架であった。キリシタンたちは、上記四つの予言に期待をつなぎながら、いずれ大声でオラショを唱えることのできる日が来ることを願望して、七代二五〇年を待ち続けた。

二　外海地方の潜伏キリシタン

外海キリシタンの中心地　外海地方の潜伏キリシタンの中心は黒崎地方と見られ、黒崎村を挟んで南北に隣接する三重と神浦《こうのうら》、高島、野母《のも》半島に「お帳《ちょう》」中心の潜伏キリシタンが存在した。いわゆる黒崎系統である（田北耕也『昭和時代の潜伏キリシタン』）。「お帳」は、狭義には「日繰帳」または「日繰」を指し、「帳方」という名もこの帳簿を伝承するところから起こった。広義には、黒崎・五島地方のキリシタン秘書の総称で、①「天地始之事」、②「オラショ本」、③「日繰帳（主にバスティアン暦）」すなわち教会暦に大別される。長崎・浦上《うらがみ》の潜伏キリシタンも外海と同じであるが、平戸・生《いき》月《つき》の潜伏キリシタンには①と③がない代わりに、「納戸神《なんどがみ》」があり、御番役《おばんやく》（爺役《じいやく》）がこれを保管する。黒崎地方と浦上地方には「納戸神」はない。

三役の役務　潜伏キリシタンの共同体は、三役を中心にして信仰生活を維持した。役名は、お帳役

（帳方）―授け役（水方《みずかた》）―聞役（触役《ふれやく》）の三役からなる。帳役は、日繰帳を伝承し、年間の祝日を繰り出す役務を担う。悲しみの節（四旬節）の入り、中日《ちゅうにち》、上がり、ご誕生、畑仕事、裁縫など休むべき日や肉食の禁忌日（ゼゼン jejum の日）などについて毎週知らせ、教理と祈りを伝承し、葬儀や法要を司った。水方は、洗礼の授け役であり、普通には一組に一人の水方がおり、帳方を兼職するところもあった。聞役は、授け役（水方）の助手を務め、日曜日に帳方の家に集まってその週の「さし合い」すなわち障《さわ》りの日を聞いて各戸に触れ伝える役割を担った。洗礼は、一般には幼児の家で行ない、水方は授洗前の数日間は潔斎し、当日は衣服を改め、自宅で祈禱してのち家を出た。洗礼式には抱き親（代父母）が付き添った。洗礼に用いる水はどこから汲んでも良かった。「天地始之事」は、「悪人の後世のたすけのため、この水割れよかしと、思召《おぼしめす》ままに、四方余すぢにわかれ、其川裾の水授かりしもの、みなばらいそ（paraiso 天国）のけらく（快楽）を受け奉るという事、うたがいなし」と説く。

生月島の「納戸神」のような遺物は少ないが、金属製のキリスト像やマリア像、その他の画像が秘かに信仰され、下黒崎では何らかの品が秘蔵され、祝日に帳方の家に持ち寄って一緒に礼拝し、祈ったようである。「雪のサンタ・マリア」（日本二十六聖人記念館所蔵）は、生月の「納戸神」に相当する貴重な信心具であった。黒崎の枯松神社は、伝道士バスティアンの師ジワン（サン・ジョアン）を祀った神社であり、東樫山《ひがしかしやま》の赤岳は御岳または神山とも言われ、バスティアン伝説と結びついて潜伏キリシタンたちの巡礼地となっていた。

日繰り・バスティアン暦　バスティアン暦は一六三四年（寛永十一）の太陰暦による教会暦であり、「二月二十六日、さんたまりやの御つうげの日」（マリアお告げの祝日、マリアへの受胎告知）に始まり、翌年「正月三日、さんぜのびよ丸じ〈サンセノヒヨ丸ジ〉」（聖ジノビオ殉教者）に終わるのを例とする。「丸じ」は殉教者を指す。この暦は、宣教師が活動し得たキリシタン時代にできた最後の暦（カレンダリヨ）とされる（片岡『かくれキリシタン』）。外海と浦上のキリシタンは、一六三四年あるいはその前年に宣教師との連絡が絶たれ、その年の暦を後生大事《ごしょうだいじ》に保ち、それを毎年適用したに違いないともされる（姉崎正治『切支丹宗門の迫害と潜伏』）。

日繰りは、毎年春の彼岸の中日をもって「悲しみの節（四旬節）」の中日とし、それより前の二五日間は「おかなしみ」、のちの二一日間は「ゴバッショ passion（受難）」と称えられ、ゴバッショの終わった次の日曜日をもって「悲しみ上がり」とした。「悲しみ上がり」の日は復活祭の日に当たる。霜月に行なわれる「御誕生日」の決定は、悲しみの節より逆算して六六日目をもって行ない、この両日には、組の者は帳方の家に集まって徹宵《てつしょう》の祈りを捧げた。潜伏時代、「悲しみの節」に行なわれていた勤行《ごんぎょう》が、明治時代以降カトリック教会と接触を持たない「かくれキリシタン」にひきつがれている。四六日間肉食をしないこと、上がり、すなわち復活祭の前日とナタラ（降誕祭）の前日、悲しみの節の毎週水・金・土の三日間はゼジュン（ゼゼン、断食）の日として、日に一食を省くなどの断食であり、また「御後悔」といって、掟に背き、仕来《しきた》りを破った者は一年間の罪と過ちを悲しみの節に悔い、赦しを求めるなどである。また、オラショの習得は悲しみの節の時にのみ行なわれた。毎週の行事は、日曜日の朝に帳方の家に水方が集まり、「障りの日（五島では「さし合い」と称した）」について帳方から伝えられ、これを組内に触れ回った。集会では、オラショを無声で内語（黙誦）した。式の進行は上半身の起伏、両手の置き方などによって分かるようになっていた、という（田北前掲書）。

祈禱書　共通した祈禱書について、外海・永田の「ぢい役」の語るところによると、①コンチリサンのオラショは、洗礼式のとき使徒信経および天使祝詞と共に用いる。②使徒信経はラテン語クレドCredoからの転訛《てんか》したケレンドと称され、洗礼、婚礼、棟上げ、舟下ろしなど祝いの席で唱えられる。③主禱文（主の祈り）は、始めの一句をとって「天にまします」と呼び、「ケーレーレンソー」とも名付けられていた。これは主の祈りをラテン語で唱える時、始めにKyrie eleisonを付加するキリシタン時代の習わしであった時の名残《なごり》である。④天使祝詞は、「アベ丸や」「ガラサ」の二語であらわされ、「アベ丸や」は墓参りに、「ガラサ」は「恩寵満々給う」の転訛でお初穂《はつほ》下げ、および死者の天国における道行きのために唱える。「ガラサ道」は「御恩礼」とも記され、御礼を申し上げるために用いられる。なお、アベ・マリアの、ラテン語のままのものを外海や五島では「数のオラショ」、日本語訳の「ガラサ」は「ご恩礼のオラショ」として別の祈りのように区別されるともいう（片岡『かくれキリシタン』）。⑤十五玄義については、喜びの玄義は「朝のゴカチュウ」として毎朝および「御誕生」より「悲しみ節の入り」まで、悲しみの玄義は「昼ゴカチュウ」として毎昼および悲しみ節の入りより中の日まで二五日間、栄え（栄光）の玄義は「タゴカチュウ」、または「グルリヤ」として毎夕および悲しみの中の日から復活節後まで二一日間唱えることによって、死後死者から礼を言われる功力がある、という。⑥最後のオラショは、「死苦のオラショ」ともいう。「最後に及ぶ人のそばより、おらしょを申し上げ奉る」という言葉で始まる。⑦科《とが》のオラショは、告白（告解）の祈り、別名「座〆《ざしめ》」ともいい、すべて祈りの座についた時、始めに唱える。「座〆」はオラショを始めるためのしきたりで、ラテン語の「父と子と聖霊の御名によって　アーメン」を唱える。⑧「アネステー様」は、Agnus Dei（神の子羊）の転訛で、病気にはよく効くオラショである、という（田北前掲書）。

送り　臨終の人の枕元でオラショを唱え善終の勧めをし、よい死を遂げさせることを外海や五島のキリシタンは「送り」といい、それを司るのが「送り役」で帳方が兼任した。臨終の人があると、帳方と役職者は病人の側で「シク（死苦）のオラショ」を唱えた。

黒崎・松本のお帳役松尾翁（昭和四十一年に九一歳で死去）のオラショ本は、「死にかくる人の最期《さいご》のときの勧めをなすべし。信心に申し上げ奉る。道の御光りによりて必ず敵に従い申すな。助かる道は一つなり。分くれば三つ、くずせば七つ。ウスベンシャ（スステンシャ substanncia 実態・本質）の船に乗り、コウベサン（コンヒサン、告解）の網をとり、大広磯の棹《さお》をさし、サン・ペートロ様、パブロー様、サントサカラメントー様御使いをもって、天のバライソの港につき給う、……」と死の道行きにおける庇護を求めた一節を書き留めている。つぎに「後悔のオラショ」（コンチリサン）を唱え、息を引き取ってから回向《えこう》のオラショとしてケレンド（使徒信経）が称えられる。五島・観音平の帳方によると、「死体の側でコンチリサン六三べんを唱え、棺を送り出すまでに三回、ゼズウス・キリストさまに死亡のお届け、納棺と出立ち、この三回お初穂を上げる」という（片岡『かくれキリシタン』）。

納棺は仏僧立会いでなされ、僧が帰ると棺を開けて頭陀袋《ずだぶくろ》などの仏教的なものを取り除け、キリシタンの物に代えた。これに対し、大村藩は「死人取置く様子、所の目付《めつけ》見届候事、死人棺に入れ候節、切支丹宗旨之道具等入れ申儀もこれ有るべく候。又は宗門に志し候者は、衣類に切支丹宗旨に用い候十文字を糸にて縫付け、死人に着せ申す事もこれ有る由、承候に付き、見届けさせ申候事」（「領内宗門改様の事」）と規制した。読経の間は別室か別の家でお経消しのオラショが唱えられた。埋葬は、五島では「頭を西に置き、顔を東に向けて」葬った。墓に葬った死体の顔の向きと石塔の向きは、外海、五島、長崎系では一致し北や西を向かないという。

五島の潜伏キリシタン　五島の宣教は一五六六年に遡るが、五島藩の厳しい禁教政策のためにキリシタンは絶えた。十八世紀後期大村藩外海の潜伏キリシタンの移住によって五島のキリシタンは復活した。一七九七年（寛政九）に領主五島盛運《もりゆき》が正式に大村氏に領民の五島移住を申し入れたことから、黒崎・三重両村の農民一〇八名が翌年一月福江島《ふくえじま》に移住した。その後移住者は三〇〇〇人に達した。全員がキリシタンで、「バスティアンの日繰り」やオラショ、教理書「天地始之事」をもたらした。

浦上の潜伏キリシタン　浦上の潜伏キリシタンは、惣頭（帳方）—触頭（水方）—聞役の三役からなる組織を有し、三役は総称して爺役《じいやく》と言われた。潜伏組織の始まりは禁教から五〇年ほど経ったころに、山里の中野に住む孫左衛門（孫右衛門ともされる）が浦上教会の再興を図って七郎左衛門と相談し、彼が再興指導者の帳方となった、という。彼から七代二〇〇有余年、彼の子孫が帳方を務めた。帳方屋敷は中野郷林にあった（浦川和三郎『浦上切支丹史』）。

孫左衛門は一六二〇年まで存続したサンタ・クララ教会の雑用をしていたとされ、小者《こもの》であったようである。彼から七代目のミギル吉蔵は一八五六年（安政三）の浦上三番崩れで捕われて牢死した。帳方屋敷は現在の如己堂《にょこどう》になる。信徒発見後に、プチジャン神父は水方の一人本原郷字平《もとはらごうあざたいら》のドミンゴ又市から洗礼の授け方や他の祈りについて聞き取りをし、二五〇年間司祭不在にもかかわらず洗礼の言葉を殆ど正確にラテン語で唱えていることに驚嘆した。又市から教理書「天地始之事」の写本を渡された神父はその名を手記に書き留めている。それには「我等の拝むべきデウスは天地の御主、人間万物の御親にて存すなり」とあった（浦川前掲書）。

浦上のキリシタンは、信仰秘匿のために偽装行為を行なった。その一つがサンタ・クララ教会跡地での盆踊りであった。取締役人の目をごまかすために毎年夏に教会跡に集まって、祈る代わりに盆踊りをした、とされる。サンタ・クララの祝日（八月十二日）が盆の時期であったためという。「家野《よの》はよかよか昔からよかよ　サンタ・カララの土地じゃもの（あるいは、「サンタ・カララで日を暮らす」）」（『ながさきの民謡』）という民謡が今も遺っている。

三　生月島・平戸の潜伏キリシタン

生月《いきつき》島の潜伏組織　生月島では籠手田《こてだ》・一部《いちぶ》両氏の支配下にキリシタンの信仰は栄えたが、一五九七年（慶長二）松浦《まつら》鎮信《しげのぶ》が「生月島宗門方御定」を出し厳しい禁教令を施行した。一五九九年、籠手田・一部両氏は一族とキリシタン領民八〇〇人を引き連れて長崎に移住し、生月島は松浦氏の直轄領となった。籠手田氏旧臣で残留したキリシタンの指導者西玄可《にしげんか》ガスパールは妻子と共に一六〇九年に処刑された。しかし、生月島は捕鯨の基地として松浦藩の財政を支えていたために、徹底した取締りができなかったとされる（宮崎賢太郎『カクレキリシタン』）。同地のキリシタンの潜伏組織は、爺役（お爺役、洗礼の授け役）―ご番役（御親父役、納戸神の保管者）―み弟子（小組のコンパンヤの頭）からなってい

図14　お掛け絵「ロザリオの聖母子」（堺目・個人蔵，平戸市生月町博物館・島の館写真提供）

た。

『京都大学平戸学術調査報告』（一九五〇年）によると、ご番役の家を「つもと（宿元）」といい、ご番役の下にいくつかの「小組（コンパンヤ）」が従属し、これはそれぞれ数戸ないし数十戸の信徒から構成されていた。つもと、すなわち、宿は納戸神を祀るところであるばかりでなく、信徒たちが常に会合する場所でもある。壱部の堺目《さかいめ》には以前には三つの宿があり、ご番役（御番主）の席次は下《しも》、中《なか》、上《かみ》の順に定まっていたという（柴田実「生月の舊キリシタン」）。

生月島では、納戸神が信仰の中心であった。納戸神は六種に大別される。①ごぜん様は聖画または聖像で狭義の納戸神、②お札《ふだ》はロザリオの玄義を記した小さい木札、③お水は聖水（中江ノ島の水）、④おテンペンシャは縄の鞭《むち》（ジシピリナ）、⑤おまぶりは十字架の紙片、⑥たもと神は原型のロザリオである（田北前掲書）。なお、「おテンペンシャ」は罪の償《つぐな》いのPenitenciaに由来し、償いを果たす道具としてジシピリナをペニテンシャ（償い）そのものとしてテンペンシャと訛り、敬称の「お」を付けたものとされる。

オラショの伝承　オラショはラテン語Oratioに由来し、生月ではオラッショ、オラッシャ、ウラッショなどと発音された。「お経さん」とも「ご経文」ともいい、以前は一一一編あったが、京都大学による調査時点では一一編だけで、口頭をもって伝誦《でんしょう》されてきたもので訛伝《かでん》が多いという。代々暗記伝承してきたオラショの種類は約三〇首で、その意味をほとんど全く知らないが、形式上のことはかなり保存されて連禱の交唱の仕方は間違いなく伝わっている、という（田北前掲書）。「御誦《ごしょう》」「ごしょ」という言い方もあり、また「ゴメイサン」の言い方があり、ラテン語のミイサMissaに丁寧語の「御」が付加されたものとされ、山田では、オラショを唱えることを「お務め」とか「ゴメサをあげる」という（宮崎前掲書）。

生月では、三〇余のオラショが全部続けて捧唱され、これを山田集落では「一座の祈り」「本座」といい、一座を「通す」には小一時間を要した。早口だと四〇分程度という。「一座」または「一通り」のオラショは、正式な行事の時に用いられるオラショで、つもと行事では通常「一通り」が唱えられる。最も基本的で重要なオラショを一つに集めたものが、「ロッカン（六くわん・六巻・六貫）」のオラショで、生月では一座の祈りの始めに来る二つ、すなわち「クルスの紋」と「告白の祈り」の他に、「キリエ」、「パーテル・ノステル」、「アヴェマリア」、「クレド」の四つの計六つの祈りが唱えられる。これは壱部《いちぶ》在《ざい》、堺目《さかいめ》、元触《もとふれ》にあるが、島の南部山田にはない。

オラショの伝習は、「悲しみ節」の四六日間だけに限って師匠の指導下に男性のみが唱える。これは外海の場合と同じである。

生月と平戸地方のオラショでは、「神寄せ」の言葉が先行する。「神寄せ」とはオラショを始める前に、キリスト、サンタ・マリア、伝承されてきた聖人、殉教者、すべての神々の名を読み上げて呼び出すものである。「神寄せ」の言葉は外海や五島にはなく、生月島と平戸島とでは違いがあり、生月島でも上方（元触、堺目、壱部浦、森、岳崎《たけざき》、御崎《みさき》）と下方（山田、正和《しょうご》、日草《ひさか》、館《たち》）でも異なる、という（片岡弥吉『かくれキリシタン』）。

歌オラショ　壱部在にオラショ全体の最後にメロディーをつけて歌われる「歌オラショ」があり、これを単に「オラッシャ」といい、その前の部分までは「御誦」という（宮崎前掲書）。元触を除く壱部、堺目、山田にはグレゴリオ聖歌に由来する「ラオダテ Laudate」「ナジョウ Nunc dimittis」「グルリョーザ　O Gloriosa」の三曲が遺っている。これとは別に、潜伏キリシタンによって創られた日本語の歌オラショ二曲が山田地区に伝わる。「サン・ジュワン様の歌」と「ダンジク様の歌」である。「サン・ジュワン様の歌」は中江の島で処刑されて殉教死した三人のジュワン（ジョアン）を崇敬して歌ったものである。中江の島で得られる水が聖水として洗礼を授ける時に用いられ、また病人には悪魔を払うために撒水《さっすい》された。

平戸島の潜伏キリシタン　平戸島の西海岸に位置する春日《かすが》、獅子《しし》、飯良《いいら》にミゼリコルディアの組が設立され、その組頭が教会の世話に当たったのは一五六三年である（フェルナンデス、一五六三年四月十七日付書翰）。納戸神があるのは西岸にある数集落、春日、根獅子《ねしこ》、獅子、飯良と生月島に限られる。三〇〇年間の迫害を耐えてきた根獅子のキリシタンは、集落内に水方六名を立て、子供が生まれると三日祝いをし、できるだけ三日目にお水（洗礼）を授けてもらい、死者があると、仏僧を呼んで経を読んでもらい死者に笈摺《おいずる》（死装束）を着せてもらうが、仏僧の帰った後で笈摺をはぎ取り十字架形に

図15　生月・山田のダンジク祭

切った白紙を死者の口に入れ、水方がイソッポ（水瓶）の水をかけて家を清め、それから野辺送りをした、という（浦川和三郎『切支丹の復活』）。紙の十字架は、「辻元様《つじもとさま》」を預かっている者が年に一回（主に正月元旦）こしらえて信徒に渡す。「辻元様」とは祖先から代々伝えてきた聖絵らしいという。祝日は御降誕と御復活（二月の上がり）が主なもので、復活祭は十二月二十八日後に来る第一日曜から数えて七週間後の日曜とし、その前の七週間は悲しみ節で、この間、水方は大斎《たいさい》と小斎《しょうさい》を行ない、ネギや鳥獣を決して食しない《（ママ）》。八月二十六日は「六人様」の祝日で、住民は夕方に晴着を着て「御六人《おろくにん》様《さま》」の墓地に参詣する。「御六人様」は根獅子に教えを伝え殉教した聖人である、という（同書）。「御六人様」は、六人が殺されて埋められたウシワキの森に由来して、「ウシワキ様」とも言われる。

明治以降、根獅子には下手《しもて》、上手《うわて》合わせて四触があり、水の役が七人、各触に触役が一人おり、五軒、三軒で慈悲仲間を作っていて、惣頭ともいうべき最高責任者がいた（片岡前掲書）。

安満岳《やすまんだけ》とキリシタン　平戸島の中央部に位置する安満岳は、神道、仏教、キリシタンの習合した霊地で生月島が前面に見える。平戸でキリシタン弾圧が厳しくなると、キリシタンは安満岳の山上を秘かに拝場としたとされる。生月島の人は安満岳を「お山様」と呼び、拝殿で拝んでから裏に回って十字のついた祠《ほこら》に蠟燭《ろうそく》を立てて拝んだという。安満岳は平戸・生月地方のカクレキリシタン集団の神寄せの言葉にも「安満岳の奥の院様」としてあらわれ、潜伏時代から今日までキリシタンの神様が鎮座する霊地として信心を集めてきた、とされる（長崎県教育委員会『長崎県のカクレキリシタン―長崎県カクレキリシタン習俗調査事業報告書―』)。

四　天草の潜伏キリシタン

天草崩れと潜伏キリシタンの生活

大矢野《おおやの》、上島《かみしま》、下島《しもしま》などの島々からなる天草諸島は、下島だけを天草島、下島の河内浦《かわちうら》を特に天草と称した。島原・天草の乱に参加したのは大矢野と上島および下島の東部、有明海に面する村々の者たちであって、下島の西、南部は参加せず、潜伏キリシタンとして信仰を守り通した。その信仰が発覚したのは、一八〇五年（文化二年二月）今富《いまとみ》での牛殺しの一件が発端となって、大江・高浜・崎津・今富の四ヶ村を中心にキリシタンが発覚した時であり、五月下旬にその数は五二〇〇人に達した。いわゆる、天草崩れである。翌年九月、「宗門心得違いの者」（天草異宗一件）として処理され、逮捕者がないまま一部の者は信仰を保った。以下は文化三年の異宗一件の報告である。

肥後国天草郡村々百姓共異宗一件の儀、初筆《しよふで》大江村幸左衛門外六人儀、旦那寺《だんなでら》宗門の外、銘々家々の仕来《しきたり》を親共より申伝へ、執行ひ、本尊は天地の主デウス、右母はサンタマルヤと申す仏の由、常々信仰いたし候へば、福徳を得、無病息災、作物漁業等仕合《しあわせよ》能く、親妻子兄弟一同、天上界に生じ、安楽の身となり候段承り伝へ、内密信仰いたし、他へ聞こへ候ては宜しからざる事につき、極内密にいたし候様、親共絶えず申付けおき、拝み候節は合掌いたし、指を組、呪文を唱へ、男女共、出生《しゆつしよう》の節は、本尊デウスへ水を備へ、呪文を唱へ、其子の額へ十ノ字を授け、右水を呑ませ、俗名《ぞくみよう》の外に異名をつけ、右仕方一様にもこれ無し、家々の仕来故、区々《くく》にこれ有り、死人有る之節、異様の仕成《しなし》を以て取置き、例年冬至の頃、祝日（降誕祭）と相定め候日より五十六日目をかなしびの入りと申し、七日づつ繰様これ有り、四十九日をあがりと申し、是れ又祝日（復活祭）の由、其外、断食、食禁、精進日《しようじんび》等様々之有り、異様の祭方いたし、異仏の儀も、デウス、シクン、ビルジン、サンタマルヤ、右金仏或は置物にて所持仕り、大黒円鏡等、仏名を付け、何によらず、仏乗移り候承り伝へ、信仰いたし。云々（姉崎前掲書）。

右の報告は潜伏キリシタンの自白や訴人の告状を集めたものとされる。復活祭決定の日数は外海や生月島・平戸の場合と異なるものの、その他の所為はほぼ同じであり、キリシタン時代と変わらぬ信仰生活がなされていたようである。「天草崩れ」の際の尋問に対する白状書からは、潜伏キリシタンが唱えていたオラショが、サントメ経、たつときよふかり（エウカリスチャ Eucaristia 聖体）、とうのまどめんとうの事（十戒）、とが（科）おくり（あやまりのオラショ）であったことが知られる。大江では水方の家の二階に隠し部屋があり、そこで秘密裏に祈りが唱えられていた。二階に通じる部屋は襖《ふすま》で仕切られ、隠し部屋には梯子《はしご》を使って昇り下りし、普段梯子は外されていた。現在、隠し部屋を持った家は一軒のみである。

今村の潜伏キリシタン　一八六五年（慶長元）に、浦上の紺屋《こうや》が藍《あい》仕入れのため福岡県久留米《くるめ》地方に出かけ、今村周辺地域が外村と縁組みしないとの風聞から潜伏キリシタンの存在を推測し、一八六七年二月、浦上の徳三郎らが今村に赴いて潜伏キリシタンに接触し、一〇〇家族のキリシタンがいること、その近隣にも同数のキリシタンがいて、水方と帳方がいること、三位一体《さんみいったい》の神とイエス・キリストのことを知っていて、日を決めて集まって祈りを唱え、ラテン語での主禱文と天使祝詞を唱えていることを確認した（マルナス『日本キリスト教復活史』）。また、聖母マリアが地上で六三年を過ごされたことを祝って天使祝詞六三回のロザリオによる祈りを唱えること、処女を貫き祈りに一生を捧げる女性のいたこと、村の乙名《おとな》のヨハネ又右衛門が殉教する前にキリシタンの本や信心具などを隠すよう助言したため、石棺に納めて井戸の中に降ろして土で被ったことなどが語られた、という。

摂津茨木の潜伏キリシタン　一八七三年（明治六）にキリシタン禁令の高札《こうさつ》が取り除かれたにもかかわらず、明治政府がキリスト教解禁を正式に公表しなかったため、高札除去の報が伝わらない所では、その後もなおキリスト教が邪教として禁止されていると思われていた。旧高山領の茨木《いばらき》市の千提寺と下音羽の両集落は総戸数五〇戸にもたらない小集落であった。一九二〇年（大正九）二月、千提寺小字寺山の山林でキリシタン墓碑が踏査確認されたことを機に、翌年九月最後のキリシタン東イマさん（当時八二歳）が長男藤次郎氏の説得を受け入れて「あけずのひつ」を開いた。ザビエル像やロザリオの十五玄義図などの遺物一五点が保存されていた。キリシタンの信仰は、東イマさんや一歳下の中谷糸さんらに受け継がれ、彼女たちは寄り合って秘かに祈りを唱えてきた。下音羽の大神家《おおがみ》が代々神父の代理をしていたとされる。国字本『どちりいな・きりしたん』（一五九一年）の写本（毛筆）、『きやとぺかとる』（一五九九年刊本の写本）、「吉利支丹抄物」（「さんちいしもさからめんとのらたにやす」Litaniae de sanctissimo Sacramento 聖体秘跡の連禱）が伝存されてきた。このラテン語原文は一六〇二年のアントウェルペン（アントワープ）版から引用し、全八〇節のうち、一〜二五、二七〜四一節までの四〇節を音写したものとされる（原田裕司「茨木・東家旧蔵『吉利支丹抄物』に書写された「聖体秘跡の連禱」」）。

明治政府が一八七三年（明治六）二月に切支丹宗門禁制の高札を取り除す旨《はず》の太政官布告を発したことによって、潜伏キリシタンは法的には信仰の自由を確保したが、キリスト教解禁を明示した布告が新たに発令されなかったために、キリスト教解禁の報が届きにくかった山間部、たとえば茨木の千提寺や下音羽では一九二〇年まで潜伏キリシタンの信仰が続いたことになる。

おわりに

キリスト教伝来に伴って日本にもたらされたキリシタンの文化が、後世の日本にどのように伝わり影響を与えてきたかについて見るとき、キリスト教宣教とそれに伴う文化活動がおよそ六〇年という短期間であったために、オランダ人の紅毛《こうもう》文化に比べその影響は格段に小さかった。また、長期にわたる苛酷で組織的なキリスト教弾圧のために、その痕跡はほとんど払拭《ふっしょく》されたように思われる。特に、キリシタンの文化活動やその精神的所産についてはそうであり、後世への影響についての検証には困難が伴う。

そうした状況にもかかわらず、いくばくかの遺物・遺跡が残存し、伝存されてきたことにより、さらに当時海外に送られた書翰・報告書、出版物を通じて、当時の日本におけるキリシタンの文化の実態とその影響について、ある程度までは知ることができたように思われる。

なかでも、来日した知的集団であるイエズス会の宣教師たち、そして彼らによって養成された優れた日本人聖職者と有能な協力者たちの結集によって辞書や語学書が生み出されたことは、安土・桃山期の日本語の研究に大きな遺産を遺したことになり、特筆すべきことである。

キリシタンの文化に対して、南蛮《なんばん》文化が科学や技術および生活文化においてそのまま後世まで残り、また日本的なものとして形を変えて現在に伝わったものも少なくない。殊に、生活文化の面においてである。キリシタン信仰と南蛮趣味が結びついたものもある。当時「茶湯御政道」と言われた信長・秀吉の時代、武士の嗜《たしな》みの一つとなっていた茶の湯で使われた茶器に十字ないし花十字紋が描かれたものが多く見出され、織部《おりべ》茶碗の名称をもつものがある。千利休《せんのりきゅう》の弟子である利休七哲の一人古田織部はキリシタンではなかったが、キリシタン南蛮文化の意匠を積極的に採り入れて新しい茶の湯の世界を展開した。七哲の中で、蒲生氏郷《がもううじさと》、高山右近《たかやまうこん》、牧村政治《まきむらまさはる》ら五人がキリシタンであったことを考えれば、キリスト教的な標章が茶器その他のものに描かれて不思議はない。たとえば、織部瓢形煙管《ひさごがたきせる》と称せられるものが桃山時代から江戸時代初期にかけて見られ、織部の煙管は茶席で好まれたとされる。実際に煙草を吸うというよりも置物として活用されたようである。

キリシタンの洗礼名が漢字で署名に用いられ、また書判《かきはん》として花押《かおう》に用いられた。大友義鎮《よししげ》は普蘭《フラン》師司怙《シスコ》と署名し、F.R.C.O を組み合わせた印章を用い、黒田孝高《よしたか》（如水）は Simeon Josui の印章を使用した。それが流行になっていたかのように、キリシタンでない細川忠興《ただおき》は tada uoqui のローマ字印章を用いていた。彼もまた利休の弟子であった。十字の紋章は刀の鍔《つば》にも見られたが、南蛮船や南蛮人の意匠が多かった。そのようなキリシタン・南蛮ブームは禁教令施行によって終わり、迫害の強化と共に世間から排除され消え去った。

キリシタンの文化略年表

西暦	和暦	事項
一五二二	大永　二	イグナティウス・デ・ロヨラ、巡礼地モンセラトに詣で、マンレサで『霊操』を執筆
一五三四	天文　三	イグナティウス、フランシスコ・ザビエルらとパリで信心会「イエズス会」を結成
一五四〇	天文　九	教皇パウロ三世、聖職者修道会としてイエズス会を認可
一五四二	天文一一	ザビエル、ゴアに到着
一五四七	天文一六	ザビエル、マラッカで鹿児島出身のアンジローに会う
一五四九	天文一八	ザビエルの一行、ゴアを出発し、同年八月、鹿児島に着く
一五五一	天文二〇	ローマ・コレジオ（学院）が設立される。ザビエル、山口に大内義隆を訪れ時計・眼鏡・クラヴォなどの品々一三点を贈る
一五五二	天文二一	山口で降誕祭が祝われ、歌ミサが執り行なわれる
一五五三	天文二二	豊後府内に教会（顕徳寺）が建ち、敷地内に墓地が設けられる
一五五五	弘治　元	山口で教会（大道寺）が新築される（翌年、焼失）。この年、府内に育児院が設立される
一五五六	弘治　二	二十五ヶ条の教理書が編纂される。府内教会に聖歌隊が発足し多声聖歌が歌われる
一五五七	弘治　三	府内の教会敷地内に病院が開設される
一五五八	永禄　元	平戸にヴィレラの指導により慈悲の組が発足

一五五九	永禄二	トルレスの指導により府内教会に慈悲の組が発足し、病院の運営に当たる。この年、京都での宣教が始まる
一五六一	永禄四	サンシェス、府内教会で楽器の演奏を指導
一五六三	永禄六	大村の領主大村純忠、キリスト教に改宗。結城山城守進斎、清原外記枝賢、高山友照ら奈良で改宗
一五六五	永禄八	将軍足利義輝暗殺され、「大うす（デウス）はらひ」により宣教師は京都より追放され堺に退去
一五六八	永禄一一	マルコス・ジョルジェの教理書がもたらされ日本人用に改編される
一五六九	永禄一二	長崎にトードス・オス・サントス（諸聖人）教会が建つ
一五七〇	元亀元	長崎の港が開かれる
一五七一	元亀二	大村純忠、長崎六町の地割りを行なう。この年、初めてポルトガル船が長崎に入る。同年、イエズス会の新布教長カブラル上洛し、河内三箇で降誕祭を祝う
一五七三	天正元	カブラル、再上洛の途中、山口に三ヶ月間逗留し古キリシタンを教化
一五七六	天正四	京都に南蛮寺が建つ。この年、肥前の有馬義直（義貞）、キリスト教に改宗
一五七八	天正六	豊後の大友義鎮（宗麟）、キリスト教に改宗し洗礼名をフランシスコと称す
一五七九	天正七	イエズス会東インド管区巡察師ヴァリニャーノ、口之津に到着し、オルガンを齎す
一五八〇	天正八	イエズス会、有馬と安土にセミナリオ（神学校）を、豊後臼杵にノビシアド（修練院）を、府内にコレジオを設立
一五八二	天正一〇	ヴァリニャーノ、天正遣欧使節を率いて長崎を発つ
一五八三	天正一一	オルガンティーノ、豊臣秀吉より土地を付与され大坂に河内岡山の教会を移築。ペドロ・ゴメス、画家ニコラオ来日。長崎にミゼリコルディア（慈悲の組）が発足

一五八四	天正一二	遣欧使節、リスボンに到着しドミニコ会の神学者ルイス・デ・グラナダを表敬訪問
一五八五	天正一三	遣欧使節、イタリア・パドヴァで植物園長より世界図『世界の舞台』を贈られる。長崎に女子のミゼリコルディアができる
一五八七	天正一五	秀吉、伴天連追放令を発令。京都の南蛮寺破却される。この年、遣欧使節、ゴアに帰着
一五八八	天正一六	リスボンから将来の活字印刷機で『原マルチノの演説』がゴアで印刷される
一五九〇	天正一八	遣欧使節、インド副王使節ヴァリニャーノと共に長崎に帰着。帰国前マカオで『天正遣欧使節記』を印刷。ゴメス、日本準管区長に就任。長崎のミゼリコルディア、三つの施療施設を運営
一五九一	天正一九	ヴァリニャーノ、インド副王使節として京都・聚楽第で秀吉に謁見。同行の遣欧使節は秀吉の前で楽器を演奏し歌う。遣欧使節将来の印刷機で『サントスの御作業の内抜書』、教理書『どちりいな・きりしたん』を印刷。この年、コレジオは有家から天草・河内浦に移転
一五九三	文禄二	キリシタン版『エソポのハブラス』天草で印刷される
一五九四	文禄三	フランシスコ会修道士、京都に教会と修道院、サンタ・アナ病院を設立
一五九七	慶長二	天草のコレジオ、長崎に移転
一五九九	慶長四	同年初めころ、長崎に大印刷所完成し『ぎやどぺかどる』一五〇〇部が印刷される。フランシスコ会、江戸に教会を建立
一六〇〇	慶長五	国字本『どちりな・きりしたん』・ローマ字本『ドチリナ・キリシタン』の改訂版が出版される
一六〇二	慶長七	フランシスコ会、江戸・浅草の鳥越に施療院（小病院）を建てる
一六〇三	慶長八	『日葡辞書』刊行される（翌年改訂版が出る）
一六〇五	慶長一〇	司教セルケイラ、『サカラメンタ提要』を刊行。スピノラ、この年上洛し下京の修院にアカデミアを設け数学と天文学を講じる

一六〇七	慶長一二	豊臣秀頼、大坂城内でイエズス会の同宿らの楽器演奏を聴く
一六〇九	慶長一四	ドミニコ会、薩摩・京泊の教会を長崎に移築
一六一〇	慶長一五	フランシスコ会のソテロ、江戸に信心会「勢数多講」を設立。在日高麗人、長崎に教会建立
一六一二	慶長一七	江戸・駿府・京都・肥前有馬領に禁教令が発令され教会が壊される
一六一三	慶長一八	ソテロ、江戸キリシタンの寄付により鳥越の病院内に小教会を建てる。慶長遣欧使節、陸奥月浦を出発。『コンテンツス・ムンヂ』一三〇〇部が印刷される
一六一四	慶長一九	全国的な禁教令が発令され（慶長一八年一二月）、長崎の主要教会一一が破却される
一六一七	元和　三	イエズス会管区長コウロス、全国のキリシタン教界の有力信者から証言文書をとる
一六一八	（元和三）	ジェロニモ・ロドリゲス、「組ないしコンフラリアの覚書」をマカオで作成
一六二〇	元和　五	長崎近在の教会、貧者の家、キリシタン墓地が破壊される
一六二〇	（元和六）	慶長遣欧使節支倉常長、マニラ経由で長崎に帰着
一六二二	元和　八	長崎および大村のロザリオの組員、ドミニコ会擁護の書付を作成。長崎・西坂で五五名が殉教（元和の大殉教）
一六二六	寛永　三	長崎市民のキリスト教信仰が禁止される
一六三三	寛永一〇	イエズス会管区長代理フェレイラ、棄教す。老中奉書により日本人の海外渡航が制限される（第一次鎖国令）
一六三四	寛永一一	バスティアンの日繰りが作成される。この年より出島築造が始まる（〜一六三六）
一六三七	寛永一四	天草・島原の乱が起こる（〜一六三八）
一六三九	寛永一六	幕府、ポルトガル船の来航を禁止（寛永鎖国の完成）
一六四一	寛永一八	平戸のオランダ商館、長崎・出島へ移転

一六五七	明暦　三	大村・郡村で潜伏キリシタン摘発される（郡崩れ）
一六六九	寛文　九	南蛮鋳物師萩原裕佐、長崎奉行の命により真鍮製の踏絵二〇枚を製作
一七〇七	宝永　四	教区司祭シドッチ、屋久島に上陸し捕われて長崎に護送される
一七九〇	寛政　二	浦上一番崩れにより潜伏キリシタンの祈禱書や信心具が没収される
一七九七	寛政　九	五島氏の大村氏への申し入れにより外海の黒崎・三重の農民（潜伏キリシタン）、五島に移住
一八〇五	文化　二	天草崩れにより大江・高浜・崎津・今富の潜伏キリシタン五二〇〇人が発覚
一八六五	慶応　元	大浦天主堂献堂式。浦上の潜伏キリシタン、大浦天主堂でプチジャン神父に対面（キリシタンの復活）
一八六七	慶応　三	浦上四番崩れ
一八六八	明治　元	浦上の指導的キリシタン、萩・津和野・福山に流罪となる（第一次配流）
一八七三	明治　六	切支丹禁制の高札除去され、浦上キリシタン釈放・帰村

参考文献

一　著作・論文

浅野ひとみ・後藤晃「コンタツ論」(『純心人文研究』第一四号)　二〇〇八年
姉崎正治『切支丹宗門の迫害と潜伏』　同文館　一九二五年
新井トシ「きりしたん版国字本の印行について(四)」(『ビブリア』第十二号)　一九五九年
「キリシタン版の出版とその周辺(一)」(『ビブリア』第二十三号)　一九六二年
アルカディオ・シュワーデ「府内のコレジョについて」(『キリシタン研究』第十輯)　吉川弘文館　一九六五年
池上良正『死者の救済史』　角川書店　二〇〇三年
石原明「日本生理学前史」(日本学士院編『明治以前日本医学史』第二巻、増訂覆刻版)　一九七八年
井手勝美『キリシタン思想史研究序説』　ぺりかん社　一九九五年
浦川和三郎『切支丹の復活』　日本カトリック刊行会　一九二七年
『浦上切支丹史』　全国書房　一九四三年
海老沢有道『キリシタン文化概説』　青年評論社　一九四八年
『南蛮文化』　至文堂　一九五八年
『南蛮学統の研究』　創文社　一九五八年
『洋楽伝来史』　日本基督教団出版局　一九八三年

『キリシタン南蛮文学入門』　教文館　一九九一年
海老沢有道・松田毅一　『エヴォラ屏風文書の研究』　ナツメ社　一九六三年
大内田貞郎　「木版印刷本について」(『ビブリア』第九十一号)　一九八六年
太田正雄　『日本の医学』　民風社　一九四六年
大塚光信　「印字・印刷術」(『日本小百科　キリシタン』)　東京堂出版　一九九九年
　「キリシタンの日本語研究」(『國文学』第五一巻第一一号)　学燈社　二〇〇六年
岡　泰正　「初期洋風画をめぐって」(『古美術』第一〇一号)　三彩社　一九九二年
岡田章雄　「南蛮キリシタン文化」(『日本歴史大系3　近世』)　山川出版社　一九八八年
岡田　譲　『南蛮工芸』(『日本の美術』85)　至文堂　一九七三年
岡本良知　『十六世紀日欧交通史の研究』　弘文荘　一九三六年
尾原　悟　「キリシタン時代の科学思想」(『キリシタン研究』第十輯)　吉川弘文館　一九六五年
片岡千鶴子　『八良尾のセミナリヨ』　キリシタン文化研究会　一九六九年
片岡弥吉　「長崎県下キリシタン墓碑総覧」(『キリシタン研究』第一輯)　東京堂　一九四二年
　「イエズス会教育機関の移動と遺跡」(『キリシタン研究』第十一輯)　吉川弘文館　一九六六年
　『かくれキリシタン　―歴史と民俗―』　日本放送出版協会　一九六七年
　「キリシタン墓碑の源流と墓碑型式分類」(『キリシタン研究』第十六輯)　吉川弘文館　一九七六年
　『日本キリシタン殉教史』　時事通信社　一九七九年
岸野　久　『ザビエルと日本』　吉川弘文館　一九九八年
河野義祐　「『サカラメンタ提要』における婚姻の秘跡」(『キリシタン研究』第十八輯)　吉川弘文館　一九七八年
坂本　満　『初期洋風画』(『日本の美術』80)　至文堂　一九七三年

五野井隆史
「聖画工房、日本イエズス会画派」（『日本小百科　キリシタン』　東京堂出版　一九九九年
「南蛮美術」（『南蛮美術と洋風画』　小学館　一九六五年
「豊後府内の教会領域について　—絵図、文献史料と考古学資料に基づく府内教会の諸施設とその変遷—」（東京大学史料編纂所『研究紀要』第十四号）　二〇〇四年
「キリスト教布教とキリシタンの道具（一）（二）」（英知大学キリスト教文化研究所『紀要』第二十　第一号・第二十一　第一号）　二〇〇五・二〇〇六年
「豊後におけるキリシタン文化」（大分県歴史博物館「研究紀要」第七号）　二〇〇六年
「「イミタティオ・クリスティ」から「こんてむつすむん地」まで　—"De Imittione Christi"（『キリストに倣いて』）とイエズス会と日本のキリシタン—」（藤女子大学キリスト教文化研究所『紀要』第九号）　二〇〇八年
「キリシタンと「殉教」の論理　—キリスト教伝来の意味と殉教への道—」（『日本思想史学』　二〇〇八年
「キリシタン遺跡から見たキリシタン宣教」（『キリシタン大名の考古学』）　思文閣出版　二〇〇九年
「キリシタンの信仰と迫害」（聖トマス大学キリスト教文化研究所『紀要』第二十五巻　第一号）　二〇一〇年
「十六世紀、日本人とキリスト教の出会い　—日本人が救いを求めていた時代—」（『聖トマス大学論叢』第四十五号）　二〇一一年
佐藤豊彦
「琵琶法師と弦琴師」　二〇〇八年
佐藤吉昭
『キリスト教における殉教研究』　創文社　二〇〇四年
柴田実
「生月の舊キリシタン」（『京都大学平戸学術調査報告』）　一九五〇年

ジョゼフ・ヴィッキ「ポルトガル領インドにおける「ミゼリコルジヤ」の組」(『キリシタン研究』第十五輯)　吉川弘文館　一九七三年
ジョセフ・F・シュッテ、柳谷武夫訳「二つの古文書に現はれたる日本初期キリシタン時代に於ける「さんたまりやの御組」の組織に就いて」(『キリシタン研究』第二輯)　東京堂　一九四四年
新村　出『日本吉利支丹文化史』　地人書館　一九四一年
助野健太郎『日本における葡萄牙医学』　産業青年新聞社　一九五四年
杉森哲也『描かれた近世都市』　山川出版社　二〇〇三年
高瀬弘一郎『キリシタン時代の文化と諸相』　八木書店　二〇〇一年
田北耕也『昭和時代の潜伏キリシタン』　日本学術振興会　一九五四年
竹井成美『南蛮音楽　その光と影』　音楽之友社　一九九五年
只野　淳『仙臺キリシタン史』　一九五六年
立川昭二『近世病草子』　平凡社　一九七九年
田中祐介「イエズス会豊後府内教会と附属墓地」(鹿毛敏夫編『戦国大名大友氏と豊後府内』)　高志書院　二〇〇八年
「キリシタン墓碑研究の現状と課題」(長崎考古学会　二〇〇七年度大会研究発表要旨)　二〇〇八年
圭室文雄『葬式と檀家』　吉川弘文館　一九九九年
ディエゴ・パチェコ(結城了吾)「長崎サンティアゴ病院の鐘」(『キリシタン研究』第十四輯)　吉川弘文館　一九七二年
天理図書館『きりしたん版の研究』　天理大学出版部　一九七三年
土井忠生『吉利支丹文献考』　三省堂　一九六三年

『吉利支丹語学の研究』　三省堂　一九七一年
冨永牧太　『吉利支丹論攷』　三省堂　一九八二年
　『きりしたん版文字攷』　天理時報社　一九七八年
長崎新聞社　『ながさきの民謡』　謙光社　一九六九年
原田裕司　「茨木・東家旧蔵『吉利支丹抄物』に書写された「聖体秘跡の連禱」」（新修　茨木市史　年報　第六・七号）　二〇〇七・〇八年
柊　源一　『吉利支丹文学論集』　教文館　二〇〇九年
福永重樹　「『聖フランシスコ・ザビエル像』についての考察」（『キリシタン研究』第十四輯）　吉川弘文館　一九七二年
フアン・G・ルイズ・デ・メディナ　「イエズス会士ホアン・デ・トーレス（一五五一―一六一二）―ヴィオラ奏者、日本人宣教師通詞―」（『キリシタン研究』第二十四輯）　吉川弘文館　一九八四年
フーベルト・チースリク　「日本における最初の神学校」（『キリシタン研究』第十輯）　吉川弘文館　一九六五年
　「セミナリヨの教師たち」（『キリシタン研究』第十一輯）　吉川弘文館　一九六六年
　「臼杵の修練院」（『キリシタン研究』第十八輯）　吉川弘文館　一九七八年
　「レオナルド木村　―絵描き・修道士・殉教者―」（『キリシタン研究』第二十五輯）　吉川弘文館　一九八五年
　「府内のコレジョ」（『キリシタン研究』第二十七輯）　吉川弘文館　一九八七年
松田毅一　『近世初期日本関係南蛮史料の研究』　風間書房　一九六七年
皆川達夫　『洋楽渡来考　―キリシタン音楽の栄光と挫折』　日本キリスト教団出版局　二〇〇四年
宮崎賢太郎　『カクレキリシタンの信仰世界』　東大出版会　一九九六年

『カクレキリシタン』 長崎新聞社 二〇〇一年
結城了悟 「有馬のセミナリヨ 一五九五―一六一四」(『キリシタン研究』第二十一輯) 吉川弘文館 一九八一年
ロペス・ガイ 「キリシタン音楽―日本洋楽史序説―」(『キリシタン研究』第十六輯) 吉川弘文館 一九七六年
ロペス・ガイ、井手勝美訳 『キリシタン時代の典礼』 キリシタン文化研究会 一九八三年
Diego Pacheco, La Hermandad del Santisimo Sacramento y la Rebelión de Shimabara, Boletim de la Real Academia de Bellas Artes de Santa Isabel de Hungria, Sevilla, 2001.
John W. O' Malley and Gauvin A. Bailey, The Jesuits and the Arts 1540–1773, Saint Joseph's University Press, Philadelphia, 2005.

二 調査報告書

大分県教育庁埋蔵文化財センター 『豊後府内6 中世大友府内町跡第一〇次調査Ⅱ区 埋蔵文化財発掘調査報告書(五)』 二〇〇七年
東京都千代田区 『東京駅八重洲北口遺跡』 二〇〇三年
高槻市教育委員会 『高槻城キリシタン墓地』(『高槻市文化財調査報告書』第二二冊) 二〇〇一年
長崎県教育委員会 『長崎県のカクレキリシタン―長崎県カクレキリシタン習俗調査事業報告書―』(長崎県文化財調査報告書 第一五三集) 一九九九年
福岡市教育委員会 『博多八五 ―博多小学校建設に伴う埋蔵文化財発掘調査報告書―』 二〇〇二年

三 辞書・図録

岩波 キリスト教辞典 二〇〇二年

新カトリック大事典　Ⅱ・Ⅲ　研究社　一九九八・二〇〇二年
日本キリスト教歴史大事典　教文館　一九八八年
平凡社　世界大百科事典　一三巻　一九八五年
『南蛮文化館図録』　二〇〇九年
神戸市立博物館『南蛮美術セレクション』　一九九八年
東京国立博物館『図録目録　キリシタン関係遺品篇』　東京美術　二〇〇一年
『細川家の至宝』　NHK、NHKプロモーション　二〇一〇年

四　史　料

アドゥアルテ著、ガルシーア編注、佐久間正他訳『聖ドミニコ会日本報告書　ロザリオの聖母管区の歴史』　ロザリオ聖母管区本部　一九九〇年
アマーティ著『伊達政宗遣欧使節記』（『仙台市史』特別編8）　二〇一〇年
家入敏之訳編『日本のカテキズモ』　天理大学　一九六九年
泉井久之助他訳『デ・サンデ　天正遣欧使節記』　雄松堂書店　一九六九年
井手勝美訳「日本イエズス会第一回協議会（一五八〇―八一）と東インド巡察師ヴァリニャーノの裁決（一五八二年）」（『キリシタン研究』第二十二輯）　吉川弘文館　一九八二年
井手勝美訳、ホセ・デルガード・ガルシア註『オルファーネル　日本キリシタン教会史』　雄松堂書店　一九七七年
同　右『コリャド　日本教会史補遺　一六二一―一六二二年』　雄松堂書店　一九八〇年
海老沢有道『キリシタン教理書』　教文館　一九九三年
海老沢有道、H・チースリク、土井忠生、大塚光信編『キリシタン書　排耶書』　岩波書店　一九七〇年

大塚光信『キリシタン版エソポのハブラス』　臨川書店　一九八三年
岡田章雄訳註『フロイス　日欧文化比較』　岩波書店　一九六五年
尾原悟編著『イエズス会日本コレジョの講義要綱Ⅰ・Ⅱ・Ⅲ』　教文館　一九九七―九九年
門脇佳吉訳『霊操』　岩波書店　一九九五年
北有馬町役場編『「有馬のセミナリヨ」関係資料集』　二〇〇五年
『契利斯督記』（『続々群書類従』）　続群書類従完成会　一九七〇年
河野純徳訳『聖フランシスコ・ザビエル全書簡』　平凡社　一九八五年
五野井隆史「一六一八年、ジェロニモ・ロドリゲス作成の「組ないしコンフラリアに関する覚書」について」（『サピエンチア英知大学論叢』第四十号）　二〇〇六年
佐久間正訳『ディエゴ・サン・フランシスコ報告・書簡集』　キリシタン文化研究会　一九七一年
佐久間正・出崎澄男共訳『大村キリシタン史料』（『ルセナの回想録』）　キリシタン文化研究会　一九七五年
土井忠生他編訳『邦訳日葡辞書』　岩波書店　一九八〇年
東京大学史料編纂所編『イエズス会日本書翰集』訳文編一（上）（下）・二（上）（下）　一九九一－二〇〇〇年
『大日本史料』第十編之十九、十一編別巻一・二、十二編之三十五・五十六
中井允訳『聖イグナチオ・ロヨラ　イエズス会会憲』　イエズス会日本管区　一九九三年
F・マルナス著、久野桂一郎訳『日本キリスト教復活史』　みすず書房　一九八五年
Jose L. Alvarez Taladriz 編註「日本イエズス会第二回総協議会議事録と裁決（一五九〇年）」（『キリシタン研究』第十六輯）　吉川弘文館　一九七六年
松田毅一監訳『イエズス会日本報告集』　同朋舎　一九八七－九八年
松田毅一・川崎桃太訳『フロイス　日本史』　中央公論社　一九七八－八〇年

松田毅一・佐久間正・近松洋男編訳　ヴァリニャーノ著『日本巡察記』　平凡社　一九七三年

結城了悟『新史料　天正少年使節』　南窓社　一九九〇年

ルイス・フロイス著、岡本良知訳註『九州三侯遣欧使節行記』　東洋堂　一九四一・四九年

A. Valignano S. I., Sumario de las cosas de Japon（1583), editados por José Luis Alvarez-Taladriz. Tokyo, 1954.

A. Valignano. Alvarez-Taladriz, Adiciones del Sumario de Japon. Osaka, 1954.

Cartas que os Padres e Irmãos da Companhia de Jesus escreverão dos reinos de Japão e China aos da mesma Companhia da India, e Europa desdo anno de 1549 até o de 1580, primeiro tomo. Evora, 1598.

Segunda Parte das cartas de Iapão que escreuerão os Padres, & Irmãos da Companhia de IESVS. Evora, 1598.

Eusebio G. Platero, Catalogo Biografico de los Religiosos Franciscanos de la Provincia de San Gregorio Magno de Filipinas. Manila, 1880.

Fernão Guerreiro, Relação Annual das coisas que fizeram os Padres da Companhia de Jesus nas suas missões do Japão, China, ...nos anos de 1600 a 1609. Coimbra, 1930.

Jesús López Gay, Un Documento Inédito del P. G. Vzquez（1549-1604）sobre los Problemas Morales del Japón（Monumenta Nipponica. Vol. XVI. 1960-61）.

Josef. F. Schütte, MONUMENTA HISTORICA JAPONIAE I. Textus Catalogorum Japoniae 1549-1654. Romae, 1975.

Luis Frois, HISTORIA DE JAPAM, anotada por Jose Wicki, I-V. Lisboa, 1976-1984.

Archivum Romanum Societatis Iesu（ローマ・イエズス会文書館), Jap. Sin（日本・中国部); 2, 4~6, 7II, 8I, 8II, 9II, 10II, 13II, 33, 35~36, 51~52, 54~55, 57~62.

Biblioteca de la Real Academia de la Historia, Madrid（マドリード王立歴史学士院図書館), Jesuitas Legajo 2665（Cortes 565）.

索　　引

人　　名

あ　行

か　行

さ　行

た　行

な 行

は 行

ま　行

や　行

ら　行

事　　項

あ　行

か　行

さ 行

た　行

な　行

は　行

ま　行

や　行

ら　行

わ　行

著者略歴

一九四一年生まれ
一九七一年上智大学大学院文学研究科博士課程単位修了
現在　聖トマス（旧英知）大学大学院教授・東京大学名誉教授・文学博士

〔主要著書〕

『日本キリスト教史』（吉川弘文館、一九九〇年）
『徳川初期キリシタン史研究　補訂版』（吉川弘文館、一九九二年）
『日本キリシタン史の研究』（吉川弘文館、二〇〇二年）
『大航海時代と日本』（渡辺出版、二〇〇三年）
『支倉常長』（吉川弘文館、二〇〇三年）

日本歴史叢書　新装版

キリシタンの文化

二〇一二年（平成二十四）七月一日　第一版第一刷発行

著　者　五野井《ごのい》隆史《たかし》
編集者　日本歴史学会　代表者　笹山晴生
発行者　前田求恭
発行所　株式会社　吉川弘文館
東京都文京区本郷七丁目二番八号
郵便番号一一三—〇〇三三
電話〇三—三八一三—九一五一〈代表〉
振替口座〇〇一〇〇—五—二四四
http://www.yoshikawa-k.co.jp/
印刷＝株式会社 精興社
製本＝誠製本株式会社
装幀＝清水良洋・大胡田友紀

ISBN 978-4-642-06666-2

『日本歴史叢書』(新装版)刊行の辞

歴史学の研究は日に日に進み、新しい見解の提出や新史料の発見も稀ではない。そうした日本歴史研究の発展の中で、ある事件、ある問題、ある人物などについて、まとまった知識を得ようとすることは、歴史研究者と自認する人でも容易ではない。まして多くの方がたにとって、現在の日本歴史研究の成果を身近のものとすることは困難なことである。

日本歴史学会では、それぞれの研究に基づく正確な歴史知識の普及発達を計るために、『人物叢書』と『日本歴史叢書』の刊行を進めてきた。その目的達成のためには、それぞれの題目について最も権威ある執筆者を得ることが第一の要件であったが、幸いにすぐれた執筆者を得ることができて、学界に於ても高く評価され、多くの方に読者になって頂いた。

『日本歴史叢書』は四九冊に達したが、既に品切れになったものも多く、求められる方の希望に添えないことも稀ではなくなった。そこで、今回既刊本の体裁を一新し、定期的に配本できるようにして、読書界の要望に応えるようにした。なお、未刊の書目についても、鋭意刊行を進める方針であり、その体裁も新形式をとることとした。これによって正確な歴史知識の普及という当初の目的に添うことができれば幸いである。

平成六年八月

日本歴史学会

代表者 児玉幸多

㊺日本の鉄道　原田勝正著
㊻安政の大獄　吉田常吉著
㊼日韓併合　森山茂徳著
㊽熊野修験　宮家　準著
㊾武士の成立　元木泰雄著
㊿肖　像　画　宮島新一著
51維新政権　松尾正人著
52豊臣秀吉の朝鮮侵略　北島万次著
53日本の貨幣の歴史　滝沢武雄著
54帝国議会改革論　村瀬信一著
55近世の飢饉　菊池勇夫著
56興　福　寺　泉谷康夫著
57荘　　園　永原慶二著
58中世武家の作法　二木謙一著
59戦時議会　古川隆久著
60朱　印　船　永積洋子著
61津　　藩　深谷克己著
62ペリー来航　三谷　博著
63弘　前　藩　長谷川成一著
64日本と国際連合　塩崎弘明著
65参勤交代　丸山雍成著
66佐　賀　藩　藤野　保著
67キリシタンの文化　五野井隆史著

▽以下続刊

▽残部僅少の書目もございます。品切の節はご容赦ください。

VAWW-NETジャパン【編】

NHK番組改変と政治介入

女性国際戦犯法廷をめぐって何が起きたか

世織書房

Towards a 21st Century Without War and Violence Against Women

はじめに

二〇〇五年の始まりとともにＮＨＫの番組『問われる戦時性暴力』（二〇〇一年一月三〇日放送）への政治圧力問題が発覚しました。この間、安倍晋三議員（現・自民党幹事長代理）や中川昭一議員（現・経済産業大臣）らにより「法廷は北朝鮮の工作」といった女性国際戦犯法廷に対するいわれなき誹謗・中傷が繰り返されてきたことは、ご存知のとおりです。このような中で、朝日新聞の取材方法をめぐって起きた今回の政治介入問題は「朝日新聞 対ＮＨＫ」という構図にすり替えられ、肝心の政治圧力問題をめぐる真相は闇に葬られようとしています。

これまで、ＶＡＷＷ-ＮＥＴジャパンは安倍氏らの「法廷」歪曲発言に対してさまざまなメディアに事実関係を伝えてきましたが、メディアは私たちの声を取り上げようとはしてきませんでした。「法廷」を貶める発言は「法廷」に正義の実現を求めた被害者たちをも冒涜《ぼうとく》するもので、私たちはこうした発言が一方的にメディアで流され続ける状況に大きな危機感を抱いています。女性国際戦犯法廷が開催された二〇〇〇年一二月当時も、日本のメディアの報道は驚くほど消極的でした。今回の報道にも、「法廷」を巡る議論を避けようとする姿勢が見られます。このような状況は日本の民主主義の危機的状況をおもわせるもので、まさに戦争前夜を髣髴《ほうふつ》とさせる事態です。

「慰安婦」問題をはじめ日本の加害の歴史をなかったことにしようとする流れが強まるなか、アジア各国の日本不信は強まるばかりです。「慰安婦」問題を記憶していくことは過去に対する責任であるとともに、アジア各国との真の「信頼」関係を育てていくための避けることのできない未来に対する私たちの責任です。

本書は第Ⅰ部で、これまで明らかになってきた事実関係をもとに事件の真相に迫り、第Ⅱ部で安倍氏や「法廷を傍聴した歴史家」と称する秦郁彦氏によって執ように繰り返されてきた女性国際戦犯法廷への誹謗・中傷や、VAWW-NETジャパンとそのメンバーに対する攻撃に対し、その事実関係を明らかにします。

本書を通して多くの皆さんに真実を知っていただき、番組に対する政治圧力問題が闇に葬られることなく真相と責任が徹底的に明らかにされることを、心から願うものです。

西野瑠美子・金 富子

NHK番組改変と政治介入

目　次

はじめに――――i

第Ⅴ部　資料

第Ⅰ部　経過

JUDGE
Carmen Maria Argibay
JUDGE
Gabrielle Kirk Mcdonald
JUDGE
Willy Mutunga

番組「改変」の経過を追う・1

NHK番組「問われる戦時性暴力」をめぐって何が起こったのか？

VAWW・NETジャパン共同代表 西野瑠美子

長井証言の衝撃

二〇〇五年一月一二日、朝日新聞は「NHK『慰安婦』番組改変 中川・安倍氏『内容偏り』前日、幹部呼び指摘」という大見出しで、二〇〇一年一月三〇日にNHK教育番組で放送されたシリーズ二〇〇一「戦争をどう裁くか」の第二夜「問われる戦時性暴力」の番組に対して、放送前に政治家の圧力があった事を大きく報じた。

そこに掲載されていた主な内容は、①二九日午後、松尾武放送総局長、国会対策担当の野島直樹担当局長らNHK幹部が中川昭一議員、安倍晋三議員に呼ばれ、議員会館などでそれぞれ面会した、②両議員は「一方的な放送はするな」「公平で客観的な番組にするように」と求め、中川氏はやり取りの中で「それができないならやめてしまえ」などと放送中止を求める発言もした、③NHK幹部の一人は「圧力と感じた」と話した、④同日夕方、番組制作局長が「(国会でNHK予算が審議される)この時期に政治とは闘えない」などと伝え、番組内容の変更を指示した、⑤野島氏も参加した「異例の局長試写」が行われた、⑥試写後、松尾氏らは民衆法廷に批判的立場の専門家のインタビュー部分を増やし、判決部分などを大幅にカットするよう求めた、⑦さらに放送当日夕方には中国人元「慰安婦」の証言などのカットが指示され、四〇分の短縮版が放送されたというものだった。

「今回の事態は番組編集についての外部からの干渉を排した放送法上、問題となる可能性がある」と指摘した朝日新聞のスクープは日本列島に大きな衝撃を与え、さまざまなメディアが「〈NHK特番〉自民・安倍幹事長代理らが放送直前に介入?」(「毎日新聞」二〇〇五年一月一二日)などと取り上げた。

翌一三日、当時、この番組の制作に携わっていたNHK番組制作局教育番組センターのチーフ・プロデューサー長井暁《さとる》氏が記者会見を開き、朝日新聞のスクープを裏付ける衝撃的な証言を行った。記者会見はNHK近くのホテルで行われたが、会場費は集まったメディア関係者が分担して支払うという珍しい形だった。長井氏は緊張した面持ちではあったが「四年間、悩んだ」末の告発だっただけに、誠実な語り口の中にも毅然とした覚悟が見受けられ、その姿は集まった記者たちの胸を強く打つものだった。

政治家の介入に関する長井証言は、おおよそ以下のようなものだった。

❶一月二九日の午後、松尾武放送総局長(現・日本放送出版協会社長)を伴って中川・安倍両氏を議員会館などに訪ね、番組についての説明を行い、理解を求めた。しかし、中川・安倍両氏の了解は得られなかった。そこで松尾放送総局長は「番組内容を変更するので、放送させてほしい」と述べ、NHKに戻った(信頼ある上司の話として)。

❷(松尾氏や野島直樹氏らが永田町に行った日、伊東律子番組制作局長室に制作現場の我々が呼ばれた時)伊東律子番組制作局長は「この時期にはNHKは政治と闘えないのよ」といきなり切り出し、「天皇有罪とかは一切なしにして」と言った。

❸当日の午後六時過ぎからすでにオフライン編集をアップしていた番組（通常、これ以降の編集の変更は行われない）の試写を、松尾放送総局長、野島担当局長、伊東律子番組制作局長の立ち会いの下で行い、番組内容の変更を長井氏ら制作現場に指示した。その主な変更内容は、以下の三点。

1 女性国際戦犯法廷が、日本軍による強かんや「慰安婦」制度が「人道に対する罪」を構成すると認定し、日本国と昭和天皇に責任があるとした部分を全面的にカットする。

2 スタジオコメンテーターの米山リサ氏の話を数箇所カットする。

3 女性国際戦犯法廷に反対の立場をとる日本大学の秦郁彦氏のインタビューを大幅に追加する。

❹その結果、通常四四分の番組は四三分となった。

❺放送当日の一月三〇日夕方、すでにナレーション収録、テロップ入れなどの作業が完了し、完成間近になっていた番組の内容を、さらに三分カットするように制作現場に指示があった。その主な内容は以下の三点。

1 中国人被害者の紹介と証言。

2 東ティモールの慰安所の紹介と元「慰安婦」の証言。

3 自らが体験した慰安所や強かんについての元日本軍兵士の証言。

❻この指示を受けて現場ではＶＴＲの手直し作業が行われ、通常四四分の番組は四〇分という異例の形で放送されることになった。

❼私は、海老沢勝二会長はすべて了解していたと考えている。野島担当局長はこの事態の経緯を逐一、海老沢会長に報告していたし、海老沢会長の了承を得てこの作業が行われたと考えている。実際に、総合企画室と番組制作局がそれぞれ会長宛に作成した報告書が存在している。

圧力をかけたと名指しされた安倍氏らは「なぜ、四年も前のことを今、問題にするのか」「北朝鮮に対して厳しい姿勢をとっている私たちを狙い打ちにしたものだ」と、問題のすり替え発言を繰り返した。朝日新聞が報じたその日、安倍氏は発表したコメントの中でこのように語っている。

「これ（＝女性国際戦犯法廷）は拉致問題に対する鎮静化を図り、北朝鮮が被害者としての立場をアピールする工作活動の一翼も担っていると睨んでいた。告発している人物と朝日新聞とその背景にある体制の薄汚い意図を感じる。今までも北朝鮮問題への取り組みをはじめとし、誹謗・中傷にあってきたが、私は負けない。」

女性国際戦犯法廷を「拉致問題の沈静化の一翼」としたこの発言には、北朝鮮問題に結びつけさえすれば政治介入が免罪されるという意図が透けて見える。

なぜ、「今」なのか？

なぜこの時期だったのかについて、長井氏は記者会見で明確に語っていた。

ＮＨＫが「視聴者・国民のみなさまの信頼と期待に応え、ＮＨＫの信頼性や健全性を一層高め、高い倫理感と緊張感をもって組織運営を行うため」にコンプライアンス推進委員会（法令遵守）を設置したのは、二〇〇四年九月七日のことだった。その後、ＮＨＫの全職員を対象に「ＮＨＫ倫理・行動憲章」「行動指針」の遵守に向けた職場研修を行い、一〇月中に全職員に対して「コンプライアンス推進レポート」の提出を求め、誓約・署名を徹底した。

コンプライアンス推進室が設置される前の七月二六日にすでに内部通報窓口は設置されていたが、外部通報窓口が設置されたのは九月一三日である。二〇〇五年一月一九日現在までの通報は一七件であったが、外部通報窓口に通報したのは長井氏のみだった。ちなみに外部通報窓口となっている弁護士事務所は東京丸の内法律事務所であり、担当弁護士のうち三名は、ＶＡＷＷ-ＮＥＴジャパンがこの番組について裁判を行っているＮＨＫ側の被告代理人の弁護士である。そして、当時、コンプライアンス推進室の会長は、海老沢勝二NHK会長だった。

一二月九日、長井氏はNHKの自浄能力に期待して「NHKコンプライアンス通報制度」に基づいて外部通報窓口に通報し、番組に対する政治介入の問題を調査し公表するよう求めた。一二月一七日に推進室から「調査することになった」との連絡を受けたが、一カ月が経っても何の音沙汰もなかった。そこで問い合わせたところ、係争中の事案という理由で、関係者へのヒアリングすら開始されていないということを知り愕然としたという。

「末端の職員の不正行為は直ちに調査し公表するのに、海老沢会長やその側近が関わる不正行為については調査・公表する能力も意思もないということは明白。これはもう、マスコミの皆様に事実を語るしか仕方がないと思った」（長井氏談）

すなわち、長井氏が「四年も経ったこの時期」に告発したのは、コンプライアンス推進室が設置され、告発の「受け皿」ができたことが直接の理由だったといえる。

長井氏は、告発を決断した心境をこう語っている。

「（告発したことで）不利益を被ることにはなると思う。私もサラリーマン。家族もある。家族を路頭に迷わせるわけには行かない。この四年間、非常に思い悩んできた。しかし、真実を語る義務があると思った」と。

彼が「真実を語らなければ」と決断した背景には、NHKの不祥事が次々に発覚し信頼が失墜している状況について、NHK職員として何とか視聴者の信頼回復をしなければならないという思いがあった。

「海老沢体制になってから放送が中止になったり再放送が中止になったりなど、政治介入が日常茶飯事に起こるようになった。政治家から批判や非難がくると、それが放送現場に直に行く。そういうことが、海老沢体制の下で行われている。報道現場では、政府に都合の悪い番組企画は通らない雰囲気、萎縮した空気が蔓延している。海老沢体制の最も大きな問題は、政治との関係を構造化してしまったという点にあるのではないかと考え、こういうことを明らかにするべきだという思いから記者会見に臨んだ。」「NHKは今、未曾有の危機にある。受信料の不払いがどんどん増えている。このままいくとNHKの受信料制度、公共放送の存立自体が危うくなっている。何とか視聴者の皆様の信頼を回復し、NHKが一日も早く出なおすことが求められている。」

長井氏の記者会見については多くのメディアが大きく報道したが、「家族が路頭に迷うかも知れないと思い悩んできた」という発言はクローズアップされたものの、彼のこうした危機感についての発言は片隅に追いやられた。放送（二〇〇一年一月三〇日）後、VAWW-NETジャパンと当時代表であった松井やよりは、番組改変の背景に何があったのかを明らかにしたいと考え、二〇〇一年七月二四日に、NHKと番組制作に関わったNHKエンタープライズ二一（以下、「NEP」と略記）、番組制作会社のドキュメンタリー・ジャパン（以下、「DJ」と略記）の三者を相手に提訴した。東京地裁での審理は二年半に及び、その間に番組制作に当たったNHKの吉岡民夫教養番組部長（当時）や永田浩三チーフ・プロデューサー（当時）らの証人尋問が行われたが、長井氏が証人申請されることはなかった。もしも長井氏が証人として法廷に立っていたら、この告白はもっと早く行われていたかもしれない。

辻褄の合わない中川証言

朝日新聞に名指しされた安倍・中川両氏は、その後、さまざまなメディアを使って反撃に出た。中川氏は、一月一〇日に朝日新聞の記者の取材で番組放送前にNHK幹部と面会したことを「会った、会った。議員会館でね」と認め、「『番組が偏向していると言った。それでも『放送する』と言うから、おかしいんじゃないかと言ったんだ。だって（民衆法廷は）『天皇死刑』って言っている」「おれは（『天皇死刑』と）そう聞いた」「あそこを直します、ここを直しますから（放送を）やりたいと。それで『だめだ』と」。そして、「放送中止を求めたのか？」という記者の質問に「まあ、そりゃそうだ」と答えたという（「朝日新聞」二〇〇五年一月一八日付朝刊）。

ところが朝日新聞のスクープから三日後、騒ぎが大きくなると、中川氏は一転、証言を覆した。「当方がNHKを呼んだわけではない。来たのは当方の記録では放送後の二月二日。当方から放送内容の変更や放送中止に関しては一切言っていない」(「中川昭一氏との一問一答」「朝日新聞」二〇〇五年一月一三日付)。

一度は認めておきながら証言を変えたのは、放送前にNHK幹部と会ったことを示す公的「記録」が残っていなかったからではないか。中川氏がNHK幹部と会った場所は議員会館だった。しかし、野島氏ら幹部クラスは、議員会館に入る場合、一般市民のように受付で面会票を記す必要がない。フリーパスで入れる。従って公的記録(議員会館の面会票など)が無いとしても不思議ではない。事が想像以上に大きくなったため、その重大性に慌てて記録＝証拠がないことを理由に証言を覆したのではないのか。

その後、中川氏は『報道二〇〇一』『二〇〇五年一月二四日放送)で、「この件について実は内部でいろいろと番組を今、検討している最中ですと、こういうご説明が伊東(律子)さんからありました」と、その会話が放送前に行われたものであることを思わせる発言をし、放送後だったという主張と辻褄が合わない点を司会者に突っ込まれる場面もあった。こうしたやり取りを見ても、中川氏が放送前に会ったことは確かだろう。

一方、安倍氏が放送前に会ったことを認めざるを得なかったのは、面会した場所が記録を消せないところだったからだろう。松尾氏は朝日新聞の取材で「まず、議員会館に中川氏を訪ね、途中、どなたかにお会いしてから自民党本部だったか、ちょっと広い応接室で安倍氏に会った」(「朝日新聞」二〇〇五年一月一八日付)と話した。その後、安倍氏がNHK幹部らに面会した「広い応接間」とは官房副長官室だったことが明らかになった(月刊「文藝春秋」二〇〇五年三月号)。

他方、「週刊文春」の記事「NHKも朝日も絶対に報じないそれぞれの恥部」(二〇〇五年二月三日号)に、安倍氏の秘書の次のような談話が紹介された。

二九日に会いたいと電話でアポを取ってきたのは「安倍氏の父、故・晋太郎氏の番付記者だったＮＨＫの幹部」。「スケジュールにはない飛び込みでしたが、先代の番記者の方ですから、二九日の午後には予定が空くと答えました。そして第一議員会館の駐車場で待ち合わせをして、私が議員の所までエスコートしたと記憶しています」というものだ。

この二つの証言を合わせて考えてみると、松尾氏の証言にあった「どなたか」とは安倍氏の秘書であり、第一議員会館で中川氏に面会した後に、第一議員会館の駐車場で安倍氏の秘書と落ち合い、秘書に連れられて安倍氏のいる官邸に行き、そこで安倍氏に面会したということではないか。

複数議員が介入

放送前にＮＨＫ幹部たちに会って、番組の説明を受け、意見を述べたと語っている自民党国会議員は安倍氏だけではない。それを一月一八日にいち早く報じたのは朝日新聞と毎日新聞だった。下村博文議員は「私のところにも放送前に、呼び出したわけではなくＮＨＫの方から、このまま放送するのは問題があると思っているのでもう一度、編集を含めて検討したいと言ってきた」と語った。また、古屋圭司議員は「放送前に議連幹部の多くがＮＨＫ幹部に面会を求められ、番組について説明を受けた」「向こうから話がきていたのは事実」と語った。また、平沢勝栄議員は「ＮＨＫ幹部は予算説明で来た」と、安倍氏らと口裏を合わせるような弁明を行った。

中川氏を含めて、この五人の自民党国会議員に共通するのは「日本の前途と歴史教育を考える若手議員の会」のメンバーだったということだ。

この議連が発足したのは九七年のこと。中学歴史教科書全社に「慰安婦」問題が記述されたのがきっかけだった。九〇年代はじめに「慰安婦」被害者の金学順《キムハクスン》さんが名乗り出て日本政府を相手に謝罪・補償を求める裁判を起し

俵　義文（子どもと教科書全国ネット21・事務局長）

「二〇〇〇年女性国際戦犯法廷」のNHK番組・ETVシリーズ二〇〇一「戦争をどう裁くか」の第二夜「問われる戦時性暴力」（二〇〇一年一月三〇日放送）の番組内容に対して、中川昭一、安倍晋三両自民党国会議員などが政治的介入・圧力をかけた問題は、メディアによって、朝日対NHKの問題のような扱いがされている。ことの本質は、中川・安倍議員が番組内容に政治介入・圧力をかけて、内容を改変させ、それによって日本軍「慰安婦」問題を抹殺しようとしたことである。

ところで、両議員がどのような経過で政治介入するに至ったかは、これまでの報道では必ずしも明らかになっていない。この介入に至る経緯を明らかにする重要な資料がある。改憲・翼賛の右翼組織である日本会議（会長・三好達元最高裁長官）の機関誌『日本の息吹』の二〇〇一年三月号に次の記事が載っている。

（番組は）企画自体があまりにも政治的に偏向しており、不偏不党という公共放送の原則に著しく逸脱していた。／内容についても中心的に紹介された「女性国際戦犯法廷」の報道は、日本軍による女性への性暴力がいかにもあったかのような印象を与える編集で公正さを欠き、我が国の名誉を傷つけるものであった。／事前にこの件を察知した本会（日本会議—引用者）では抗議活動を展開し、一月二六日には、NHKを管轄する総務省に対して、小田村副会長以下の役員により、片山虎之助大臣を訪ね、NHKが公共放送としてふさわしい公正な報道を行うように申し入れを行った。

日本会議は、この番組を「事前に察知して抗議活動を展開した」ということである。この「事前」というのが何時かはこの文面からは不明だが、少なくとも、片山総務相に申し入れた一月二六日よりも前だというのは明らかである。当時、維新政党新風や日本世論の会、大日本愛国党など右翼団体が放送中止を要求して、NHKに押しかけていたが、日本会議もまた、NHKに対して「抗議行動を展開」していたのである。日本会議は、NHKに抗議するだけでなく、連携する超党派の議員連盟「日本会議国会議員懇談会」（「日本会議議連」）に情報を持ち込み、政治レベルでの活動を要請したわけである。

「新しい歴史教科書をつくる会」と連携する「日本の前途と歴史教育を考える若手議員の会」（議員の会）とこの「日本会議議連」は、姉妹組織であり「議員の会」のメンバーはほとんど「日本会議議連」に所属している。二〇〇一年当時、「議員懇談会」の会長は麻生太郎総務相、会長代理が中川昭一経済産業相、安倍晋三自民党幹事長代理は三つあるプロジェクトの一つの責任者だった。中川議員は「議員の会」の会長、安倍議員は同事務局長であった。また片山総務相（当時）も「日本会議議連」のメンバーである。この両議連は、当時も今も教科書の「慰安婦」記述削除を主張し、「慰安婦」問題で否定的な発言をつづけている。

ＮＨＫの宮下宜裕理事は一九日の記者会見で、安倍、中川両氏に番組内容を説明した理由を安倍氏らが「議員の会」の幹部であり「会の中で番組のことが話題になっていたことを（野島局長が）知っていたため」（「東京新聞」一月二〇日）と説明している。

ＮＨＫ番組改変の真相はこうだ！

日本会議と「日本会議議連」は一心同体であり、一月二六日よりも前に、「日本会議」の情報・意向を受けて同議連と「議員の会」の幹部の安倍・中川議員が介入し、政治的圧力をかけて番組を改変させたというのが真相である。

さらに、この政治介入において、片山総務相がどのような役割を演じたのかは、今まで何も報道されていない。ＮＨＫを管轄する大臣が、日本会議の申し入れを受けてどのような動きをしたのかも、今後、解明されなければならない。

以上のように、安倍・中川議員が政治的に介入・圧力によって番組を改変させた問題は、日本会議・「日本会議議連」・「議員の会」の構図の中で、この二つの議連のメンバーが動き、代表する形で、両議連の幹部の安倍・中川議員が直接ＮＨＫに圧力をかけたということである。

（初出「週刊金曜日」No.441.二〇〇五年四月一日号所収）

て以来、アジア各国の被害者が次々に名乗り出て裁判を起していった。その後、軍関与を示す資料や「慰安婦」制度の指揮・命令系統を明らかにする資料が発見され、九三年八月四日、日本政府は「慰安婦」問題に関する第二次調査結果を報告し、軍の関与と強制性を認める談話を発表し、河野洋平内閣官房長官は「従軍慰安婦として数多くの苦痛を経験され、心身にわたり癒しがたい傷を負われたすべての方々に対し心からお詫びと反省の気持ちを申し上げる」「われわれはこのような歴史の真実を回避することなく、むしろこれを歴史の教訓として直視していきたい」「このような問題を永く記憶にとどめ、同じ過ちを決して繰り返さないという固い決意を改めて表明する」と述べ、日本が「慰安婦」問題に誠実に向き合い、永く記憶していくことを誓ったのだ。

その後、一九九五年八月一五日、当時首相であった村山富市氏は談話（「戦後五〇周年記念日にあたって」）を発表し、「歴史の事実を謙虚に受け止め、ここに改めて痛切な反省の意を表し、心からのお詫びの気持ちを表明」すると述べた。こうして、「慰安婦」問題は中学教科書七社全社に記述され、義務教育で教えていくことになった。

ところが、それをきっかけに「新しい歴史教科書をつくる会」など、「慰安婦」の記述削除を求める運動が大きく動き出し、前述の議連もまた、そうした動きと歩調を合わせて設立された。

当時、中川氏はこの議連の代表であり、安倍氏は事務局長、下村氏は事務局次長だった。また、現在この議連（「日本の前途と歴史教育を考える議員の会」に改称）の会長を務める古屋氏は当時は議連の副幹事長であり、平沢勝栄氏は委員だった。このように、放送前にNHK幹部と面会したことがはっきりしている国会議員たちはすべて「慰安婦」問題に否定的な議連のメンバーであった。ちなみに当時、議連の副代表は、「慰安婦」問題の記述が教科書から減って良かったと発言した中山成彬議員（現、文部科学大臣）であり、「慰安婦」問題を否定してきた高市早苗氏や小山孝雄氏は幹事長代理だった。

去る（二〇〇五年）三月六日、下村議員は「日本会議首都圏地方議員懇談会」設立大会の講演において前述の中山発言を支持し、「従軍慰安婦や強制連行は左翼用語で、歴史的に正しくない」と述べた。議連のメンバーが番組に圧力をかけた動機は、「慰安婦」問題を否定する認識に依拠している。

しかし、「彼らがだれであるのか」は、これに留まらない。

番組が放送される四日前のこと。議連のメンバーのほとんどが所属している「日本会議国会議員懇談会」（会長代理：中川昭一議員、プロジェクトの座長：安倍晋三議員）の姉妹組織「日本会議」は「事前にこの件（番組の内容）を察知し、抗議活動を展開」していたが、ついに一月二六日、「小田村副会長以下の役員により片山虎之助総務大臣を訪ね、NHKが公共放送としてふさわしい公正な報道を行うよう申し入れを行った」（「日本会議」の機関紙「日本の息吹」二〇〇一年三月号）のだ。議連と議員懇談会と日本会議はまさに三位一体の関係にあるといえる。これまで政治家があったとしてはっきりしているのは一月二九日だけだが、実は、その以前からこのような動きが水面下で行われていたのだ。

改変クライマックス

日本会議のメンバーが総務大臣に申し入れを行った二〇〇一年一月二六日、NHKで何が起こっていたのかを見てみよう。

この日、制作現場に大きな異変が起きていた。松尾放送総局長が「番組を見せろ」と乗り込んできたのだ（月刊「現代」二〇〇五年三月号）。ナレーションや音響効果が入っていない白素材の編集VTRは、この日、DJから長井氏（デスク）に渡されており（素材テープは、すでに前日に渡している）、その編集VTRは異例の放送総局長と番組制作局長により試写されることになった。

試写後、松尾氏は「違う立場の人を番組に登場させる」ように吉岡教養番組部長に指示した。放送まで四日しかない。部長の指示を受けた永田チーフ・プロデューサーはその日の夜、「慰安婦」問題に否定的な秦郁彦氏にインタビューのアポをとった。さらに、この日、「NHK総合企画室職員が政治家にアポをとった」という。安倍事務所に電話を入れたのはNHKの政治部出身で、安倍晋三氏の父親安倍晋太郎氏の番付記者をしていた松岡重臣氏だった。

翌一月二七日、NHKは不穏な空気に包まれた。午前一〇時、「維新政党新風」のメンバーら約三〇人がNHKの四階正面玄関に押しかけ、「放送中止」を求めたのである。また、午後一時過ぎには一階西口玄関に「大日本愛国党」の街宣車五、六台が集まり、二〇名ほどが中に乱入した。この日、永田氏はスタジオコメンテーターの高橋哲哉氏に電話で、コメントの取り直しを依頼した。その時、高橋氏にファックスされた台本（修正台本）には元日本兵の加害証言や判決が入っていたため、高橋氏は新撮に応じることを了承したという（『世界』二〇〇一年五月号）。

この時、高橋氏にファックスで送られた新撮台本は、一体、いつ作られたものなのか？　台本は町永俊雄アナウンサーの発言のほとんどが変えられている。実は、町永アナウンサーについては二三日にコメントの取り直しの新撮が行われており、この台本は二三日段階で作られたものではないかと推察される。つまり、二三日の時点ですでに、「異常」な動きが進行していたということなのだ。

二八日午後二時、永田氏ら五、六名の撮影チームは秦郁彦氏の自宅に行き、三〇分程度、秦氏のコメントを撮影した。このときの永田氏の様子について、秦氏は「諸君」（二〇〇五年三月号）の中で「NHKの担当者は二分間だけ撮りたいと言ってきた。上からの指示で、嫌々来たという感じだった」と述べている。

また、打ち合わせの時に秦氏は「女性法廷の準備段階において日本の検事団がやはり弁護人は必要と唱えたが、不要論の南北コリア検事団に押し切られたというくだりだけは落とすなと条件をつけ、承知させた」「それなのに録画終了後に永田CPはやはり落としたいと粘り、物別れに終わったと記憶する」とも述べている。

実際、その場面は放送されていた。秦氏はなぜ、ありもしないこのような話を入れることにこだわったのか。被告人弁護については国際実行委員会で何度も話し合われたが、それは被告人弁護をつけるかつけないかの議論ではなく、被告人弁護の出廷は要請するが、出廷のない場合にどうするかという議論だった。裁判官たちが出した結論は、アミカス・キュリエ（法廷助言者）の制度を採用し、被告人の主張を行おうということだった。法廷では、初日と最終日に、計三人の弁護士がアミカス・キュリエとして被告側の主張を行った。

この日、高橋哲哉氏のコメントの取り直しが行われ、午後六時三〇分、秦氏のインタビューなどを入れた粗編集のVTRができ上がり、吉岡部長が試写をした後もさらに編集が行われ、午後一一時に修正版が完成した。ところが、それを試写した吉岡部長はさらに注文を付けたため再び編集作業が行われ、二九日未明に四四分版のVTRが完成した。

二九日というのは、安倍氏らに面会した日である。経緯からして、夜を徹した編集作業は、政治家に会うまでに何としても編集VTRを完成させなければならないということだったのではないか。いうなれば二九日以前に、「説明」しなければならないコンタクトが安倍氏らとNHKの間にあったということなのだ。

二九日、松尾放送総局長と総合企画室国会対策の野島直樹担当局長、そして伊東律子番組制作局長はNHKの公用車で第一議員会館に行き、七階の中川昭一議員の部屋を訪ねた。月刊「文藝春秋」には「あらかじめアポイントを入れてあったのに、当日の朝になぜかキャンセル。ダメ元で議員会館を訪ねたがやはり中川氏は不在だった」とあるが、これについては疑問である。中川氏は当初、放送前に会ったと語っていたが、それが真実ならば会ったのはこの日ということになる。しかし、その後「会ったのは放送後の二月二日だ」と証言を覆したため、「不在で会えなかった」という筋書きに書き換えられたのではないだろうか。三人ものNHK幹部が、議員室に入るまで、不在を確認しなかったはずがない。確認は、携帯電話一つでできるのだ。不在を承知で議員室にまで行くというのは、あまりに不自然である。

その後、三人が向かったのは首相官邸だった。アポを取った松岡氏と落ち合い、官邸の官房副長官室で安倍議員と面会（前掲「文藝春秋」）した。三人の面会理由は予算説明だったというが、予算担当者でもない三人が、なぜ、首相官邸にまで予算説明に行く必要があるのか。番組の説明が主目的であったことは間違いない。官邸で官房副長官に会うこと自体、緊張を強いられるものであり、ましてそこで番組について意見を突きつけられれば、NHK幹部らが「圧力」と感じないはずがない。

午後五時頃、永田氏、長井氏、吉岡氏は伊東律子番組制作局長室に呼ばれた。そこで、すでにオフライン編集をアップしていたVTRの試写が再び行われた。三人が局長室に入るや、伊東氏は「この時期にはNHKは政治とは闘えない。天皇有罪とかは一切、なしにして」と切り出したという（長井証言）。「この時期」とは、数日後に自民党の総務部会でNHKの予算説明が予定されていたことを指している。

午後五時三〇分頃、「憔悴しきった顔」で、松尾氏が局長室に現れ、連絡を受けたのか、まもなく野島氏もやってきたという。午後六時過ぎに局長試写が行われ、編集についての指示が行われた。終始リードしたのは野島氏だった（長井証言）。このとき指示された内容は、先にもふれた次の三点だった。

❶女性国際戦犯法廷が、日本軍による強かんや「慰安婦」制度が「人道に対する罪」を構成すると認定し、日本国と昭和天皇に責任があるとした部分を全面カットする。

※具体的にカットされた場面は、「法廷」映像と町永アナウンサーの判決を伝えるナレーション、そして「有罪」の認定について話すマクドナルド裁判長の映像と声だった。

❷スタジオコメンテーターの米山リサさんのコメント数箇所をカットする。

❸女性国際戦犯法廷に反対の立場をとる秦郁彦氏のインタビューを大幅に追加する。

※当初は一場面だけだった秦氏のコメントは、内海愛子氏のコメントを挟む形でもう一場面が追加された。最初に入れられていた秦コメントは、①一事不再理という法の原則からいうと、もう一回裁くというのは法常識を逸した話。②時効がある。③被害者の証言には、一人も証人に立っている人がいない。④普通の法廷では被害者の申し立てだけでは判決は下らない。⑤弁護人がいない、反対尋問もない。被疑者の人権を考えていない。⑥日本の検事団は事前の打ち合わせ会議の時に弁護人を付けるべきだと主張したが、韓国の検事団がそれに反対した、というものだった。

これらの発言はどれもが的外れで、「一事不再理」の原則を持ち出しているが、実際は、東京裁判では「慰安婦」制度は裁かれておらず、二度裁いたわけではない。裁かれなかったからこそ裁いたのだ。また、被害女性の証言に証人がいないという論理は、「証人がいないからデッチあげ」という証言破壊の論理であり、こうした主張は、秦氏が女性国際戦犯法廷をなぜ開いたのかをまったく理解していないことを示している。このことは、秦氏が「法廷」の三日間の審理を傍聴していないことにも関係している。もし、「法廷」を傍聴したならば、彼の主張には多くの的外れな発言や間違いがあることに気がついただろう。しかし、彼は、「法廷」の審理を傍聴しなかった。彼が「傍聴した」というのは日本青年館で行われた「判決概要の言い渡し」のみであり、彼は一人の被害者の証言も加害証言も、被告人弁護について語る裁判官の話も、被告人弁護の出廷がなかったために、三人の弁護士がアミカス・キュリエとして被告側の主張を行ったことも、まったく知らなかったのである（第Ⅱ部「反論」を参照）。にも関わらず、町永アナは秦氏を「法廷を傍聴した歴史家」と、二度にわたって紹介した。一般の視聴者が、「傍聴した歴史家」のコメントを、「傍聴しない歴史家」のコメントよりも「信憑性」を感じるのは自然である。番組改変は単なるカットというものではない。その本質は、事実を曲げた「改ざん」にほかならないのだ。

深夜、これらの編集作業が完了し、一分短い四三分版になった。秦発言を挿入してもカット場面が多かったため、その穴埋めとして意味のない「法廷」場面を追加したが、それでも一分の時間短縮を埋めることはできなかったのである。

放送当日の三〇日。午前九時に音入れや声優による吹き替え、ナレーション収録などの作業が行われた。午後三時過ぎに音声の仕上げ作業が完了し、午後六時、ナレーション、音入れの作業が完了しようとしていた矢先、再び松尾放送総局長から吉岡部長に電話が入った。さらに三分カットをしろというのだ。放送まであと四時間しかない。吉岡部長、永田氏、長井氏の三人は松尾氏に「何とか思い留まってもらえないか」と相談し、永田氏と遠藤絢一番組制作局主幹が松尾氏に掛け合ったが、彼は「とにかく全責任は私がとる。指示通りに作業してほしい」とはねつけた。局長の業務命令に、制作現場の人間が逆らうことはできなかった。

この時に指示された主なカット場面は、以下の三点だった。

❶中国人被害者の紹介と証言。万愛花さんについてのナレーション。

❷東ティモールの慰安所の紹介と「慰安婦」被害者の証言。東ティモールに関するナレーション。

❸自らが体験した慰安所や強かんについての元日本軍兵士の証言。それに関連したナレーション。

その後、長井氏は、日放労の幹部に何とかしてほしいと電話をかけたが、それまでの経過が伝えられていなかったこと、放送時間まで数時間しかないこともあり、「今すぐ行動を起すことは難しい」という返事だった。

結局、番組は通常の枠より四分も短い四〇分版で放送されることになったのだ。このような短縮は前代未聞であり、いまだかつて前例の無いことだったという。

二六日以前をどうみるか?

これまで述べたのは二六日から三〇日までであるが、二六日以前も制作現場には「異様」な空気があった。

そもそもこの番組の企画の発端は、二〇〇〇年の八月に遡る。八月四日に高橋哲哉氏の講演「歴史と裁き」をたまたま聞いたNEPの林勝彦プロデューサーは、高橋氏の話から一二月に東京で女性国際戦犯法廷が開催されることを知り、何とか番組にならないかと考えた。ある番組制作会社のプロデューサーに打診したのだが断られてしまった矢先、パーティーでDJの坂上香氏に会った林氏は、翌日、高橋氏と会うことになっているので一緒に行かないかと声をかけた。一八日、坂上氏は林氏、高橋氏と話している中で番組提案票の作成を依頼され、ためらいがあったものの押し切られる形で引き受けたという。

坂上氏が書いた番組提案票の内容がNEPの林氏とNHKの永田氏、長井氏の間で検討されたのは二五日だった。その時、永田氏や長井氏から被害者の証言や「法廷」がどのように作られていくのかを盛り込んでほしいという要請を受け、さらに書き直したという。そして一〇月五日、DJの広瀬涼二プロデューサーは永田氏に呼ばれ、番組制作が内定したことを告げられた。

VAWW-NETジャパンに取材協力の依頼があったのは一〇月二四日だった。依頼にやってきたのはDJの坂上香ディレクターと甲斐亜咲子ディレクター、澤明日香アシスタント・ディレクターだった。その時DJからバウネットの事務局長東海林路得子に渡された番組提案票にはこのような内容が記されていた。

「女性国際戦犯法廷の過程をつぶさに追い、半世紀前の戦時性暴力が世界の専門家によってどのように裁かれるのかを見届ける」「女性国際戦犯法廷をつぶさに追い、スタジオでの対談をはさみながら半世紀後に戦時性暴力を問うことの意味を考える」「被害から半世紀以上たった今、世界中のブレーンを結集する国際法廷がどのように作られ、実際に進められていくのか、また、国際世論が戦時性暴力にどのような審判を下すのかを見届けるなかで、何が問われてきたのかを見据えたい」。

その後、VAWW-NETジャパンは取材協力を了解し、「法廷」開催前から「法廷」当日はもちろんのこと、D

Jの取材に全面的に協力していった。

暮れも押し迫った一二月二七日、高橋哲哉氏と米山リサ氏のスタジオ収録が行われ、DJは編集作業に突入した。

年が明けた二〇〇一年一月一三日、DJ、NEP、NHKの三者による試写が行われた。その時、永田氏や長井氏から「女性法廷の主催団体のスケールの大きさがわかる情報を盛り込んでほしい」「番組の狙いが、法廷の歴史的意味合いを考えることだという点を、ナレーションで明確にしてほしい」「日本軍による慰安婦問題だけではなく、強かんなど戦時性暴力を人道に対する罪として裁くことを、ナレーションできちんと説明してほしい」などの意見が出されたという。この時、永田氏、長井氏、林氏らは「いい番組になる」と機嫌が良かったといい、「崇高な女性法廷の記録を中心にしよう」という合意に動いていた（坂上証言）。

雲行きが怪しくなったのは一月一九日の吉岡部長試写頃からだった。ビデオを試写した吉岡氏は興奮して「法廷との距離が近すぎる」「ボタンのかけ違い」「お前らにはめられた」などの言葉を言い残し、退席した。

二二日に再び部長試写が行われたが、その時、松井やよりさんのインタビューを外すことや「天皇有罪」の判決シーンを削除してナレーションに変えるよう、吉岡部長から指示されたのだ。これについて坂上氏は「NHKの番組制作局長（伊東律子氏）と吉岡氏からそれが通告された」ことを、長井氏から聞いている。ということは、このときすでに伊東氏が動いていたということなのだ。編集作業中盤の番組内容について番組制作局長が口を出すということは決して「日常的」なことではないという。後に「週刊新潮」は右翼が騒ぎ出した同じ頃、「NHKの番組制作の責任者である伊東律子番組制作局長が自民の大物議員に呼び出され、クギを刺されたという噂が局内でささやかれている」（二〇〇一年二月二二日号）と報じているが、状況的に見るとそれが「二二日頃」だったということも考えられる。

「異常」な編集は、翌日の二三日にも起こった。先にもふれたが、この日、町永アナウンサーの司会のコメントの取り直しが行われている。修正台本を見ると、取り直しはほとんど全般にわたっていることがわかる。このことは、番組の方針を変更したことを物語っているが、極め付きは女性国際戦犯法廷に対する評価スタンスが一八〇度転換したことだった。バウネットに手渡された番組提案票には、「法廷」についてこのように記されていた。

「法的な拘束力はないが、ベトナム戦争の当時者の責任を問い、国際世論に大きな影響を与えたことで知られるラッセル法廷（一九六七年にノーベル文学賞受賞作家のバートランド・ラッセルによって提唱され、フランスの哲学者サルトルを議長として行われた）に次ぐ民衆法廷となる。今回の女性国際戦犯法廷は世界各国から一〇〇〇人を超える参加者を予定しており、規模や国際世論に与える影響において、ラッセル法廷を遥かに上回るといわれている。」

しかし、撮り直された町永アナの「法廷」を紹介するコメントは「これは『法廷』といいましてもあくまでも民間のものでありますから、法的拘束力はないこと、それから被告人は一切出席していないこと、裁けないはずの死者を裁こうとしていること、さらに被害者の証言については、そのすべてを必ずしも確認できないことなど、さまざまな争点、問題点があることは事実といえます」という否定的なニュアンスに変わっていた。

二四日、再び部長試写が行われたが、この日、DJは編集作業から離脱した。これに関して証人尋問では「もうとても無理だと思った。DJの名前を外してほしい、共同制作というクレジットも外してほしいと頼んだが、NEPの島崎さんから共同制作の名前は外さない方がいいといわれた」という証言があった。DJは二五日に素材テープを、二六日に今まで編集したVTRをNHKに渡した。

三〇日に放送された番組の最後に、このようなクレジットが流された。

共同制作：NHKエンタープライズ二一・ドキュメンタリー・ジャパン

制作・著作：NHK

おわりに

政治圧力により番組が改変されたということは、こうした経過を見ても明らかである。第一、「これは政治圧力です」などと言って圧力をかける政治家がどこにいよう。ＮＨＫにしても、圧力をかけられたと認めれば、圧力に屈した、放送法に違反したことを自ら認めることになる。「圧力」の否定は、皮肉なことに「かけた側」と「かけられた側」の双方が利害を共有しているのだ。それゆえ、被害者とも言えるＮＨＫは、懸命になって圧力否定を繰り返しているということだろう。

一月一九日、コンプライアンス推進室は「調査結果報告書」を発表した。結果は①放送前に中川氏に面談した事実はない。会ったのは二月二日。②安倍氏の発言はＮＨＫに対する不当な圧力とは認められず、安倍氏の発言をもってＮＨＫが不当な政治圧力を受けたとの根拠とはいえない、という二点から、「放送法第三条及びＮＨＫ倫理・行動憲章に違反する不法行為は認められない」というものだった。調査は、松尾武氏、野島直樹氏、伊東律子氏、吉岡民夫氏、永田浩三氏にヒアリングを行ったというが、聞き取りの具体的内容はまったく公開されていない。

ＮＨＫが今回の真相を明らかにし、政治圧力の事実を認めない限り、同じことは繰り返されていくだろう。この問題を曖昧な形で終わりにすることは、「報道と政治介入」の実態を温存していくことでもある。

今回の政治介入問題の底辺には、「慰安婦」問題と「天皇の戦争責任」を巡る歴史認識の問題がある。アジアとの信頼関係を構築するためには、過去との向き合いは不可欠だ。過去の過ちを日本の反省として共有する姿勢が過去の克服の第一歩であり、それが東北アジアの安定と平和の実現の第一歩ではないかと思う。

●番組「改変」の経過を追う・2

NHK番組「改変」の経緯

VAWW-NETジャパン編

●記号は以下の関連を表わす――◇＝NHK経営広報資料、見解など　◆＝裁判関係　★＝長井暁氏証言　☆＝安倍発言など　※新聞、週刊誌など
●アルファベット表記は以下の様に略記する――NHKエンタープライズ21＝NEP　ドキュメンタリー・ジャパン＝DJ　チーフ・プロデューサー＝CP　アシスタント・ディレクター＝AD　ディレクター＝D

〈2000年〉

8月4日　◆高橋哲哉氏の講演「歴史と裁き」を聞いてNEP21の林勝彦CPが感動。

8月18日　◆NEP林CPがDJの坂上香Dに番組提案票の作成を依頼。坂上Dは躊躇ったが押し切られる。
――NEPはDJに依頼する前に他の制作会社に打診したが断られた。

8月21日　◆坂上D、番組提案票を作成。NEPの林CPの了解を得る。

9月11日	◆NEPとDJがNHKに企画を提案。
9月25日	◆DJ、NEP、NHKの三者で打ち合わせ。坂上Dは提案票を書き直すと約束。
9月26日	◆NHKの永田CP、長井デスク、NEPの林CP、DJの坂上Dと話し合い。
10月2日	◆書き直しの番組提案票はNEPにファックスされ、NEPからNHKの永田CPに提出。
10月24日	◆DJの坂上D、甲斐D、澤ADらがVAWW-NETジャパンに取材協力を要請。

〈番組提案票に書かれていた一部〉

「女性国際戦犯法廷の過程をつぶさに追う」

「世界の専門家によってどのように裁かれるのかを見届ける」

「世界中のブレーンを結集する国際法廷がどのように作られ、実際に進められていくのか、また、国際世論が戦時性暴力にどのような審判を下すのかを見届けるなかで、何が問われてきたのかを見据えたい」

11月16日	◆NHK、NEP、DJの三者で企画の話し合いが持たれる。「法廷の記録性を大事にしよう」「天皇の責任が問われることも法廷の記録として捉えるわけだから問題ない」（NHK側）。
11月	◆四夜シリーズの企画書を、NHKの永田CPが作成。
11月21日	◇◆シリーズの企画提案が番組制作局部長会で承認。その後、制作を外部の制作会社に正式に発注した。

12月8日　◆制作はＮＥＰからＤＪに委託された。すなわちＮＨＫがＮＥＰに制作を委託、ＮＥＰがＤＪに再委託という形。

〜10日　——女性国際戦犯法廷の三日間の審理（九段会館にて）。

12日　——「判決の概要」の言い渡し（日本青年館にて）。

※当日のメディア取材（二階のメディア席）一四三社三〇五人（うち、海外メディア九五社二〇〇人）。ＤＪ（ＮＨＫ）のみ、撮影を一階で行う。

——傍聴者、連日一〇〇〇名を越える（国内約六〇〇名、世界三〇カ国以上から約四〇〇名）。裁判官は世界から著名かつ信頼ある専門家たち。首席検事は、ウスティニア・ドルゴポルさんとパトリシア・セラーズさん（第Ⅱ部Ｑ７参照）。

12月27日　◆コメンテーターのスタジオ収録（高橋、米山、町永アナ）。

〈2001年〉

1月19日　◇◆第一回教養番組部長試写、手直し作業。

1月22日　◆ＮＨＫ、ＮＥＰ、ＤＪの試写。

——吉岡部長命令「松井やよりのインタビューを外す。天皇有罪の判決シーンを削除してナレーションに変えるように」。手直し作業。

1月23日　**◆スタジオ追撮・町永アナ。**　※長井デスク同席。

——町永アナのコメントは、ほとんどが撮り直された（修正台本）。

24日

◇◆第二回教養番組部長試写。手直し作業。

◆DJは編集から離脱。

「もう、とても無理だと思った。DJの名前を外してほしいと頼んだ。共同制作というクレジットも外してほしいと頼んだが、NEP21の島崎部長から共同制作の名前は外さない方が言いといわれた」（証人尋問）。

29日の数日前

★国会対策の総合企画室の**野島直樹**氏と**職員**が中川昭一議員に呼び出されて、相当激しく番組内容を批判されたようだ。二九日の議員への説明はこれに対するもの。中川、安倍両議員が揃っていたかはわからないが中川さんたちのメンバーだと聞いた。数人いたという。

※安倍発言――29日以前に一回も会っていない。接していない。

26日

◆DJはこの日までに編集したVTRをNHKの長井デスクに渡す。

※スタジオ部分の収録テープなどの素材は25日に長井氏に渡した。

※「（日本会議は）総務省に対して、小田村副会長以下の役員により片山虎之助大臣を訪ね、NHKが公共放送としてふさわしい公正な報道を行うように申し入れを行った」（日本会議機関誌「日本の息吹」二〇〇一年三月号）。

――日本会議は改憲・翼賛の右翼団体（詳しくは10頁の俵義文氏のコラムを参照のこと）。この機関紙には、「事前にこの件を察知した本会では抗議活動を展開し、一月二六日には……」とあり、26日の総務大臣への申し入れ以前から抗議活動を行っていたことが推測される。

〈「日本会議」と中川・安部両氏の関係とは？〉

中川氏は「日本会議」と姉妹組織の「日本会議国会議員懇談会」の会長代理。当時、内閣官房副長官だった安倍氏はプロジェクトの座長。この議員懇談会には「日本の前途と歴史教育を考える若手議員の会」（31頁参照）のほとんどの議員が所属。「若手議員の会」と「日本会議議員懇談会」と「日本会議」は、「慰安婦」問題に否定的な考えであり、三位一体といえる組織。

※「松尾放送総局長が〝番組を見せろ〟と乗り込んできた。このため、伊東番制局長も加わって〝粗編試写〟が行われた」「完成した番組をオーディションルームで局長が試写するケースはこれまでにもあった。だが、まだ完成していない番組を総局長や番制局長が見るのはかつてなかったこと」（魚住昭、月刊「現代」二〇〇五年三月号）。

◇※**松尾放送総局長試写**。伊東氏も同席、手直し作業。女性国際戦犯法廷に批判的な意見もインタビューにして入れることを決めた。

◆☆※秦郁彦氏へのインタビューアポ。

※ＮＨＫ総合企画室職員が政治家へのアポ。

※この日の夜、制作現場には自民党の国会議員からのクレームがあり、総合企画室の担当者が対応に追われているという情報がもたらされた。その後、長井デスクは「番組内容に対するクレームにどう答えるか」という対応メモを作成するよう指示された（魚住昭、月刊「現代」二〇〇

	五年三月号）。
27日 am10時過ぎ	◆※「維新政党新風」のメンバー約三〇名がNHKの四階正面玄関に押しかけ、「放送中止」を求める。代表七名が「担当者を出せ」と詰め寄る。 ※「NHKはETV2001の放送を中止せよ」のチラシ配布や「放送中止要請文」を出したのは、「NHKの『反日・偏向』を是正する国民会議」（西村修平氏署名）
pm1時過ぎ	――一階西口玄関に「大日本愛国党」の街宣車五、六台。二〇名程度が中に乱入。 ※右翼の攻撃は1月に入ってから激化し、NHKに電話やFAXの抗議が集中。永田Pの自宅にも警察が警備。 ――放送の日、DJは会社の看板を外す。放送後、コメンテーターの自宅も警察警備。 ◇高橋哲哉氏に新撮（撮り直し）の依頼。
28日 pm2時	◇◆※秦氏の自宅で秦氏のインタビュー撮影。 ◆高橋氏のスタジオコメント部分、撮り直し。 ※「NHKからFAXされた修正台本判決と元日本兵の証言があり、新撮に応じた」（高橋哲哉、「世界」二〇〇一年五月号）。
pm6時30分	※秦インタビューなどを入れた粗編集が出来上がり、**吉岡部長試写**。さらに修正が加えられる。
pm11時	※修正版が完成。再度、**吉岡部長試写**。
29日	◇※未明にNHK第一次版編集（オフライン編集）VTR**44分版**ができた。 ◇☆★※松尾武放送総局長と野島直樹総合企画室担当局長（現理事）ら三人が安倍晋三衆議院議

員と面会。

※アポを取ったのは安倍議員の父、故安倍晋太郎氏の番付記者だったＮＨＫ幹部（松岡重臣氏）。第一議員会館の駐車場で秘書と待ち合わせ。ＮＨＫの方から「予算の説明に併せて、今日は番組の説明もしたい」と言った（「週刊文春」二〇〇五年二月三日号）。

※「まず議員会館に中川氏を訪ね、途中、どなたかにお会いしてから自民党本部だったか、ちょっと広い応接室で安倍氏に会った」（松尾発言として報道）。

※松尾氏、伊東氏、野島氏を乗せたＮＨＫの公用車は第一議員会館に到着。中川氏の議員室に行った後、首相官邸に向かった。松岡重臣氏と落ち合い、官邸内の官房副長官室で安倍議員と面談した（月刊「文藝春秋」二〇〇五年三月号）。

★中川昭一衆議院議員と安倍晋三衆議院議員らが国会担当、政治家対応を担当していた野島氏らを呼び出し、放送中止を強く求めた。

★ＮＨＫ予算審議を直前にしていたこともあり、事態を重く見た野島氏は松尾氏を伴って中川、安倍氏を議員会館等に訪ね、番組についての説明を行い、理解を求めた。しかし、理解を得られなかったため、松尾氏は「番組内容を変更する（手直しする）ので、何とか放送させてほしい」と述べ、ＮＨＫに戻った。議員に、番組内容のメモを見せて説明したと思う。

※予算や事業計画の担当者は同行していない。

◇全体で15分から20分程度面会したようだ（宮下理事）。

☆安倍発言

●ＮＨＫ側から予算の内容について説明に行きたいと言ってきた。当時、永田町で話題になっていた裁判の特集番組について説明があった。その人が関係者を連れてきた。それについてはひどい内容になっていると聞いていたので、ちゃんと公平・公正にやってくださいと言った。至極当然のこと。

NHKが説明していた、あるいは関係者が説明しているところによると、秦郁彦日大教授がこの裁判に批判側のコメンテーターとして登場するが、その修正がなされたのは26日にアポをとって、28日に、私に会う前にすでにVTRを撮って、修正作業は何日も前から進めていたという。そもそも、私が会う、会わないは関係なかったということ（『報道ステーション』1月13日放送）。

●1月29日に会ったのは、日程表を見たから間違いない。**30日に放送されるのかは知らなかった。もしかしたら、もう放送されているのかと思った**（『サンデーモーニング』1月16日放送）。

※「伊東律子番組制作局長が自民の大物議員に呼び出されクギをさされたという噂が局内でささやかれている」（「週刊新潮」二〇〇一年二月二二日号）。

※自民党の議連「**日本の前途と歴史教育を考える若手議員の会**」の複数幹部が放送前にNHK幹部と面会していた（古屋圭司会長談話）。下村博文議員、「**このまま放送するのは問題があると思っているので、もう一度、編集を含めて検討したいと言ってきた**」。

※放送前に面会したことが判明している議員は、安倍晋三議員、下村博文議員、古屋圭司議員、平沢勝栄議員。

pm5時頃

〈「日本の前途と歴史教育を考える若手議員の会」とは?〉

中学歴史教科書に「慰安婦」問題が載ることに疑問を持つ当選五回以下の議員が集まり、「歴史教育のありかたについて真剣に研究・検討すると共に国民的議論を巻き起こし、行動すること」を目的に一九九七年に設立。「慰安婦問題の教科書掲載に関する質問主意書」を出し、旧文部省に回答を迫ったこともあった。当時、中川氏は代表、安倍氏は事務局長、古屋氏は副幹事長、下村氏は事務局次長、平沢氏は委員だった。

★永田町から帰った後、長井デスクらが呼ばれ、番組制作局で局長試写が行われた。終始、野島氏がリード。

※局長試写には、松尾氏・野島氏・伊東氏が参加。

※松尾放送総局長が「天皇有罪」などの場面カットを指示。

◆手直し作業。

※町永アナが「法廷」に言及している部分を削除するよう現場に指示。

★※オフライン編集をUPしていた番組(通常、これ以降の編集の変更は行われない)の局長試写を、伊東律子番組制作局長室で行い、番組内容の変更が制作現場に指示された。この時、伊東律子番組制作局長は「この時期にはNHKは政治と闘えない」「天皇有罪とかは一切、なしにして」と発言。「この時期」とは、数日後に自民党の総務部会でNHKの予算説明が予定されていた。

pm5時50分頃	※松尾総局長が憔悴しきった顔で局長室に現れる。まもなく、野島担当局長もやってきた。野島担当局長が試写に加わるのは前代未聞の出来事。
pm6時過ぎ	※★試写が再開。終始、野島氏がリードし、番組内容の大幅修正が決まった。 ▼主な変更内容▲ ①女性国際戦犯法廷が、日本軍による強かんや「慰安婦」制度が「人道に対する罪」を構成すると認定し、日本国と昭和天皇に責任があるとした部分を全面カットする。 ●「法廷」映像と町永アナのナレーション。 ●「有罪」認定について話すマクドナルド裁判官の映像と声。 ②スタジオの出演者である米山リサさんの話（「法廷」評価発言）を数箇所カットする。 ③女性国際戦犯法廷に反対の立場をとる秦郁彦氏のインタビューを大幅に追加する。（内海愛子さんのコメントの後に、さらに秦氏のコメントを入れた。↑2場面になる） ④意味のない「法廷」場面の追加（カットしすぎたための穴埋め）。
深夜	★43分版になる。 ◆「この段階でカットされたのは3分か4分」（証人尋問）。 ★深夜、再度試写。「これでいこう」ということになった。
30日	◆DJの坂上Dが異常な事態をメールでSOS発信。後に謹慎処分を受ける。 ◇松尾放送総局長、伊東番組制作局長、吉岡部長で協議。
am9時	※音入れ作業、声優による吹き替えやナレーションなど収録。

pm3時過ぎ

※ミックスダウン作業（音声の仕上げ作業）。

——ナレーション・音入れ完了直前。

★※すでにナレーション収録、テロップ入れなどの作業が完了し、完成間近となっていた最終間近に、松尾氏から吉岡部長に電話がかかってきた。その後、ここをカットしろと総局長指令があった。それで、永田CP、吉岡部長、長井デスクは「3分カットは思いとどまってもらおう」と話し合い、永田氏と番組制作局主幹遠藤絢一氏が松尾総局長に掛け合ったが認められなかった。松尾氏は「とにかく全責任は私がとる。指示通りに作業してほしい」と述べたと聞いている。カットは業務命令だった。

※長井氏はスタジオから日放労の幹部に何とかしてほしいと電話をかけたが、「今すぐ行動を起すのは難しい」という返事だった。

◆※永田CPが高橋氏に電話。「刀折れ、矢尽きた」。

pm6時

★番組の内容をさらに3分カットするよう、松尾放送総局長が制作現場に指示した。

▼指示された主な内容▲

①中国人被害者の紹介と証言。※証言中に倒れる万愛花さんについてのナレーション
②東チモールの慰安所の紹介と「慰安婦」被害者の証言。東チモールに関するナレーション
③自らが体験した慰安所や強かんについての元日本軍兵士の証言。それに関連したナレーション

★長井デスク猛反発。永田CPに「松尾総局長に再考を促してほしい」と頼む。永田CPと遠藤

	絢一番組制作局主幹が松尾氏に交渉。しかし、松尾氏は「私が全責任を取る」とはねつけた。 ★指示を受けて制作現場ではVTRの手直し作業が行われ、**通常44分番組は40分という異例の形で放送されることになった。**
pm7時過ぎ〜8時30分	※カット作業。
pm10時	——40分版でオンエア ※ETV特集は番組名を変えながら一万本近く放送されてきたが、放送時間より短い尺で放送されたのはこれがはじめて。
2月2日	※中川議員発言——この日、NHK側と会い、番組について聞いたと証言。放送前には会っていないとも。 ◇NHKの幹部と中川氏が面会したのは2月2日が最初。放送前には面会していない（NHK関根放送総局長の見解）。 ——この日、伊東律子番組制作局長も会った（ETV2001を巡る報道に関する記者会見要旨）。 ※会ったのは伊東律子番組制作局長、野島担当局長、塚田氏。
6日	——VAWW-NETジャパン、NHK海老沢会長宛てに公開質問状送付。 ※一一項の質問のうち、第九項目は政治圧力に関する質問。
9日	※自民党総務部会で「日本の前途と歴史教育を考える若手議員の会」の議員たちは、「偏向番組だ」と海老沢会長に激しく抗議。
16日	——番組出演者（高橋哲哉氏、米山リサ氏、内海愛子氏、鵜飼哲氏ら）がNHKに申し入れ。

24日——女性国際戦犯法廷国際実行委員会がNHKに対して抗議声明を送る。
3月2日——VAWW-NETジャパンの西野瑠美子と東海林路得子がNHKに出向き、抗議文と「番組改変に関する事実経過の確認」を手渡す。
6月9日——視聴者、市民による「私たちの要望と見解」の署名提出。
7月24日——VAWW-NETジャパンと松井やよりが、NHK、NEP、DJを提訴。
10月3日——第一回口頭弁論。

〈2002年〉

12月27日——原告松井やより逝去（西野が訴訟を継承）。

〈2004年〉

3月24日——地裁判決。
4月1日——VAWW-NETジャパン控訴。

〈2005年〉

4月25日——控訴審第4回口頭弁論。
7月20日——控訴審第5回口頭弁論（予定）。

〈29～30日の改変箇所は次の通り〉

1月28日		44分版
1月29日　pm6時過ぎからの改変部分	3、4分?カット	43分版
①判決（町永アナのナレーション、マクドナルド裁判官の判決概要言い渡し場面の映像とコメント） ②米山リサさんのコメント、数箇所 ※内容は、「法廷」評価発言 ③秦郁彦氏のインタビューを大幅に追加 ※1場面から2場面に。秦発言は計3分25秒になった ④カットしすぎた穴埋めに、意味のない「法廷」映像を挿入		
1月30日　pm5時以降からオンエア直前まで	3分カット	40分版
①中国人被害者の紹介と証言、ナレーション ②東チモールの慰安所の紹介と被害者の証言、ナレーション ③元日本軍兵士の証言、ナレーション		

※「アミカス・キュリエ」の場面は28日には消されていた。

第Ⅱ部　反論

●女性国際戦犯法廷20のQ＆A

安倍・秦発言に反論する

VAWW-NETジャパン編

二〇〇五年一月一二日の朝日新聞の報道、一三日の長井暁《さとる》NHKチーフ・プロデューサーの内部告発以来、放送前にNHK幹部に会ったことが明らかになった安倍晋三議員（当時、内閣官房副長官、現・自民党幹事長代理）は、その行為を正当化するためにテレビや雑誌等でさかんに女性国際戦犯法廷（以下、「法廷」と略記）に関する事実誤認の発言を繰り返してきました。また、責任追求をかわすため、政治介入問題を「北朝鮮の工作」説や朝日新聞の「誤報」問題に論点をすり替える発言も重ねています。

さらに、問題のNHK番組『問われる戦時性暴力』（二〇〇一年一月三〇日放送）で、法廷の審理を傍聴していないにもかかわらず「法廷を傍聴した歴史家」として紹介された秦郁彦氏（Q2参照）も、法廷や「慰安婦」問題について歪曲と偏見にみちた発言を繰り返しています。

多くのメディアがそのような暴言を一方的に流すのは、二〇〇〇年当時、法廷を報道せず黙殺したメディアの報道姿勢と無関係ではありません。法廷に関して基本的な知識をもっていないため、発言を検証することができないのです。他方、法廷の主催団体の一つであるVAWW-NETジャパンの主張を取り上げるメディアは、ほとんどありません。

第Ⅱ部では、女性国際戦犯法廷や「慰安婦」被害者について正確に知っていただくため、二〇の質問に答えます。なお、以下に引用する安倍晋三氏の発言は、テレビ朝日『報道ステーション』（二〇〇五年一月一三日放送）、同『サンデー・プロジェクト』（同年一月一六日放送）、フジテレビ『報道二〇〇一』（同年一月三〇日放送）及び「諸君」（二〇〇五年三月号）、同じく秦郁彦氏の発言は、NHK番組『問われる戦時性暴力』（二〇〇一年一月三〇日放送）などにおいて行ったものです。

●女性国際戦犯法廷の目的・参加者について

Q1 女性国際戦犯法廷は、いつ、なぜ、どのように開催したのですか?

正式の名称は「日本軍性奴隷制を裁く女性国際戦犯法廷」。日本軍性奴隷制とは、日本軍「慰安婦」制度のことです。法廷は、二〇世紀最後の年の最後の月である二〇〇〇年一二月八日（アジア太平洋戦争勃発の日）から一〇日（国際人権デー）までの三日間、九段会館で審理が行われ、一二日に日本青年館で判決概要の言い渡しが行われました（「第Ⅴ部資料」「二〇〇〇年『女性国際戦犯法廷』日程」参照）。

法廷には、二つの目的がありました。一つは、「慰安婦」制度がどのような犯罪で、だれにどのような責任があるのかをはっきりさせること（責任者処罰）と、戦後、日本政府がなんら措置を講じてこなかったことに対して日

法廷全景

本政府の責任（国家責任）を明らかにすることでした。

「慰安婦」制度は、東京裁判（極東国際軍事裁判、一九四六～四八年）でも裁かれませんでした。また、戦後のサンフランシスコ講和条約や二国間条約においても、「慰安婦」制度に関する責任が言及されることはありませんでした。一九九〇年代に入って名乗りをあげた被害女性たちは、「慰安婦」制度を戦時下に女性に対して行われた戦争犯罪、重大な人権侵害であるとして日本政府を被告として裁判をおこしましたが、原告の請求棄却が続いていました。

こうしたなかで、責任者処罰は被害女性たちが求めてきた正義の実現の一つであり、「加害者」の姿と責任を明らかにすることにより「悪いのはあなたではない。あなたたちは戦争犯罪の被害者なのだ」ということを国際法の下で明らかにし、半世紀にわたる不処罰を克服しようという取り組みでした。

もう一つの目的は、戦時性暴力の不処罰の循環を終わらせ、戦時性暴力を根絶し、世界の女性人権運動に貢献することでした。第二次世界大戦後も世界には戦争や武力紛争が絶えることはなく、そのなかで強かんや性奴隷、性的拷問などのすさまじい性暴力が頻発していたからです。九七年に東京で開かれた「戦争と女性への暴力」国際会議では、このように戦時性暴力が繰り返されるのは責任者が処罰されてこなかったからだということが議論されました。責任者処罰については、九五年の北京女性会議の行動綱領にも「慰安婦」問題の解決には真相究明と謝罪・補償に並んで犯行者の捜査・訴追が必要だと明記されました。

一方、旧ユーゴやルワンダの国際刑事法廷で性暴力が裁かれるようになりました。一九九八年には国連人権委員会特別報告者のマクドゥーガル報告書に〝不処罰が戦時性暴力を繰り返させている〟と指摘され、戦時性暴力根絶のためにも半世紀前の「慰安婦」制度の不処罰問題に向き合おうと考えたのです。

この二つの目的をもって、一九九八年四月に、VAWW-NETジャパン代表であった松井やより（故人）が、加害国に生きる女性の責任として法廷開催を構想し、被害を受けたアジア各国と世界の女性たちに「慰安婦」問題の責任者処罰、すなわち女性国際戦犯法廷を呼びかけ、賛同を得たのです。

二〇〇〇年一二月八日から一〇日まで開かれた三日間の法廷審理では、準備過程で起草した法廷憲章に基づき、被害女性・元日本兵・専門家等の証言や提出された証拠に基づいて審理が行われ、当時の国際法の下で「慰安婦」制度の責任者を裁いたのです。一二日の「判決の概要」の言い渡しでは、大日本帝国の元首であり日本陸海軍の最高責任者（大元帥）であった昭和天皇をはじめ九人の被告の「有罪」と日本政府の「国家責任」を明らかにしました。これを聞いた被害女性の一人は、「一〇年間求め続けた正義を、この法廷がやっと与えてくれた」と喜びを語りました。最終判決は一年間の休廷を経て二〇〇一年一二月四日に、オランダのハーグで下されました＊（Q13参照）。

＊法廷の全過程を知りたい方は、VAWW-NETジャパン編『女性国際戦犯法廷の全記録 I』（緑風出版、二〇〇二年）やビデオ塾編集『沈黙の歴史をやぶって――女性国際戦犯法廷の記録』（64分、日本語版・英語版）、同ダイジェスト版（21分）、『ハーグ最終判決』（33分）など、ご参照下さい。

（西野瑠美子・金富子）

Q2 法廷にはどんな人が参加し、どういう人が傍聴したのですか？ 開催費用は？ また、番組では秦郁彦氏を「法廷を傍聴した歴史家」と紹介していますが、本当ですか？

法廷には、被害八カ国から「慰安婦」被害女性六四人と各国検事団が参加しました。海外からの参加者はアジアをはじめアメリカ、イギリス、ドイツ、オーストラリア、南アフリカなど三〇カ国以上・約四〇〇人以上にのぼりました。また、メディア関係者は一四三社三〇五人（うち海外参加者は九五社二〇〇人）にのぼり、日本国内からの参加者約六〇〇人をふくめて、連日一〇〇〇人を越える人々が三日間の審理を傍聴しました。**法廷はのべ五〇〇〇人が傍聴しましたが、**各国から参加された六四人の被害女性が一堂に会したのは一九九〇年代にはじまった「慰安婦」問題解決の運動のなかでもはじめてのことであり、画期的なことでした。

傍聴の申し込みは二〇〇〇年九月からはじまりましたが、一一月初旬には定員に達したため、それ以降の申し込みは断らなければなりませんでした。一年後の二〇〇一年一二月四日に、オランダのハーグで開かれた最終判決法廷には、被害七カ国から一〇人の被害女性とその支援者をはじめ、日本やヨーロッパ各国から約四〇〇人が駆けつけました。ここで、「慰安婦」制度で起訴された被告全員に「有罪」が言い渡されたのです。

法廷を開くためには約八千万円の費用がかかりましたが、それらは**各国が分担して集めました。**日本ではVAW-NETジャパンが二〇〇〇年開廷にちなんで一人二〇〇〇円の賛同カンパを一万人から集めようと「一万人キャンペーン」を展開し、二〇〇〇万円の目標に取り組んだのです。

その結果、日本では約三千万円の募金が集まり、韓国は一千万円の、台湾、フィリピンもそれぞれ五〇〇万円の分担金を集めました。残りは五〇〇〇人分の入場料とさまざまな助成金、外国の女性団体などの協力を得て目標額を達成したのです。これは、ひとえに法廷の趣旨に対する賛同と共感の賜物であり、法廷を実現できたのは国内外の多くの人々の協力があったからです。

法廷を見まもる被害女性や傍聴者

取材するメディア関係者

なお、**秦郁彦氏は九段会館で開かれた三日間の審理をまったく傍聴していません。**彼が傍聴したのは、日本青年館で行われた「判決の概要」の言い渡し（約二時間）だけです。秦氏は、法廷の審理を傍聴していないだけでなく、法廷の趣旨を理解していないため、彼の発言には事実誤認が多く、秦氏固有の歴史認識と法廷の事実関係が混同し、誤った事実を視聴者に伝えています（具体的な発言の誤りに関してはQ7・Q10・Q11・Q14を参照）。

（西野瑠美子・金富子）

●法廷の主催者について

Q3　安倍晋三氏は「裁判を始める時、主催者の松井やよりさんが、裁判の会場を九段会館に決めたのは悪の根源である皇居に一番近いからだと明言した」と発言していますが、本当ですか？また、法廷の「主催者は松井やより」と発言していますが、本当ですか？

松井やよりは、そのような発言はまったく行っていません。女性国際戦犯法廷の初日（一二月八日）に、国際実行委員会の共同代表三人（松井やより、尹貞玉、インダイ・サホール）があいさつを行いました。「裁判を始める時」というのはこの時のあいさつを指していると思われます。主催者あいさつの内容は法廷の審理過程をすべて収録した『女性国際戦犯法廷の全記録Ⅰ』（緑風出版、三八～三九頁）におさめられている通りです。

ちなみに九段会館を会場にしたのは、東京都内にあり一〇〇〇名規模が収容可能な会場と三〇〇名規模の人が宿泊できる施設を併設していたからであり、予約を快く了承してくれた施設はここだけだったという実務的な理由か

図　女性国際戦犯法廷の構成

「女性国際戦犯法廷」

判事　首席検事　各国検事団
書記官　被害者証人　専門家証人
加害者証人　アミカス・キュリエ

← 助言

法律顧問

ロンダ・カプロン（米国）
ケリー・ドーン・アスキン（米国）
バーバラ・ベドント（カナダ）
ベティ・ムルンギ（ケニア）
テオ・ファン・ボーベン（オランダ）

↑ 主催

「女性国際戦犯法廷」国際実行委員会

共同代表

松井やより VAWW-NETジャパン代表	尹貞玉 韓国挺身隊問題対策協議会共同代表	インダイ・サホール 女性の人権アジアセンター代表
加害国　日本	**被害国〔６ヵ国〕**	**国際諮問委員会**
VAWW-NETジャパン 代　表　松井やより 副代表　西野瑠美子 　　　　中原道子 事務局長　東海林路得子 運営委員 日本検事団 アミカス・キュリエ 各国調査チーム 翻訳チーム 通訳チーム メディアチーム 映像記録チーム インターネットチーム 資料画像化チーム 警備チーム 被害者アテンドチーム 医療チーム 舞台監督 ボランティアチーム	**韓国** 韓国挺身隊問題対策協議会 **朝鮮民主主義人民共和国** 「従軍慰安婦」太平洋戦争被害者補償対策委員会 **中国** 上海「慰安婦」研究センター **台湾** ㈶台北市婦女救援社会福利事業基金会 **フィリピン** 女性の人権アジアセンター **インドネシア** 正義と民主主義のためのインドネシア女性連合	**アリアン・ブルネ（カナダ）** 人権民主開発国際センター **エドナ・アキノ（フィリピン）** アムネスティ・インターナショナル **シャーロット・パンチ（米国）** 女性グローバルリーダーシップ・センター **フローレンス・ブテグワ（ウガンダ）** アソシエーツ・フォー・チェンジ **ユーヘニア・ピザ・ロペス（アルジェリア/フランス）** イスラム法下の女性 **レパ・ムラジェノヴィッチ（ユーゴ連邦）** 暴力に反対する女性自立センター **ヴァヒダ・ナイナー（インド）** ジェンダー正義を求める女性コーカス

らでした。

法廷の主催者は、松井やよりではありません。主催者は国際実行委員会でした（前頁の図参照）。国際実行委員会は加害国日本（VAWW-NETジャパン）、被害国（韓国、フィリピン、中国、台湾、北朝鮮、インドネシアの六カ国の支援団体）、国際諮問委員会（加害国・被害国以外の第三国の国際法の専門家六名）で構成され、それぞれの代表者が共同代表を担いました。松井やよりは日本の代表として国際実行委員会の共同代表の一人でした。

このように法廷は、加害国、被害国、国際的な女性組織という〝グローバルな女性や市民〟によって構成された国際実行委員会の主催で開かれたのです。

法廷を成功に導いたのは国際実行委員会の結束と、法廷の趣旨に賛同した加害国・被害国をふくむ世界各国の女性を中心にしたグローバル市民社会の結集です。正義の実現を願う被害者の強い思いが、歴史と国際社会を動かしたといえます。

（西野瑠美子・金富子）

Q4　安倍氏は、テレビで「（女性国際戦犯）法廷は謀略。当時、拉致問題が問題化しているなかで、北朝鮮を被害者の立場にすることで、この問題の鎮静化を図ろうとしていた。大きな工作の中の一部を担っていた」（テレビ朝日『報道ステーション』一月一三日放送）、「二〇〇一年当時、日本では拉致問題が注目されており、北朝鮮は自分たちを被害者の立場におくことで、日本の世論における形勢を立て直そうとしていた。そうした意図ともとに、日本の過去の行状をことさらに暴き立てる民衆法廷のプランが浮上したのでしょう」（「諸君」三月号）と発言していますが、本当ですか？

事実無根の発言です。そもそも日本人拉致問題が現在のような形で大きく社会問題化したのは、二〇〇二年九月一七日の日朝首脳会談時に北朝鮮の金正日軍事委員長が拉致事件を認めて以降のことです。法廷の開催が決まったのは一九九八年であり、NHK特番が放送されたのは法廷の翌月二〇〇一年一月三〇日です。時系列的に見ても、一九九八年時点では社会問題化していなかった拉致問題の鎮静化を図るため、北朝鮮を被害者の立場にし、工作活動の一環として法廷を開催したなどという安倍氏の発言がいかに矛盾しているかがわかります。

法廷の準備は一九九八年四月の第五回「慰安婦」問題アジア連帯会議（韓国・ソウル）を経てはじまりました。正式に国際実行委員会が結成されたのは、翌一九九九年二月にソウルで開かれた準備会議においてです。この時、個人の加害責任を追及する刑事裁判方式か、真相究明に重点をおく南アフリカの真実和解委員会方式かを議論し、その結果、前者にきまりました。また、法廷の枠組みを定める「法廷憲章」の草案づくりは一九九九年初めから日本と韓国検事団でそれぞれ準備に取りかかり、二〇〇〇年七月のマニラ会議の国際検事団会議で採択されました。国際実行委員会の参加被害国は韓国、フィリピン、台湾、中国、北朝鮮、インドネシアでしたが、この会議はソウルで開かれたため北朝鮮は参加できませんでした。

北朝鮮が検事団会議に参加したのは、二年後の二〇〇〇年三月末の中国・上海会議からです（その後インドネシアも正式に参加を決めました）。つまり、北朝鮮がはじめて検事団会議に参加した二〇〇〇年三月時点では、すでに法廷の大まかな枠組みは決まっていたのです。

国際実行委員会が北朝鮮に参加を呼びかけたのに応じて北朝鮮が法廷に参加したのは、北朝鮮がまぎれもなく被害国だからです。日本は朝鮮半島を植民地にしましたが、その植民地支配を背景に日本軍は侵略戦争遂行の道具として朝鮮人女性を「慰安婦」にしたのです。法廷に被害国である北朝鮮が参加したことは当然のことです。

（西野瑠美子・金富子）

Q5 また、安倍氏は、法廷は「松井やより、池田恵理子、黄虎男・鄭南用」がつくったかのようにフリップをあげて「私は北に狙われた！」とテロップが出ていましたが、本当ですか？

この発言は、一月三〇日放送の『報道二〇〇一』（フジテレビ）に安倍氏が生出演したときのものです。番組のテロップは、「NHK番組変更の真実!?私は北に狙われた！」というものでした。

安倍氏は、女性国際戦犯法廷は「松井―池田―黄・鄭」による〝陰謀〟であるかのように強調しましたが、事実無根です。松井やより、池田恵理子はVAWW-NETジャパンの運営委員でしたが、二人が法廷を組織したということはありません。先に述べた通り、女性国際戦犯法廷の主催者は国際実行委員会です（Q3参照）。

また、各国検事団は九カ国から、計五〇名が参加しましたが、黄虎男氏と鄭南用氏はその中の二人であり、各国検事団としての二人の役割はどの国の検事団とも同じであり、それ以上でも以下でもありません（Q6参照）。二人を「北朝鮮の工作員」と名指しして、この二人だけが検事であったかのように言い、**女性国際戦犯法廷を「北朝鮮の工作」であったかのような事実無根のイメージを視聴者に与えることは、きわめて悪質な情報操作です。**

さらに、「私は北に狙われた！」という扇情的な見出しは、安倍氏がNHK番組に政治圧力をかけた「加害者」であるにもかかわらず、被害者であるかのようなイメージを与えるもので、**「北朝鮮に結びつければ、なんでも許**

される」という日本の現状を逆手にとって、法廷を意図的に歪曲するためのものです。

このような安倍氏の法廷わい曲発言や個人攻撃が、当事者の反論や取材がなされないまま公共の電波により一方的に垂れ流されていることは大変な問題です。

これについてVAWW-NETジャパンはさまざまな方法で抗議を行ってきました（一月一七日のNHK裁判集会、一月二六日の院内集会、二月五日の東大での番組検証集会や安倍議員への抗議文、マスコミ宛の「安倍晋三氏の事実わい曲発言について」という見解、NHK海老沢会長宛の公開質問状等）。にもかかわらず、マスコミは相変わらず安倍氏らのわい曲発言のみを垂れ流してきました。

肝心の政治介入の問題を蚊帳の外に置き、このような一方的発言ばかりを発信するマスコミの報道姿勢には、政治的な力学が働いているとさえ思えます。ここには、天皇の戦争責任、「慰安婦」問題や植民地支配・侵略戦争などの歴史認識の欠落という問題、性差別への視点の欠落という問題がよこたわっているのではないでしょうか。

番組への政治介入を招いたNHKの体質は、問題を追及しきれないメディアの体質でもあるといえます。

（西野瑠美子・金富子）

安倍議員はテレビで法廷をわい曲する発言を繰り返した
（フジテレビ『報道2001』2005年１月30日放送）

●裁判官・検事団に関して

Q6　安倍氏は、「検事に北朝鮮の代表者が二人なっている。工作活動していると認定されている人たちを裁く側として登場させているというのも事実」と発言していますが、本当ですか？

南北コリア検事団と証言する被害者たち

いうまでもなく「**裁く**」のは検事ではなく裁判官です。裁判官でもない北朝鮮の代表者が裁いたわけではありません。**そもそも北朝鮮検事団というのは存在しませんでした**。二〇〇〇年六月の歴史的な南北首脳会談（金大中大統領＝当時と金正日軍事委員会委員長）をきっかけに、マニラ会議（同年七月）で南が北に南北統一起訴状作成を提起し、台北会議（同年九月）で、**韓国と北朝鮮は「南北コリア検事団」を結成したのです**。南北コリア検事団の検事団長は韓国の朴元淳弁護士が担いました。

安倍氏に「工作員」と名指しされた黄虎男氏は、二〇〇〇年法廷当時は、北朝鮮の「慰安婦」被害者の聞き取り調査などを行ってきた「従軍慰安婦・太平洋戦争被害者補償対策委員会」（当時）の事務局長であり、鄭南用氏は歴史学者であり国際法学会常務委員でした。Ｑ５で述べたように、**黄・鄭両氏は九カ国の各国検事団五〇名の中の南北検事団九名のうちの二名にすぎません**。

安倍氏の発言は、日本にあふれる北朝鮮バッシングを利用し、法廷を「北朝鮮の工作説」と強引に結びつけることによって法廷を貶め、政治圧力問題から目をそらせようとする悪意に満ちた中傷です。（西野瑠美子・金富子）

Q7 法廷の裁判官・検事団は、どういう人たちだったのですか？ 秦氏は裁判長や首席検事はアメリカ人だと言っていますが。

裁判官や首席検事は「法廷憲章」の規定に基づき、国籍・民族・人種・性のバランスを考慮して五大陸から国際的に著名な国際法の専門家五名を任命しました。法廷憲章第八条は、「①性の配分②地域配分③女性の人権の提唱・擁護・推進に関する貢献④国際人道法、国際人権法、国際検事法についての専門的知識と経験⑤ジェンダー犯罪や性暴力犯罪を扱った経験」に考慮して「人権の分野で国際的に信頼のある著名人のなかから」国際実行委員会が任命すると明記しています。

この規定に基づいて裁判官（判事）に任命されたのは、ガブリエル・カーク・マクドナルドさん（アフリカ系米国女性／旧ユーゴ国際刑事法廷の前所長）、クリスチーヌ・チンキンさん（イギリス人女性／ロンドン大学国際法教授）、カルメン・マリア・アルヒバイさん（アルゼンチン女性／アルゼンチンの判事／二〇〇一年国連総会で、旧ユーゴ国際刑事法廷の判事に選出／現国際刑事裁判所判事）、ウィリー・ムトゥンガさん（アフリカ人男性／ケニア人権委員会委員長）でした。アジアから選出されたインド人男性のバグワティ（インドの最高裁の判事）は、急病のため欠席となりました。

首席検事に任命されたのは、パトリシア・セラーズさん（アフリカ系米国女性／旧ユーゴとルワンダの国際戦犯法廷

４人の裁判官（向かって左からアルヒバイ判事、マクドナルド裁判長、ムトゥンガ判事、チンキン判事）

２人の首席検事（向かって左がセラーズ検事、右がドルゴポル検事）

のジェンダー犯罪法律顧問）と、ウスティニア・ドルゴポルさん（オーストラリア女性／国際法学者・国際法律家委員会のメンバーとして、「慰安婦」問題について調査し、勧告をまとめた）でした。

このように**裁判官は五大陸から選ばれており、裁判官・首席検事がアメリカ人ばかりだったということはありません。**

（西野瑠美子・金富子）

●法廷の性格について

Q8 さらに安倍氏は法廷について「裁判自体、とんでもない模擬裁判。模擬裁判ともいえない裁判」などと発言していますが、本当はどうだったのですか？

旧日本軍による性奴隷制は、極東国際軍事裁判では裁かれませんでした。また、日本政府が「慰安所」に対する関与を認めた後の一九九四年、韓国に在住する被害者女性などが、責任者の刑事責任を明らかにしてほしいと東京地方検察庁に告訴しようとしましたが、東京地方検察庁は「被害事実が特定できない」などの理由で告訴・告発状を受理しませんでした。

性奴隷制は裁かれるべき犯罪ではないということなのでしょうか。いえ、そうではありません。旧ユーゴスラビア国際刑事法廷やルワンダ国際刑事法廷、そして九八年に設立された国際刑事裁判所も、「性奴隷制」を時効が適用されない戦争犯罪、人道に対する罪であるとして処罰の対象にしています。

一方、旧日本軍による性奴隷制について、国連人権委員会や、国連人権擁護促進小委員会の特別報告者は、「慰安婦」問題について適用されるべき法を明らかにし、責任者を特定して訴追すべきことを繰り返し勧告してきました。しかし、日本政府はまったく勧告に耳を傾けようとはしませんでした。

国家に代わって民衆が法を適用してその犯罪を明らかにするためには、多くの国際社会の法律家や歴史研究者などの専門家の協力と精緻な作業が必要不可欠でした。

まず、第二次世界大戦当時に適用されていた法を適用するために、検事団は訴追を行う各国の法律家や研究者に加えて、旧ユーゴスラビア国際刑事法廷の検事事務所の法律顧問や国際法学者の協力を得ました。「慰安所」制度の設置と運営に関する指揮命令系統や具体的な責任者を特定するためには、すでに日本国内の戦後補償裁判で検証を経た資料に加えて、歴史学者が発掘してきた旧日本軍や政府の資料をまとめあげました。その作業は、二年に及びました。

そうした長い準備期間を経て開催された法廷の審理を経て判決を書くまでには、一年の歳月が費やされました。このように国家が怠ってきた責任者処罰を、市民が実現させたのです。

「模擬裁判」とは架空の事件を、訓練や見せ物にするために実際のものをまねて行うことです。しかし女性国際戦犯法廷は、日本政府などが放置してきた不処罰事件を現実の法を適用して行った「民衆法廷」であり模擬裁判ではありません、当時の国際法に基づいて「慰安婦」制度の責任者を裁いたのです。

安部氏の発言は、彼自身の裁判と法に対する理解不足を示すものです。

（東澤靖：法廷・日本検事団）

Q9　それでは、「民衆法廷」って何ですか？

「民衆法廷」という考え方は、いったい法はなんのために存在するのか、法を実現するのは実際には誰なのか、という根源的な問いに基づいています。

普通の国家であれば、法は国民を代表した国家が制定し、違反があった場合に法を適用したり執行したりするのも裁判所などの国家機関でしょう。しかし、残念ながら現実には、国家が常に法を守り、法を正しく適用するわけではありません。そのような事態に対して、市民は常に受け身で、国家が何かをするのを待っているしかないのでしょうか。

たとえば最近、世界中の多くの人々がこれは国際法に違反するのではないかと考える、米英軍によるイラク攻撃がありました。その中で、無抵抗な市民が多数殺害されていった事実を私たちは知っています。そのような事態に対して、自分たちを代表する国家が沈黙を守りあるいは積極的に荷担しているとき、市民は「国際法を守れ」と行動することは認められないのでしょうか。

そもそも国家には、個々の人間のような実体はありません。国家が存在するのは、市民が自分たちの生命や生活を法律によって保護させるために自分たちの権限の一部を国家という組織に委ねることが効果的と考えるからです。国家の権力ももとをただせば、市民一人一人の力を基礎とし、国家の権力が乱用されないように基本となる法、憲法が存在します。ところが、国家がそうした法に従わず、悪法を作って市民の生命や生活を脅かすとき、市民に残された方法は国家に委ねた権限を取り返し、自らそれを行使することです。市民は、自分たちをきちんと代表していない国家を超えて、手を結びあうことが可能なはずです。

国際法の世界にも同じことが言えるでしょう。国際法は、究極的には地球上の市民がよりよく生きるために存在し、通常は、その運用は国家に委ねられています。しかし、国家がその国際法を踏みにじり、あるいは他が踏みにじるのを黙認するとき、国際法の実現を求めて行動できるのは市民しかいないのです。

「民衆法廷」はそのような当たり前の思想を基礎としています。旧日本軍の性奴隷制が明らかに国際法に違反する犯罪なのに、国家がそれに法を適用しない場合、国際法を適用する力を持っているのは市民しかいないでしょう。確かに市民は、国家が持つような組織化された法の執行手段を持ちません。しかし「民衆法廷」の行う法の適用が、地球上の多くの市民の良心をとらえるものであるならば、「民衆法廷」は何ものにも勝る力の源泉となることができるのです（五八頁参照）。

（東澤靖：法廷・日本検事団）

Q10　安倍氏や秦氏は法廷には「被告と被告側の弁護人がいない」とさかんに発言していますが、「適正手続」はどのように行われたのですか？

女性国際戦犯法廷は、「日本国家の責任」を問うため、開催二ヶ月前に全裁判官の名前で、被告であった当時の**内閣総理大臣森喜朗氏と被告弁護人（被告代理人）の出廷を要請しました。しかし、開催直前になっても何の応答もありませんでした。**したがって裁判官は**アミカス・キュリエ（法廷助言者＊）を採用し、被告側の主張を行うデュープロセス（適正手続）を確保したのです。**法廷では初日と最終日に計三人の弁護士がアミカス・キュリエとして被告側主張を行い、「慰安婦」問題についての日本政府の立場や主張を紹介しました。

＊Amicus Curiae とは、裁判所の求めに従い、裁判所に対し事件についての専門的情報または意見を提出する第三者。英国の制度で、弁護人がいない場合、市民の中から弁護人を要請できるという制度。

（西野瑠美子・金富子）

わたし（川口和子：法廷日本検事団長）は女性国際戦犯法廷をやっていた当時も、そして今も、「民衆法廷において死者を被告人にするということがなぜ許されないのか、許されないといわれるのか、言い方を変えるとデュー・プロセス（適正手続）に反するといわれるのか」についてずっと理解できないでいます。

日本の刑事訴訟法を見ると、被告人が死亡しまたは被告人たる法人が存続しなくなったとき、決定で公訴を棄却しなければならない。つまり裁判をやめなければいけないという規定があります（刑事訴訟法第三三九条一項四号）。また、再審の請求に関しては、有罪の言い渡しを受けた者が死亡し、または心身喪失の状態にある場合には、その配偶者または直系の親族・兄弟姉妹が再審請求できるという規定があります（刑事訴訟法第四三九条一項四号）。しかし、日本の刑事訴訟法には、死者を起訴してはいけないとか、起訴していいのは生きている人間だけといった明文の規定はありません。しかし、実際に起訴をするかどうか決めるという時点、つまり捜査が終わった時点で被告人となるべき者が亡くなっていれば、日本では公判請求（=起訴）しませんし、裁判の途中で負けが決まれば、公訴棄却になるのです。それは、被告人死亡のまま有罪判決を出しても国の裁判所で行われる判決の場合には判決の執行、たとえば懲役何年という判決であれば被告人を何年か刑務所に入れておくとか、罰金を払わせるとか、執行が予定されている被告人が死んでしまっていては刑の執行ができないので、有罪判決を出すのは無意味だと考えられているからです。

アミカス・キュリエの今村嗣夫さん

しかし、再審に関して被告本人が死んだあともその遺族に対して再審請求権が認められているのは、死者本人が死亡後でも回復されるべき名誉があると同時に、死者の名誉が回復されることによって再審を請求する遺族の名誉もまた回復されると考えられているからです。

ひるがえって、民衆法廷である女性国際戦犯法廷では、有罪か無罪かを判断するだけであり、有罪だと判断した場合にもその執行は予定されていません。有罪であることを宣言して終わりということです。

有罪であることを宣言する、つまり裁くということそれ自体に、あの当時本当に無残なまでに非人道的行為によって尊厳を踏みにじられ、その後長きにわたって尊厳を回復されないまま生きることを強いられてきた被害者たちの癒しになると考えられます。したがって、「人道に対する罪」において有罪だということを宣言すること自体に意味があるのです。**民衆法廷である女性国際戦犯法廷は、刑の執行は予定されていませんでした。そうであるならば、被告人が死者であるとしてなんの支障があるのでしょうか。**

阿部浩己（神奈川大学大学院法務研究科教授）

〈定義〉

民衆法廷（people's tribunal）とは、国家機関または国際機関として構成される法廷とは異なり、市民社会の発意の下に構成される法廷のことをいう。ベトナム戦争に際して組織されたラッセル法廷がその端緒をなす。

その後も、超大国による武力行使や核兵器の脅威、あるいは女性に対する暴力などに取り組む民衆法廷が世界各地で断続的に組織されてきた。これらの法廷は、いずれも、国際社会の基本的なルールが蹂躙されたままになっている事態を是正するために構想されたものである。

二〇〇〇年一二月に東京で開廷された女性国際戦犯法廷も、こうした民衆法廷の一つである。

〈思想的・法的基礎〉

国家機関または国際機関として構成される法廷がそうであるように、民衆法廷もまた、その管轄権の淵源は主権者たる市民の意思に見出される。国家や国際機構に託された意思が著しく踏みにじられたとき、市民／民衆は直接に行動を起こすことができる。これは、市民のもつ権利であると同時に、社会を支える市民に課せられた責務でもある。民衆法廷はこうした思想にもとづいて組織される。この法廷は、現実の政治あるいは社会過程に直接にはたらきかけるものであり、教育・訓練のために実施される模擬法廷とは根本的に性質を異にしている。

模擬法廷という語には、「それ自体は本物ではない」という含意があるが、民衆法廷は「それ自体が本物」である。

民衆法廷とは何か？

〈適用法規〉

法廷で適用される規則は、多くの場合、現実に作用している国際法である。とくに、人間の尊厳を守る国際人権法、武力紛争を抑制する国際人道法、重大な犯罪の撲滅と被害者の尊厳回復を目指す国際刑事法といった、国際法を構成する諸法が適用法規とされることが多い。

女性国際戦犯法廷もその例にもれず、法廷憲章に明示されているように、国際人道法および国際刑事法の定める基本的規則が適用法規として指示されている。

〈構成・権威〉

民衆法廷の構成の仕方は多様だが、女性国際戦犯法廷は、刑事裁判の要素を柱としながら民事裁判の要素を加味させて構成されている。民衆法廷には、判決を執行させる（物理的）強制力が伴っていないため、判決の権威は、その「質」にかかっているといってよい。

このため、女性国際戦犯法廷は、判事団に国際裁判に熟達した実務家と国際法の権威を招き、また、検事団にも同様の資格をもつ専門家を主席に据えたほか、証拠収集作業にも細心の注意が払われた。

長大な判決文は、ニュルンベルク裁判、東京裁判、旧ユーゴスラビア・ルワンダ国際刑事法廷等の先例を踏まえ、国際人道法規の精確な解釈を展開するものとなっており、それ自体が国際法の先例となっていくにふさわしい「質」を備えているといってよい。

なお民衆法廷が強制力を欠いていることをもってただちにその裁判としての性格を否定する向きもあるが、これは裁判についての正しい認識とはいえない。判決の執行に必ずしも強制力が必要ないことは、国連の主要機関のひとつ国際司法裁判所の例をみれば明らかである。この裁判所にも判決を執行させる強制力は備わっていないが、それでもそこでの営みが裁判であることには変わりない。

民衆法廷の場合には、判決の「質」によってその権威・説得力を確保するとともに、国内外で展開される市民の働きかけを通じて、判決執行への道を切り開いていく。「市民化／民衆化」が急速に進む国際法過程を象徴する法事象である。

また「弁護人がいない」といいますが、前述のとおり弁護人をつけることが出来なかった実際上の理由があるのですが、それはさておくとして、アミカス・キュリエ＝法廷助言者という立場の人を三名もお願いして、もし仮に被告人たちに弁護人がついたならば必ずやこのような反対尋問をするであろうというようなことについてはすべて問題提起をしてもらい、裁判官もその問題提起に対して十分答えたうえで「人道に対する罪」で有罪という判決を出しています。

したがって、「死者を裁いた、あるいは被告人に弁護人をつけなかった。それによって反対尋問がなされなかった」といいますが、**反対尋問に代わるアミカス・キュリエの問題提起があり、デュー・プロセス（＝「適正手続」）の保障が不十分だということはない**と考えます。

（川口和子：法廷・日本検事団長）

Q11 秦氏は、「一事不再理」「時効」「弁護人がいない」「反対尋問もない」「被害者の証人に立っている人がいない」と、法廷を批判していますが。

たとえば、秦郁彦氏は「……『一事不再理』という法の原則から言いますと、そこで裁かれているわけです。それをもう一回裁くというのは、これまた法常識を絶した話ですね」と言っています。しかし、内海愛子氏が指摘しているように、韓国、朝鮮、台湾といった日本の旧植民地の女性に対する戦時性暴力は、東京裁判ではまったく裁かれていないし、南京占領時のマスレイプや、フィリピンにおける日本占領時の輪かんや強かんの問題も、取り上げられ方はきわめて不十分でした。**東京裁判では取り上げられなかった戦時性暴力被害だったからこそ、女性国際戦犯法廷は責任者を訴追したのです。一事不再理とは、一つの事を二度裁かないということであって、一人の被告**

人を二度裁かないということではありません。まして、被告たちは、東京裁判で一切訴追されなかった人たちです。

秦郁彦氏は「時効がある」とも言っています。しかし、我々検事団はまさに、日本の旧植民地の女性たちに対する加害行為を犯罪として取り上げるために、被害女性たちに対する戦時性暴力を「戦争犯罪」としてではなく「人道に対する罪」として訴追しました。**「人道に対する罪」に時効がないことは、国際刑事法上の常識中の常識です。**

また、「弁護人がいない」「反対尋問もない」ということについて、秦郁彦氏は「これはまったくそういう被疑者の人権を考えていない」と論難しています。**しかし、女性国際戦犯法廷にはアミカス・キュリエ（法廷助言者）が三人（今村嗣夫氏、鈴木五十三氏、藍谷邦雄氏）も登場して、被告人らに弁護人がいたら反対尋問したであろう事項については、判事団に対して十分指摘しています。**判事団はその上で、被害女性らの証言だけでなく、吉見義明氏（「慰安婦」制度）、林博史氏（「日本軍の構造」）、山田朗氏（「天皇の責任」）の三人の専門家証人により証言された慰安所設置をめぐる日本軍の指揮命令系統についての公文書などをはじめとする研究成果についての証言をも踏まえて、被告人一〇名に「有罪」を宣告したのです。

秦郁彦氏は「どれをみても一人も彼女たちの証言に証人に立っている人がいないんですね。これはまた非常に不自然で、普通の法廷では被害者の申立てだけでは判決は下りません」とも言っています。これは慰安所において女性たちが強かんされている場面の目撃証言の類がないというようなことを言っているのではないかと思いますが、考えてみてください。残念なことに性

専門家証人の林博史さん

専門家証人のレパ・ムラノジェビッチさん

暴力というのは戦時だけではなくて、平時、すなわち現代の日本社会の中にあっても存在します。たとえばセクシャル・ハラスメントが密室において行われた場合においてそうです。セクシャル・ハラスメントが密室の中で行われ加害者の加害行為を裏付けるものが被害者の被害証言だけであった場合、その被害者がセクハラにあったという事実は絶対に認定されないのでしょうか。被害者が提訴する裁判例がないというのでしょうか。これはまったく実際の裁判実務を無視した批判です。

私たちは「慰安婦」制度を裁くうえで被害者証言を重視しましたが、決して女性国際戦犯法廷は、被害女性たちの証言だけを証拠として被告人らの「有罪」を宣告したわけではありません。**判事団は、被害女性たちの証言だけでなく、軍関係の文書や専門家証人の証言やその研究成果を踏まえて、被告人一〇名に「有罪」を宣告したのです。**いわゆる目撃証人がひとりも出廷しなかったということをもって、あたかも被害者の被害証言だけで本法廷での判決が出されたという批判は、批判にもなっていないものです。

(川口和子：法廷・日本検事団長)

●法廷の判決について

> Q12　安倍氏は「最初から結論ありきはみえみえ」と発言していますが、本当ですか？

法廷の裁判官たちは、説得力ある証拠が無ければ「有罪」判決は出せないという立場を明確にしていました。そのため、各国検事団は被害者の証言の裏づけや、被告に関する様々な軍関係の資料や宣誓供述書を証拠として提出しました。準備に二年間かかったのは、調査や証拠資料の収集に力を注いだからです。

判決概要が言い渡される前、裁判官たちは裁判官会議の部屋にさえ、人を近づけませんでした。したがって、判決概要が言い渡されるその瞬間まで、主催者側でさえその内容を知ることはなかったのです。

また、最終判決まで、法廷は一年間休廷しました。裁判官たちが、一人ひとりの被告の犯罪について、提出された証拠を吟味し、国際法を遵守した厳正な判決を出すために一年間という歳月を要したからです。

（西野瑠美子・金富子）

法廷の結論（判決）は、我々検事団の主張・立証に対して、判事団が検討に検討を重ねて、被告人らに「有罪」を宣告するに十分な立証がなされたと判断したからこそ、初めて出されたのです。決して、「結論先にありき」だったわけではありません。そのことについては、検事団の一員として、二〇〇〇年七月ころから法廷が終わるまで、一日の休みも取れないほど法廷の準備に明け暮れたこの私自身が、証人になることができます。裕仁天皇を起訴するという「大それたこと」をやっておいて、もしこれで判事団が有罪の判決を出さなかったら、検事団のメンバーはこの後どうなるのだろうと本当に胃の痛む思いだったのです。胃の痛む思いだったのは、裕仁天皇を被告人として起訴するということが「大それて」いるからだけではありません。もし有罪判決が出なかったら、日本国内の裁判所で日本国政府を被告として損害賠償請求の訴訟を起こし、敗訴判決を受けているたくさんの被害女性たちも法廷に参加しているわけですから、彼女たちに二度目の失望を味わわせることになるからです。

ですから「判決の概要」言渡しの際に**「昭和天皇裕仁が有罪」であるというマクドナルド判事が発言したあと拍手が鳴り止まなかったのは、まさにその結論が最初から決まっていたわけではない、みんなそれを待ち望んで待ち望んで、しかし不安で、ようやく出たからこそ湧き上がった拍手だったのです。**

そのことを信じようとしない人はこれからもずっと信じないでしょう。どこかに全部シナリオがあってシナリオどおりにことが進んだ、有罪判決が最初から書かれていたといい続ける人は、これからも言い続けるでしょう。しかしそれはまったく事実に反します。そのことは、検事団のメンバーだった私が他の検事たちと同様に一番よく知っています。判事たちも知っています。

（川口和子：法廷・日本検事団長）

Q13 それでは、誰が起訴され、判決はどのようなものが言い渡されたのですか？

法廷において起訴の対象となった犯罪は、一九三七年から一九四五年までの間に行われた性奴隷制と強かんという「人道に対する罪」でした。その犯罪に対して、作為または不作為による指揮・命令などで関与した責任（関与責任）、及び部下の犯罪行為を知っていたか知るべき事情があったのにそれを放置しまたは捜査や訴追を怠った責任（上官責任）がこの裁判で起訴された者の罪状です。実際には、末端の「慰安所」設立・運営や集団強かんの実施から、軍中央の指揮や政府中枢の戦争政策遂行にいたるまで、無数の人々がこの犯罪には関与しました。それらをすべて裁くことはとうていこの法廷の能力を超えることでしたので、その中で、**最上級の政府や軍の最上級の高官として、起訴の対象となる者が選定されたのです。**

このような関与責任や上官責任の法理は、すでに極東軍事裁判やニュルンベルク裁判など戦後の戦犯裁判で、その存在が認められて適用されてきた法理です。そして法廷の判決は、戦後裁判の一部においてそのような法理があまりにも広く適用されていたことを批判的に検証しながら、当時国際法として認められていた、関与責任や上官責任の法理を明らかにしています。

法廷で**実際に起訴の対象となったのは、**「慰安所」について、**天皇裕仁**（国家元首、軍最高司令官）、**安藤利吉**（南支那方面軍司令官、台湾軍司令官など）、畑俊六（支那方面軍司令官、陸軍大臣など）、板垣征四郎（陸軍大臣、朝鮮軍司令官など）、松井石根（中支那方面軍司令官など）、小林躋《せい》造（台湾総督など）、寺内寿一（南方軍総司令官など）、東条英機（総理大臣、陸軍大臣など）、梅津美治郎（関東軍司令官など）の九名です。また、フィリピンのマパニケ集団強かん事件について、天皇裕仁及び山下泰文（第一四方面軍司令官など）も起訴されました。それぞれの犯罪について、軍や政府の指揮命令系統を通じて、積極的に加担したか不作為で実行させた責任のある者、あるいはその犯罪を防止が可能であったのにこれを放置した責任のある者、それらの者の中で最高位やそれに準じる地位にあった者が訴追されたのです。

判決文を手渡される被害者（オランダ・ハーグにて。2001年12月 4 日）

法廷の判決は、二〇〇〇年一二月一二日に「判決の概要」が言い渡され、さらに一年間の休廷をはさんで二〇〇一年一二月一四日にオランダのハーグにおいて、被告人全員に対する「最終判決」が言い渡されました。

判決は一〇九四パラグラフ（英文二六五頁）にわたる膨大なもので、「慰安所」制度の実態と広がり、適用される法や予測される防御や反論、個人の刑事責任の認定、国家責任及び救済などを含んでいました。起訴された罪状については、一部の無罪判決（天皇裕仁のフィリピンでの集団強かん事件についての関与責任）を除いて、有罪の判決が行われました。判決では、犯行当時の軍事資料などに基づいて、それぞれの被告人がどのような地位と権限のもとに、「慰安所」制度の犯罪に関与したかが認定されています。

この判決は日本だけでなく世界の国際法や人権に取り組む専門家、研究者たちから、「慰安所」制度の全体像とそれを支えた権力構造やジェンダーを解き明かしたものとして、高い評価が加えられています。

（東澤靖：法廷日本検事団）

●「慰安婦」被害者・証言について

Q14 秦郁彦氏は「売春は当時、合法」「慰安婦は商行為」と発言しましたが、本当はどうなのですか？

番組のなかで、秦郁彦氏は「当時の状況では、合法的な売春は合法的に認められた存在だったわけです。それを現在の価値基準によってそれを遡及させるというのは適切ではない」と述べています。

しかし、**女性国際戦犯法廷で人道に対する罪として裁かれたのは、①「慰安所」に拉致・監禁して連日強かん・輪かんしたという行為（いわゆる「慰安婦」ケース）、②南京大虐殺のときに行われたようなマスレイプ（＝集団強かん）、及び③前線の日本軍拠点付近に拉致・監禁して連日強かん・輪かんしたという行為、**などです。

②及び③のケースにおいて性行為に対する対価の支払いが伴わないことはもちろんですが、①のケースにおいても、「慰安所」を利用した日本兵が性行為の対価としての利用料を「慰安所」に対しては支払うことはあったようですが、少なくとも女性国際戦犯法廷で証言した「慰安婦」被害者たちは、連日強かん・輪かんされることに対する対価など、受け取ってはいません。①のケースのこのような実態を表現するために、女性国際戦犯法廷では「戦

証言するオランダの被害者オヘルネさん

インドネシア検事団によるビデオ証言

時性奴隷制」という言葉を使っています。

このように、売春の要件である「性行為に対する対価の授受」のうち、少なくとも「慰安婦」被害者たちが対価を受け取っている事実がないという意味で、「慰安婦」被害と売春とは根本的に異なっています。

また、「慰安婦」被害者たちがいずれも著しく心身の健康を損なっていることからみて、一日に相手をさせられた（強かん・輪かんされた）兵士の数が極端に多かったと推認され、性行為の強要自体以外にも暴力を振るわれたケースが多数報告されていることなど、対価の授受の有無以外にも、「慰安婦」被害と売春との質的相異は明らかであるといわざるを得ません。

さらに秦氏は、非常に不可解なことに、「私が調べた範囲で一番多いのは親に言われて、あるいは同国人、たとえば韓国の場合は韓国人の女衒によって慰安所に連れて行かれたということで、そういう意味では商行為なんですね」と言っています。**秦氏は、彼が調べた範囲ではこういうケースが一番多いと語っていますが、女性国際戦犯法廷に集まってきた六四人もの被害女性たちの中には「親に言われて云々」といったケースはありませんでした。被害者の証言を傍聴していないのに自分の主張を実態であるかのようにいうのは、事実の誇張・わい曲ともいえる発**

言です。

（川口和子：法廷・日本検事団長）

Q15　NHK特番から消された中国の被害者と東チモールの被害者は、どのような証言をしていたのですか？

中国からは三人の被害者が証言しました。一九四二、三年に山西省盂県にある日本軍の拠点に三度も連行され「慰安婦」にされた万愛花さん（一九二九年生）、一九四〇年に騙されて湖北省にある慰安所に連行され「慰安婦」にされた袁竹林さん（一九二二年生）、一九三七年一二月の南京大虐殺のときに日本軍の兵士によって両親を殺され、七歳であった自身も暴行をうけた楊明貞さん（一九三一年生）です。

中国人「慰安婦」被害者万愛花さん

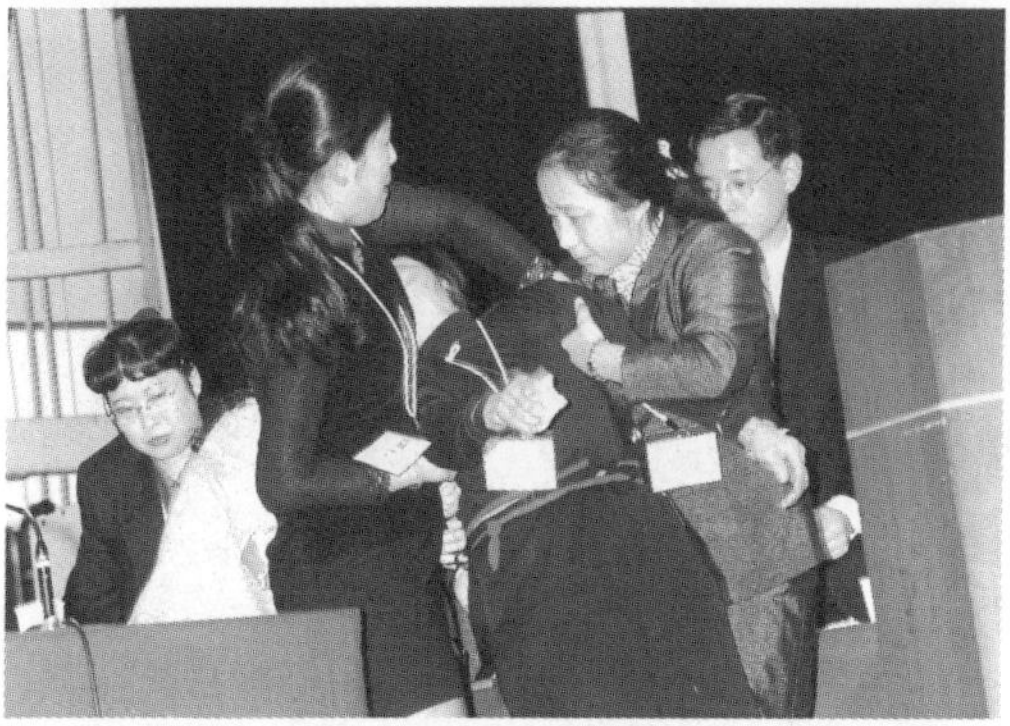
証言中に倒れる万愛花さん

女性国際戦犯法廷が終わった二〇〇〇年一二月のスタジオ収録時に作られていた当初の番組の台本には、万愛花さんの次のような証言場面がありました。

検事「この写真を見てください。これがその場所ですか」

万「そうです。おぼえています。この窓から逃げたのです」「木に縛られて、強かんされて、殴られた。日本人はひどいことをしたんです。謝ってほしい」「放して。私の五〇年を返して」

この後、万さん気を失い、担架で運ばれました。台本には「倒れる～担架に」とあり、「万愛花さんは病院にお連れしますので、ご安心ください。落ち着いたら中国の証言を再開します」というアナウンスが流れるようになっていました。消されたのは、このような場面だったのです。

東チモールの被害者証言

これに続いて実際の法廷ではマクドナルド裁判長が、「被害者の女性本人がここで自ら証言するのは大変困難なことです。しかし、私たち裁判官がこうした事実を理解するためには、本人から、彼女たちの身に一体どういうことがおこったかを聞かなければなりません。同時に、彼女たちが、ここで証言することがどれほど大変なことかを理解しなければなりません。彼女たちの感情を理解しなければなりません」と傍聴者に語りかけました。被害者の証言の困難さと聞き手がそれを深く理解することの大切さが語られた点で印象深いものでした。

また、東チモールからはエスメラルダ・ボエさんとマルタ・アブ・ベレさんの二人が証言台に立ちました。前述の台本には、エスメラルダさんの証言として、**「日中は農場で働かされた。夜は慰安所で働かされた。一日中、動物のようにこき使われた」**ということばが記されていました。また、マルタさんの「日本人兵士は次々に私たちを強かんした。私たちは動物のように扱われた。行かなければ両親を殺すと脅された。ひどい扱いを受けた。謝ってほしい。私たちは日本を観るためにここに来たのではない。正義を得るために来たんだ」という証言も記されていました。とくにマルタさんの「日本には見物にきたのではない。正義を得るために来た」ということばには傍聴席から拍手が沸き起こり、毅然とした姿勢は傍聴者に深い感銘を与えました。

〝消された〟のは、被害者の血を吐くような被害体験とその姿だったのです。

（西野瑠美子・金富子）

Q16　NHK番組から消された元日本軍兵士は、どのような証言をしていたのですか？　なぜ消されたのですか？

元日本軍兵士として、金子安次さんと鈴木良雄さんの二人が証言台に立ちました。

前述の当初のスタジオ台本（二〇〇〇年一二月版）には、

「六人の兵隊でくじ引きをして順番をきめ、強かんした」「戦場では強かんはつきもの。日常茶飯事。戦場の強かんは絶対に抵抗しない人を勝手に強かんし、しかも逆らえば殺した」「チャンコロをやるのがなぜ悪い。どうせ殺すのだという気持ちで強かんした」「自分の妻や娘には言っていない。しかし、二度とこういうことを起してはならない。これを止めるのは現代に残された私たちしかいないという気持ちから証言した」「この問題を抜きにしたら、戦争の本質は出てこない。戦争の実態を残さなければと思い、恥を忍んで証言した」

という、二人の証言が記されていました。

消されたのは伝聞などではなく、自らの加害体験と、当時の日本兵の考え方を話した証言場面だったと思われます。

このような証言を実名で顔を出して率直に語った二人の姿は、裁判官や被害女性、傍聴者にも大きな感動を与えました。金子さんが「恥を忍んで証言した」と語ったときには、傍聴席から拍手がわき起こりました。二人の証言に対して裁判官は「真実を語ってくれて、本当にありがとうございました。これが真実、戦争の実態が知れることでしょう。本当にありがとうございました」と感謝のことばを述べました。

当初の台本にあった加害証言が放送された番組から消されたことは、「天皇の有罪」という判決を含む日本の加害責任を消し去ったという文脈のなかでおこったものと考えられます。このことを通じて、日本の加害責任を問うという法廷の核心がまったく消されてしまったのです。

（西野瑠美子・金富子）

Q17　NHK番組から消されたコメンテーターの米山リサさんは、どのような発言をしていたのですか？　なぜ消されたのですか？

番組では、町永アナウンサーの司会の下で、フェミニスト研究者である米山リサさん（カルフォルニア大学サンディエゴ校準教授）が高橋哲哉さん（東京大学助教授＝当時）とともにコメントする映像が流れました。この映像は一二月二七日にスタジオで収録されたものです。ところが、米山さんの発言時間と回数が高橋さんに比べて極端に少なく、しかも意味不明の発言となっていました＊。それは米山さんの発言が大幅にカットされ、無理やりつなぎ合わされたためでした。

＊詳しくは北原恵「沈黙を強いられたのは誰か」（『裁かれた戦時性暴力』白澤社、二〇〇一年所収）参照。

では、米山さんのどのような発言が〝消された〟のでしょうか？〝消された〟のは、フェミニズムの視点からみた法廷の評価や被害者証言、そして責任者処罰の歴史的意義を読み解いた発言でした。

最初に言えることは、アジアの各地あるいは世界の各地でさまざまな形で大勢の女性が、取り組んで来たことが一堂に会したということがいちばん大事なことだ。もう一つここで得られたことは、これまで法律の判断に委ねられなかったこと、裁けなかったことがどのように裁けるのか、どのように犯罪だと見なすことができるのかを確認できたことだ。こういうふうにすれば歴史の出来事あるいは犯罪を犯した人を裁くことができるという、尺度を共有できるエンパワーメントの場だと言える。

という部分は一月二四日の局長試写までは残っていましたが、放映時には丸ごとカットされていました。また、被害女性が公式謝罪を求めていることについて、

A「日本軍あるいは日本政府が、かつて犯した行為が、犯罪であったかどうか、その判断ですね。それを下す手段も経ないまま、したがって処罰されずに免責されたまま、その上で」
B「許されることを前提とした謝罪を行ってきた、そういう風に見られているからではないかと思うんですね」

という順番で発言していたにもかかわらず、法廷の主旨である加害責任の明確化に関連するコメントを述べたAがカットされ、Bの部分だけが米山さんの発言として放映されたため、意味不明のコメントになりました*。

＊協力：メディアの危機を訴える市民ネットワーク（メキキネット）。

こうしたカット編集に対して米山さんはNHKに釈明を求めましたが、誠意ある回答は得られませんでした。そのため、二〇〇二年八月に**BRC（放送と人権等権利に関する委員会）に権利侵害で提訴したのです。**翌年の三月、BRCは①「裁き」についての発言を削除した編集は「行き過ぎ」、②事前連絡のないままの秦郁彦氏のVTR挿入は、米山さんが「コメンテーターとしての役割を十分発揮できず、また、これまでの学問的・思想的立場に反し、『女性法廷』の意義と役割を重視しない者であるかのような評価をもたらす恐れを生じた」として**米山さんの人格権侵害をみとめ、NHKに放送倫理違反があったという判断を下しました。**

米山さんの発言は、法廷の意義を高く評価したからこそ〝消された〟と考えられます。そのかわりに、法廷の意義や被害者証言を真っ向から否定する秦氏の発言（一月二八日撮影）が放映直前に挿入されたことは、番組が意図的に改ざんされたことを示しています。

（西野瑠美子・金富子）

●法廷の報道・NHK特番に関して

Q18 海外や日本のメディアは、女性国際戦犯法廷をどのように報じたのですか？

女性国際戦犯法廷は、国内外から一四三社、三〇五名のメディア関係者が取材しました。このうち海外メディアは九五社、二〇〇名と、全体の三分の二を占めました。

その後、**海外メディアは法廷を詳細に報じました。**韓国では東亜日報など九紙が報道し、ハンギョレ新聞は開廷前から法廷関連の記事を三〇回以上も掲載しました。中国では、全国に約二〇〇〇ある新聞のほとんどが判決をつたえ、北京の放送局は一時間半の特別番組をつくりました。また、北朝鮮の労働新聞、台湾（九紙）、フィリピン（三紙）、インドネシア（二紙）、インド（三紙）、パキスタンでも報道されました。欧米諸国でもクオリティ・ペーパーの多くが法廷を報道しました。米国のワシントン・ポストは連載記事を掲載し、フランス（ル・モンド紙）、ドイツ、オーストリア、オーストラリア、メキシコでも判決が報道されました。また、大手通信社であるロイター通信やAP通信が各国に配信し、アジア各国のテレビはもとより、アメリカのCNNテレビやイギリスのBBCテレビなどもニュースで大々的に報道しました。また、二〇〇一年のハーグ最終判決にもヨーロッパ各国から五〇社ほどのメディアがつめかけ、判決は広くヨーロッパ各地に伝えられました。

一方、**日本のメディア**は約一〇〇名（全国紙と通信社五六名、地方紙二二名、政党関係紙三名、テレビ・ラジオはNHK、民放、地方局三局を加え一七名、ミニコミ関係三四名*）が取材にきましたが、**一部を除いてはほとんどが法廷を報道しようとはしませんでした。**

*海外や日本のメディアの報道の切り抜きを集めたVAWW-NETジャパン編『「女性国際戦犯法廷」——世界と日本の報道から』参照。

判決の報道については、さらに内外の報道格差が目立ちました。海外のメディアの多くが「天皇ヒロヒトに有罪判決」という見出しで判決を伝えましたが、日本の主要メディアで「天皇有罪」を見出しに掲げたところはありませんでした。また、**海外のメディアが法廷や判決を伝えるなかで加害責任を論じたのに対して、日本のメディアは被害女性にのみ力点をおいて加害責任に関する報道を避けました。**

こうした日本の報道に対して、韓国のハンギョレ新聞は「世界の注目と日本の沈黙」という小見出しをつけて日本のマスコミを批判し、英国のガーディアン紙は「新しい地平を開いたこの催しに、ニュース価値がないから報道しなかったとはいえない」と批判しました。

このように日本のメディアの無視といえるような沈黙は、日本で開催され、日本軍の戦時性暴力が裁かれたことについて、日本人が世界で一番知らないという皮肉な現実を招いたのです。

今回の安倍氏の発言を何の検証もないまま垂れ流すメディアのあり方は、四年前のメディアの姿勢に連続するものです。

（渡辺美奈・西野瑠美子・金富子）

Q19　テレビ番組や雑誌での安倍晋三氏や秦郁彦氏の発言から、NHKの番組を企画したのは、NHKエンタープライズ21のプロデューサーで、かつVAWW-NETジャパンの運営委員である池田恵理子氏であるような情報が流されています。これは本当ですか？

まったく事実ではありません。この番組の企画を立てたのはNHKエンタープライズ21（以下、「NEP21」と略記）の林勝彦プロデューサーであり、彼がこれをドキュメンタリー・ジャパン（以下、「DJ」と略記）に持ち込み、NHK教養番組部の提案として企画がとおり制作されたのです。

私（池田恵理子）はNEP21に出向中のNHK職員です。番組制作を本業としており、これまでに「慰安婦」問題の番組も作ってきました。しかし**このNHK番組にはまったく関わっていません。**

正直に言えば、一時、法廷の番組を制作できないか……と考えたことはありましたが、「現実には企画は通らないだろう」と断念しました。私はVAWW-NETジャパンの一員として法廷には立ち上げから携わってきたので、二〇〇〇年当時は提出する証拠の収集作業と映像記録に専念していました。ただこれは一個人としての市民な活動であり、本件番組制作とは無関係です。

実際にETVの番組企画が動いていることは、VAWW-NETジャパンからの情報で知りました。後で聞いたところでは、DJの担当者は「池田と接触してはならない」と言われていたようです。東京地裁で行われたNHK番組改変裁判の証人尋問では、こうした企画の経緯と制作体制について、NHK、NEP21、DJの各担当者たちが詳細な証言をしています。

このような事実は少し調べればわかるはずです。ところが安倍晋三氏はフジテレビ『報道二〇〇一』(一月三〇日放送)に出演して、あたかも池田が法廷と番組制作を裏で画策したかのような図表を示し、「北朝鮮による工作の一環」と説明しました(Q5参照)。秦郁彦氏は、「林CPの同僚である池田恵理子CPは……」という書き出しで「この番組はNHK、NEP、DJの三者に散在するいわば『同志連合』の産物だったと言えそうだ」(「諸君!」三月号)という推測を書きました。彼らはさまざまな雑誌で同様の意図的な捏造情報を繰り返しコメントし、裏取りの取材を怠るメディアに増幅させ流布させているのです。ネット上にも個人攻撃や誹謗中傷情報が溢れるようになりました。こうした**虚偽の事実の吹聴は明らかな名誉毀損であり、そうした垂れ流し報道はメディアの暴力**です。

(池田恵理子)

Q20 「法廷は茶番劇」という人がいますが、法廷と「判決」は、国際社会でどのような評価を受けたのですか?

「女性国際戦犯法廷」は、女性運動の関係者だけではなく、国際法や人権などの専門家たちからも注目されています。その理由は、これまで女性運動が世界各地で開いた公聴会とは違って、憲章を作り、証言を裏付ける証拠を集め、厳密な法手続をとり、世界的に尊敬される専門家を検事や判事に迎え、歴史に残る内容の判決を出した法廷だったからでした。

また、国際刑事裁判所（一九九八年ローマで設立合意、二〇〇三年からオランダ・ハーグで始動）に先駆けて、ジェンダー正義を貫き、戦争と武力紛争下の性暴力に対する個人の刑事責任を明らかにした世界史的にも意義ある試みでした。

法廷は、国連の人権機関の報告書においても紹介・引用されています。二〇〇一年、ラディカ・クマラスワミ「女性に対する暴力」特別報告者は、その報告で以下のように法廷を紹介しています。

二〇〇〇年一二月、日本の「慰安婦」制度の被害者に対する補償を日本政府が拒否し続け、加害者の不処罰が続いていることに光をあてるため、女性団体は「日本軍性奴隷制を裁く女性国際戦犯法廷」（二〇〇〇年東京法廷）を開催した。南北コリア、フィリピン、インドネシア、東ティモール、中国、オランダに在住する「慰安婦」の詳しい証拠が集められ、ついに記録として入手可能となった。これらの証拠は国際検事団が著名な人物からなる国際判事団に提出した。判事団による認定の概要は日本政府の法的責任および犯罪の加害者を処罰するプロセスの設置の必要性を再度確認するものだった。しかし、日本政府は出廷していなかった〔para 96. 武力紛争下において国家により行われた、または容認された女性に対する暴力報告書（1997-2000）（E/CN.4/2001/73）〕。

二〇〇二年のＩＬＯの条約勧告適用専門家委員会の年次報告においては、さらに詳細な引用がなされています。報告書は、「慰安婦」問題に関する個人の請求権の法的根拠を検討するにあたって、条約、日本政府の過去の発言、マクドゥーガル報告、日米裁判所の答申と判決と並んで、法廷判決の引用を約三頁にわたって行いました。報告書は、高名な専門家が判事団・検事団として関わったこと、日本政府から返事がなかったにもかかわらずアミカス・キュリエを要請したことを評価し、法廷の判決が、個人の請求権について日本政府の主張を却下するとした結論に注目しています。この条約勧告適用専門家委員会とは、国際司法裁判所判事や各国の最高裁判事など、非常に資質の高い個人二〇名によって構成される権威ある機関です。その報告書でも大きく引用されていることは、この法廷とその判決の質の高さを物語っていると言えるでしょう。

（渡辺美奈）

第Ⅲ部　検証

繰り返される三重の抑圧構造

――NHK番組改変事件を検証する・1

東京大学　吉見俊哉

1　今、何が露呈してきているのか

今回のNHKをめぐる一連の問題については、今、チーフ・プロデューサーの長井暁さんの内部告発以降に起きている一連の出来事と、それからETVの番組をめぐって四年前に起きたこと、その二つのことを区別した上で、両者の関係を考えることがとても大切です。そこでまず、今まさに起きていることに関してですが、当面、三点ほどの論点を指摘しておきたいと思います。

第一は、大いなる論点のすり替えが起こっていることです。今回の動きの発端は、まず長井さんが内部告発したということですね。そのなかで長井さんが強調していたのは、安倍・中川両氏の介入でETVの番組が改竄されていった経緯はもちろんですが、同時にNHKの構造的な腐敗、自民党政治家とNHK経営陣の距離があまりにも近く、しかもその経営陣の現場に対する抑圧構造が海老沢体制のなかで極限まで強まってしまったことでした。そし

て、自民党の意向を受けての放送中止や上からの介入がほとんど日常茶飯事になっていることの異常さでした。また、コンプライアンス推進室がこのような体制に対する告発にはまったく機能しないことも示されました。したがって、ここで明らかにされたのは、ＮＨＫという組織そのものの構造的に絶望的な状況なのですね。

そして、長井さんの告発や朝日新聞をはじめとする各紙の報道を通じてＮＨＫ幹部と安倍氏の接触の事実が明らかにされていくにつれ、ＮＨＫはご承知のようにかつての戦時期の大本営発表を復活させたかのような、もうこれは「報道」とは到底言いがたい自社のプロパガンダをニュースで流し始めました。そのなかでは、ＮＨＫの言い分や安倍氏や中川氏の主張が一方的に流され、まるで朝日新聞が根拠のない「誤報」を流しているかのようです。ＮＨＫのニュース制作の現場が、なぜこれほどひどい放送を平気でできてしまうのか、すでに番組制作の現場でもバランス感覚が完全に失われているのか、それとも抑圧的な組織構造がもうここまで浸透しているのか、私にはよくわかりません。いずれにせよ、この問題は今、多くのネットでの書き込みなどでは、まるで「ＮＨＫ対朝日」の大メディアの間の争いであるかのような語られ方をしてきています。

しかし、このようなＮＨＫの対応、自らの内なる危機を直視せず、自民党との関係をさらに深めていこうとする姿勢こそ、長井さんの告発が指摘していた構造的腐敗を自ら証明して見せている行為なのではないでしょうか。つまり、今、ＮＨＫがしていることについて我々がしなければならないのは、この問題が「ＮＨＫ対朝日」というような陳腐な構図に回収されることに抵抗し、むしろそうした講図へのすり替え自体が、長井発言のポイントがあからさまに露呈している事態であることを知らしめていくことのように思えます。

第二に、ＥＴＶの番組改竄に関しては、すでにＢＲＣ（放送と人権等権利に関する委員会）から、米山リサ氏の申し立てに対し、ＮＨＫの「番組の編集が不適切で中立人の人格権に対する配慮を欠き、放送倫理に違反する」という見解が出されています。つまり、この問題に対する第三者機関による裁定では、すでにＮＨＫ側に非があるとの明白な結論が出ているわけです。しかもこのBRCは、放送局が国や政治家からの直接的な干渉にさらされないようにするために、もともとNHKと民放が自分たちで第三者機関として設置していったものです。つまり、BRCの裁定を遵守して、自らの姿勢を正すことは、メディアの公共性という観点から考えて当然のことなのです。

しかし、二〇〇三年四月にBRCの見解が出されて以降、この見解に対してNHKはほとんど何もまともな対応をしてきていません。BRCの決定があった当日、新聞各紙はNHKに放送倫理違反があったとの結論が出たことを重視した報道をしました。ところがNHKは、決定当日にBRCの結論の中身をぼやかした二分のニュースを流しただけで、中立人の米山さんに対する謝罪すらしていません。自らが設置した第三者機関による裁定に対してすら、都合が悪ければ無視して過ごしてしまうこうしたNHKの姿勢は、すでに公共放送という理念からはかけ離れたものだといわざるを得ません。

NHKや民放は、BRCのような第三者機関の決定に忠実に従うべきです。それが、メディアが国家や政治家からの介入を阻止していくためには不可欠の方法なのですから——。ところが現在のNHKは、そのように考えてはいないらしい。逆に言えば、NHKがBRCの決定を平気で無視できるのは、そもそも国や政治家からの介入を阻止しようとは思っていないからなのではないか。もうすでに国や政治家の意向を自らの内なる声として受け入れているがゆえに、防波堤としての第三者機関の重要性が見えなくなっているのではないでしょうか。

第三は、NHKの内部の人々と外にいる我々との間に意識のずれがあるのではないかという懸念です。あるいは、NHK内部においても、番組制作局と報道局、セクションごとに状況認識に大きなギャップがあり、それが巨大組織のタテ割りシステムのなかで増幅されているのではないか。そして、そのような意識の分断が、NHKの現場と外の市民が手をつなげなくなっている大きな要因なのではないかということです。もう少し乱暴にいうと、NHKの人々は今、内向きに閉じこもってしまい、外の社会と連帯しながら番組作りをしていく回路を見失っているのではないか。ＥＴＶ問題から今回の一方的なニュース報道までを、公共放送の根幹にかかわる深刻な問題として真摯に受け止めている人々が、今のＮＨＫにどのくらいの広がりをもって存在しているのでしょうか。ＮＨＫを再生させる主体の中心は、ＮＨＫ職員の方々自身でなければなりません。そのようなポテンシャルが、ＮＨＫ内部のいったいどこに存在するのか。潜在的には渦巻いているはずの現状批判が、どうすれば横につながっていき、カミングアウトしてくることができるのか、そのための仕掛けが必要です。

おそらくここにおいて、日放労の役割や実力のある番組制作者たちが横に連帯していくことの意味が、大変大きいように思います。ＮＨＫ内部の情報が、もっと横断的に流れるようになり、内部の壁が取り払われ、内と外の壁に風穴が開けられていくこと。これらのことが、間接的にであれ状況を変化させていく契機となるのではないでしょうか。長井さんは記者会見で、四年前に上層部から番組改変が指示され、現場が窮地に陥っていたとき、日放労やＮＨＫ内でそうした現場を支援するシステムが機能していたなら、経営陣の暴力的な介入にもっと抵抗していくことができたのではないかと語っていました。もちろん、そんな仕組みがあろうがなかろうが理不尽な介入とは闘うのがジャーナリストのあるべき姿だとの考えもありましょうが、私は一人ひとりの現場の人間が、たとえ弱くても抑圧と闘えるようなセーフティネットが、やはり必要なのだと思います。

2　ＮＨＫにおける三重の抑圧構造

以上のようないくつかの論点の根底には、ＮＨＫを貫くより構造的な問題が横たわっています。すなわち私は、ＮＨＫには三重の抑圧構造が強く作動していると考えます。第一は、政権党とＮＨＫ政治部ないしは経営陣との構造的な癒着です。ＮＨＫ経営陣は、報道は政権党や政治家たちと距離をとり、政治的な介入を退けなければならないという意識をすでにすっかり喪失しているのではないかと疑いたくなります。このことは、すでに多くの人が指摘しているので詳しくは論じませんが、少なくとも今後、ＮＨＫのなかに、政治家との関係に一定の制限を設け、それに違反した場合には罰則を受けるような倫理規定を設けることや、政治家とのパイプを武器に政治部記者から幹部にのし上がっていくような人々がもうこれ以上出ないようにする仕組み作りが必須でしょう。さらに問題の根本には、日本の放送システムが総務省（旧郵政省）の管轄下にあること、つまり国家の直接的な監督を受けていることが横たわっています。欧米の事例を参考にしつつ、独立した放送監理委員会のような組織を復活させることが目指されなければなりません。

第二の抑圧は、ＮＨＫ経営陣による番組制作現場、あるいは放送現場に対する言論表現の抑圧です。大きな組織ですから、経営陣と現場との間にはかなり距離があり、今後とも上層部が現場に様々な圧力をかけることはあり得ます。そうした際、少なくとも番組の内容に関しては、現場の作品への正当な権利が保証されるべきです。これは、一般にメディアの内的自由と言われている問題で、とりわけその中心には編集権の問題があります。海外、とりわけドイツなどでは、一定の編集権が現場の制作者たちに担保される仕組みが出来上がっているのに対し、日本ではこの権利が全面的に経営者に簒奪されている。つまり、制度的には現場のジャーナリストたちは、対社会的にはいくら言論表現の自由を保証されていても、対組織内的には本来の権利が剥奪された状態に置かれているわけです。そしてこのような権利の剥奪が、ＧＨＱの占領後期、天皇制の戦後的再編過程のなかで生じたという歴史的経緯を視野に入れると、この問題はきわめて奥が深いことが理解できます。

第三の抑圧は、ＮＨＫと外部プロダクションの間の抑圧構造です。今日の世界的な常識では、番組の著作権は、それを放送した企業ではなく、それを実際に制作した者に属することになっています。著作権は自然発生的な権利で、たとえば私が書いた文章に対し、別に契約で定めなくても私自身が著作権を保有するのと同じように、制作プロダクションがある番組を制作したならば、その映像の著作権は、依頼した放送局ではなく制作したプロダクション自身に属する。もちろん、放送局は番組を一定期間独占的に放送するいわゆる放送権を有することもありますから、制作プロダクションはいつでも勝手に自らの著作権を行使できるわけではありません。しかし、番組の著作権は放送した者ではなく番組を制作した者自身にあるという認識が、社会的・制度的に確立していくことは、テレビの未来にとって大変大きな意味を持つように思います。しかしながら、このような制作プロダクションの当然の権利が日本ではまったく保証されておらず、放送局の下位で、まるで下請工場のような立場に置かれてしまうことがしばしばです。

実際、四年前のＥＴＶ問題で、番組を制作したドキュメンタリー・ジャパンの本来の権利は、ＮＨＫとの抑圧的な構造のなかで文字通り蹂躙されてしまいました。坂上香さんの陳述が示すように、もともとこの番組を企画したのはＮＨＫ側であり、制作の前半ではＮＨＫのプロデューサーたちが方向をリードしていたにもかかわらず、問題が深刻化するとドキュメンタリー・ジャパンに責任を転嫁してすますＮＨＫの体質。しかも、そのようなＮＨＫの横暴に対し、敢然と対抗することのできない無権利状態に置かれてしまっている制作プロダクションの弱い立場。さらに、こうした差別構造が、放送局社員たちのエリート意識、外部プロダクションに対する差別的な意識によって補強されています。このような構造そのものが問題であり、制作プロダクションの権利をもっと保証していく制度的な整備、逆に言えば放送局のプロダクションに対する支配力を制限していく政策が必要だと思います。

3　四年前、何が番組から消されたのか

そして、ここからが話が四年前に戻ることになりますが、四年前のＮＨＫ番組改竄問題では、以上のような三重

の抑圧構造がきわめて露骨に、しかも段階的に作動していったことが、今回の一連の経緯のなかで確認されたわけです。すなわち、あのとき最初に作動したのは、安倍・中川といった自民党政治家とNHK幹部との従属的な構造でした。NHKは、経営陣のレベルでは、自民党の意向を拒絶するどころか自ら進んで放送に反映させていく仕組みが出来上がってしまっていることが明白になりました。次に、これもすでに明らかなように、当時の松尾武放送総局長を中心にした幹部が制作現場に改変を強制していく第二のプロセスが進行しました。ここにおいて、現場の制作者たちが、いざというときの連帯を欠いた状態にあること、本来的な意味でのジャーナリストの組合がNHKにはほとんど存在しないかのような状態であることも示されました。そして第三に、問題の責任が様々な仕方で制作プロダクションに押しつけられていったのです。弱い立場に置かれているプロダクションは、坂上香さんのような決然とした姿勢を貫かない限り、NHKが押しつけてくる役割を正面から拒絶することは困難でした。

このようにETVの番組改竄は、他の諸々のNHKの不祥事とは比較にならないほど深い構造的な諸要因の連鎖のなかで生じたものです。そしてこのような構造性は、改変された番組の内容でも際立っています。すでに別稿で示したように、一連の改竄を通じ、本来ならば女性国際戦犯法廷が果たした歴史的な意味を浮かび上がらせるはずの番組は、少なくとも次の二つの面で根本的にその趣旨をねじまげられ、番組のメッセージを空洞化されてしまったのです（拙稿「『法廷』とナショナル・メディアの沈黙」『裁かれた戦時性暴力』）。

繰り返しになりますが、そこでの論点を簡単に紹介しておきましょう。

すなわち、改竄によって番組から故意に消去された第一の決定的要素は、この法廷がそもそも訴えた相手、つまり戦時性暴力の主体としての加害者＝被告の姿でした。それはたとえば日本軍兵士の姿であり、日本国家、そしてその頂点にあった昭和天皇の姿です。こうした暴力主体の番組からの消去は、①番組タイトルそのものが「問われる日本軍の戦時性暴力」から「問われる戦時性暴力」に変更されたこと、②法廷での加害日本軍兵士の証言が放映版では完全に削除されたこと、③法廷の判決で「日本国家と昭和天皇の責任」を認定した部分の映像が、放映版では完全に消去されたこと、④海外のメディア報道の紹介でも「判決」に触れない部分のみが選ばれていたこと、⑤対談のなかの発言でも、「昭和天皇」はもちろん、「日本軍」や「日本政府」の責任に言及した部分が悉く前後の話の流れをずたずたにする仕方で削除されていったことなどにはっきりと示されていました。

しかし改竄は、単に戦時性暴力の主体の姿を消去しただけではありませんでした。それはまた、そうした暴力の主体を忘却の歴史の底から召還し、再審しようとしたもう一方の主体も徹底的に消去してしまったのです。この第二の操作によって消されたのは、法廷の主催者としてのバウネットであり、元慰安婦の女性たちの訴えと権利回復の運動を支えてきたフェミニズムの国際的なネットワークでした。このことは、①オープニングで放映されるはずだった法廷の映像が抹消されたこと、②この法廷が単なる「模擬法廷」ではなく、市民の力が国際法にも影響を与える九〇年代以降の世界的な流れの一部であることなど、法廷の性格にかかわる言及が悉く消されたこと、③バウネット・ジャパン代表の松井やよりのインタビューがすべてカットされたことなどにはっきり示されていました。

結果として、放映された番組は、素材は女性国際戦犯法廷を取り上げながらも、この法廷が誰によって催され、いったい誰を告発したものであったのかが全くわからない仕上がりとなりました。「被告」が誰なのかもわからず、「原告」が被害の証言という形でしか示されず、いかなる「判決」が出たのかもわからないような法廷は、もはや「法廷」とは呼べません。そして、これをさらにだめ押しするかのように、改変過程で挿入された秦郁彦の冗長なインタビューは、ひたすら既存の国内の裁判に照らして今回の法廷が「裁判」の要件を充たしていないことを強調し、そもそもそれが「法廷」であること自体を疑わせるものでした。番組の冒頭にも、「これは法廷と言いましてもあくまで民間のものでありますから、法的拘束力はないこと、さらに被害者の証言については、そのすべてを必ずしも確認できないことなど、様々な争点、問題点のある」というアナウンサーの注釈が挿入され、番組は、法廷をテーマにしながら、実はそれは「本当の法廷」ではなかったのだというような、番組の前提を否定するニュアンスを含むことになったのです。こうした結果として生じたのは、元従軍慰安婦の女性たちの客体化、ないしは戦時性暴力の被害者一般への横並び的な対象化でした。彼女たちの姿は、告発の主体からむしろ観察対象へと馴化され、その憤怒の声は、視聴者たちの前を素通りしていくこととなりました。

こうした改竄に関するテクスチュアルな分析は、すでに多くなされてきたのでもうこのくらいでやめておきます。今、改めて強調しておきたいのは、このような番組テクストの内容のレベルでの改竄の構造性と、すでにお話したような三重の抑圧構造が、構造的、歴史的に見事に対応してしまっていることです。今はまだ、このことについての十分な議論をしていく準備がありませんが、大づかみに話しておくなら、これらのテクストとシステムの両面での対話的回路の不在、他者の抹消によるナショナルな同一性への自閉を指摘することができるように思います。四年前の出来事でも、今回の進行中の出来事でも、NHKの姿勢が明らかにしたのは、この公共放送にとっての「公共」とは、あくまで政権党や国家官僚システム以外の何物でもないこと、視聴者は、受信料の支払い停止という方法以外には、国家にしか目を向けていない「公共」放送への批判的参加の回路を持たされていないことでした。そして同じように、ETVの番組改竄は、歴史のなかの他者からの異議申し立ての声を徹底的に抹消し、開かれた回路を閉じていったのです。

4　今、我々は何を求めていくべきか

今日、テレビ放送はあらゆる面で危機に直面しています。一方には、インターネットを基盤にした情報産業の発展により、テレビの独占的な地位は根底から揺らいでいます。出版から放送までの既存メディアへのグローバルな

市場圧力の浸透はとどまるところを知りません。このような論理の延長線上で、ＮＨＫの公共性は、もう名ばかりの形骸化したものにすぎないのだから、思いきって民営化してしまえばいい、という世論が出てきても不思議ではないでしょう。実際、現在ますます拡大しているＮＨＫに対する受信料不払いのかなりの部分が、このようなＮＨＫ民営化の方向に同調すると思われます。比喩的に言うならば、ＮＨＫがライブドアになってもいいと思っている層が、比較的若い層を中心にかなりの程度存在しうるということです。現在のＮＨＫに対する草の根的な不信と批判の広がりには、このような市場主義者たちと、ＮＨＫを現状から救い出して、市民の公共メディアとして再生させていこうとする人々が、しばしば未分化なまま並存しているように思われます。

そうしたなかで、私たちに必要なのは、後者の流れ、つまりナショナル・メディアとしてのＮＨＫに破産を宣告しつつも、この流れを身も蓋もない市場原理に委ねてしまうのではなく、番組制作や視聴の現場で立ち上がってくる開かれた公共性を拡張していく方向に同調させていくことではないでしょうか。昨今の状況は、そのようなメディアの未来についての重要な歴史の分水嶺を示しています。こうしたなかで、私たちが今後、どのように広範な連帯のネットワークを形成していけるのか、またＮＨＫの内部で格闘している人々、現状に深く問題を感じている人々、現場のジャーナリスト、各種のＮＧＯと市民グループ、法律家やメディア研究者などがいかにして横につながっていくことのできる回路を形成するのか、こうした可能性を今、真剣に追求しなければなりません。

さしあたり、きわめて具体的で短期的に実現可能な共通の目標の設定と、この国の公共放送がいかになるべきかについての中長期的なビジョンの設定という二段階の戦略が考えられましょう。

たとえば、短期的で具体的な目標としては、東大教員有志によるこの問題についての声明のまとめ役をなされ、ＮＨＫに対する支払い停止の運動も進められている東大経済学部の醍醐聰教授が掲げられている点と重なりますが、問題になったＥＴＶの番組再放送と検証番組の制作、それに政治家に事前に「今後放送される番組について説明を行うことは通常行われて」おり、「業務遂行の範囲内」などとしたコンプライアンス推進室の調査結果の正式な訂正など、いくつかのアジェンダの設定が可能でしょう。

他方、中長期的には、すでに先ほどお話したような趣旨から、①放送における制作者の内的自由の確立、つまり編集権が経営者に独占される構造の是正、②制作プロダクションの自立性と著作権保持のための法的、制度的な支援システムの確立、③ＮＨＫにおける政治家との癒着に対する制裁を伴う倫理規定とチェック機構の確立、④放送行政の総務省からの分離、などの主要項目が浮かびます。これ以上の議論は、今後の展開のなかで一つひとつもっと丁寧に進めていきたいと思いますので、とりあえずここでは、以上のような問題提起のみをするにとどめさせていただきます。

（本稿は、二〇〇五年二月五日に催された「緊急集会 in 東大 すべて見せます！女性国際戦犯法廷とＮＨＫ・ＥＴＶ特集」における発言に加筆・訂正したものです。）

●NHK番組改変事件を検証する・2

NHK政治圧力事件をめぐって

立教大学社会学部教授　服部孝章

ＮＨＫをめぐる問題は、昨年夏以降の経営組織としての不透明さに加えて、この一月、報道機関としての自律性・自立性放棄が問われる事例が表面化し、その問題に対する経営陣の対応が、その自立性のなさをいっそう明白にしている。

歴史を掘り下げ捉えようとする試み、そして歴史観によりその試みを否定し、ＮＨＫの番組を問題視し、「改変」を招いた一連の動きに対し、社会は「ＮＨＫ対朝日新聞」の泥仕合と位置づけ、政治家やＮＨＫに対する批判は、受信料の不正使用等に比べると、きわめて低い。

一月二三日の読売新聞社説は「事実関係の確定を抜きに、一般論としてＮＨＫと政治家の『距離』が、ことの本質だ、とする論調もあるが、論理のすり替え・争点ずらしのようにみえる」と主張した。こうした姿勢を展開する大新聞があるなかで、無理な注文であるが、憲法九条改正賛成派も護憲派もこぞって報道界全体となって政治介入に大声で批判しなければならないはずであった。

当該番組にかかわっていた長井暁チーフプロデューサーの告発（二〇〇四年一二月九日）を受けて、この一月一九日ＮＨＫの「コンプライアンス推進室」は調査結果の報告書を発表した。その文書の中に、この事態の本質が記されている。「安倍氏との関係については、本件番組放送前に野島氏と松尾氏が面談したという事実が認められたが、まず、面談したことそのものについては、国会議員に対して予算及び事業計画を説明するに際して担当局長が役員を同行することは通常行われていることである」「本件番組についてその概略を説明したことについては、事業計画の説明に付随して今後放送される放送番組についての説明を行うことも通常行われていることを考え合わせると、このことについても業務遂行の範囲内」と記した。こうしたことが、すくなくとも放送されていない番組についての説明が通常行われ、それを業務遂行であるとする認識に驚かされ、これが法令順守を標榜して設置されたコンプライアンス推進室の調査結果というのだから、これこそが「ＮＨＫの倫理」なのだろう。このジャーナリズム倫理を逸脱した、というよりも権力広報機関としての姿をさらすＮＨＫは、この文書を根底から否定する作業を始めなければ、市民の信頼回復はありえない。

また一方で、安倍氏のテレビ番組での発言も看過できない。安倍氏は「裁判自体、とんでもない模擬裁判であり、被告と被告側の弁護人がいない模擬裁判ともいえない裁判」「主催者である松井やより」「（法廷は）謀略。検事に北朝鮮の代表者が二人なっている。工作活動をしていると認定されている人たちを裁く側として登場させているのも事実」など繰り返し発言している。女性国際戦犯法廷は権力をもたない市民による民衆法廷であり、国連人権小委員会委員の意見や、それまでに開催されたアジア各国での会議などを踏まえ、国際法の研究者など海外から多数の参加があって開催されたものである。主催者は国際実行委員会であり、松井氏は日本の代表であり、共同代表の一人であった。さらに、北朝鮮の工作活動との指摘は噴飯ものである。当然ながら北朝鮮による拉致問題が表面化したのは二〇〇二年九月一七日の日朝首脳会談においてであった。民衆法廷は二〇〇〇年一二月開催である。工作活動の一環として、民衆法廷そのものを否定しようとすること自体、後出しジャンケンでしかない。政府が法廷開催時にそうした認識をもっていたのならば、何ゆえビザが発給されたのか、そして何ゆえ市民にその拉致工作（疑惑）を伝えなかったのかといった疑問が出てくる。

最後に、ＮＨＫは、現在東京高裁で審理されている番組改ざんをめぐる裁判において、これから放送される特定番組について説明することを「通常業務」と言い切ったことを、この裁判でも同様に主張するのであれば、局内で、何ら外部の「圧力」を受けることなく行なわれる編集のやり直し作業をなんと言うのか。自主的判断での編集作業と位置づけるはずだ。しかし、ＮＨＫ内外の番組制作関係者に、政治家に会ってその番組を説明してきたＮＨＫ幹部の指示を「自主的」と言い切るのだろうか。もしそうであるならば、ＮＨＫはこの問題で、取り返しのつかない「言論の自由放棄・政治権力広報機関」となってしまう。

（『ＶＡＷＷ‐ＮＥＴジャパン・ニュース』二〇〇五年一・二月合併号に収録）

NHK番組改変事件を検証する・3

番組改変・政治介入問題の「原点」に状況を引き戻すために

メディアの危機を訴える市民ネットワーク
板垣竜太

一月一二日付の『朝日新聞』の報道をきっかけに、NHKの番組改変問題が急展開した。NHKや自民党は様々な批判をしているが、事実関係の争いがある部分を差し引いたとしても、これまでの報道から番組への政治介入がほぼ立証されたといってよい。

争いのない事実とは以下のようなものである。番組放映二日前の一月二八日の晩に、二日前の局長による粗編試写を踏まえた新たな番組のバージョンのオフライン編集を終えた。通常ここまでくれば番組の構成を変更するということはあり得ない。ところが翌二九日、松尾武・放送総局長、野島直樹・総合企画室局長（当時、国会対策担当）らNHK幹部複数名が議員会館を訪問し、古屋圭司、下村博文、平沢勝栄ら自民党の複数の代議士と面会し、さらに首相官邸で安倍晋三（当時、官房副長官）と面会した。この議員の共通点は、当時中学校歴史教科書から「慰安婦」の記述を削除することなどを求めていた「日本の前途と歴史教育を考える若手議員の会」に所属していた点である。同会では放映前からこの番組について話題になっており、NHK幹部もそのことを知っていた。NH

K幹部は、これらの議員に、次年度予算に直接関係があるわけでもない翌日放映される視聴率〇・五％の教養番組について、予算説明という名目で手分けして釈明してまわった。議員まわりを終えた松尾総局長と野島局長、さらに伊東律子番組制作局長をまじえた試写がその晩おこなわれた。試写後の野島局長らの指示によりいくつかのシーンがカットされ、通常より一分短い四三分版で作り直されることになった。ところが放映三—四時間前になって、既にナレーション収録やテロップ入れもほぼ完了した番組に対して、松尾総局長がさらにカットを要求し、番組は四〇分になってしまった。

つまり、ＮＨＫという一塊の組織があって、そこに政治家が介入しているという図式ではなく、政治家とＮＨＫ幹部が一心同体になっており、それが特定の番組に対して政治的に介入したのが今回の事件なのである。驚くべきことに、ＮＨＫはこうしたプロセスを、「通常の編集過程」であって「改変」ではないと言いきっている。だとすれば、ＮＨＫは、政治家に特定番組について事前に釈明してまわることも、四分短い番組をつくるという放送事故を起こしたことも、ＢＲＣ（放送と人権等権利に関する委員会）に放送倫理違反と判断されるような編集をおこなったことも、現場の反発にもかかわらず局長が番組をつくりかえることも、すべて「通常」だと考えていることになる。私にはむしろそのことが恐ろしい。

さらに、朝日報道後の状況は、ある意味報道以前よりもひどい。呼びつけたわけではないから問題ないとか、もっとひどい場合には、あの番組は手を加えられて当然だったのだといわんばかりの開き直りの言説が、週刊誌やインターネットなどを中心にまかり通っている。メディアの自殺行為としか思えない。

そうした危機感から、メディアの危機を訴える市民ネットワーク（メキキネット）では、二月七日に東京ウィメンズプラザで緊急シンポジウム「ＮＨＫ番組改変・政治介入事件の原点を検証する」を開いた。約二〇〇人が集まるなか、坂上香さん、西野瑠美子さん、鵜飼哲さん、野中章弘さん、吉見俊哉さん、斎藤貴男さんらが壇上で発言し、フロアからも様々な問題提起が続いた（シンポ終了後に、会場にいたＮＨＫ職員から匿名でメキキネットのメルマガへの投稿もあった）。その後、メキキネットは一〇日にＮＨＫへ申入書をもっていき、また日放労の関係者と面談の場をもった。申入書の回答は一ヶ月以内としたが、いま全国で広がっている申入れへのＮＨＫ回答を見る限り、その内容自体は期待できない。またメキキネットではこの問題をめぐって三年前から企画してきた出版計画（一葉社）を、一気に進めることにした。

こうした行動にどれだけ実際的な効果があるかは分からない。しかしそうした地道な行動の積み重ね抜きに、この番組改変問題の風化をくいとめ、問題の「原点」へと引き戻すことはできないだろう。

（『ＶＡＷＷ‐ＮＥＴジャパン・ニュース』二〇〇五年一・二月合併号に収録）

第Ⅳ部　連帯

海外からのメッセージ・1

責任という問題

「女性国際戦犯法廷」首席検事　ウスティニア・ドルゴポル

＊

メディアや政治家たちが、「慰安婦」が正義を得られるようにしようとするＶＡＷＷ－ＮＥＴジャパンの努力の足をすくおうとしつづけているのには、非常に落胆させられる。「女性法廷」に関するコメントは、「法廷」の基礎となった現実を無視しているように見受けられる。その現実とは、第二次大戦前・中に、アジア太平洋地域中の女性たちが強かんされ、拷問され、殺されるシステムが創出されたこと、このシステムに権限を授けたのが日本の政府と軍隊であったことである。ずっと以前の一九九二年、当時の内閣官房長官が、いくつもの省庁において行われた予備調査の結果について発表した。この発表は以下のように述べる。

かいつまんで申し上げると、慰安所の設置、慰安婦の募集に当たる者の取締り、慰安施設の築造・増強、慰安所の経営・監督、慰安所・慰安婦の衛生管理、慰安所関係者への身分証明書等の発給等につき、政府の関与があったことが認められたということである（一九九二年七月六日）。

日本の歴史を歪め、日本の公共放送が公共の利益に関わる事項を報告する能力を限定しようとする現在の努力は、国際社会にとって重大な懸念事である。日本はいま、安保理常任理事国になろうとしているが、これは世界の安全を維持し平和的解決を促進する義務を課せられた機関である。しかし、その日本が現在行なっている一連の行為は、偽善としか呼びようがない。「慰安婦」について、またNHKに対して行使された影響力について、真実を抑圧しようという日本政府の試みは、基本的人権の侵害であり、日本における法の支配の基盤を揺るがすものである。

いま望まれるのは、日本の報道機関がこの問題をとりあげ、言論と報道の自由が骨抜きにされぬよう確保することだ。日本における民主主義の進歩は、VAWW-NETジャパンのようなグループと同時に報道機関が、公共の利益に関わる問題について公に語る力を保とうとする意思がどれだけあるかにかかっている。これは、「慰安婦」問題のごとく、女性の権利、武力紛争下の女性の処遇、諸国政府が自国の過去の不法な行為に真剣に取り組み意味のある補償を行なう責任といった問題には、特にあてはまるのである。

二〇〇五年二月四日

（豪・フリンダース大学法学部教授〈VAWW-NETジャパン仮訳〉）

海外からのメッセージ・2

嘲笑は許さない！

「女性国際戦犯法廷」国際諮問委員　**アリアン・ブルネ**

＊

みなさんからのメールでこのことを知り、ぞっとしています。すべての日本人にとってこの展開が持つ意味を思うと、悲しさにおそわれます。これほど尊重されないこと、これほど表現の自由がないこと、そして同様に重要な知る権利がこれほど不足していることを。

「女性国際戦犯法廷」国際諮問委員会の一員として、わたしは、「法廷」に関する放送が二〇〇〇年一二月の東京で実際に起きたことを正確に伝えないよう、政治的圧力がＮＨＫにかけられたと聞いてショックを受けています。「法廷」ではインドネシア、東ティモール、中国、南北コリア、マレーシア、フィリピン、台湾、オランダからの六四名のサバイバーが勇気をもって真実を語っただけでなく、この分野の逸材であるロンダ・カプロン（ニューヨーク市立大学）、テオ・ファン・ボーベン（マーストリヒト大学）の両者が法律顧問として、不正を正すため時間と情熱をささげ、ガブリエル・カーク・マクドナルド旧ユーゴ国際刑事法廷元所長が裁判長をつとめました。元日本兵、被害者、専門家、検事のすべてが、この「法廷」の非常に高い市民性に信頼性を与えたのです。そして、先駆的な判決が最終的に下されました。

二〇〇〇年一二月八日から一二日に東京で何が起きたかについて、五年もたたないうちに早くも歴史修正主義的姿勢を持つことはできません。この嘲笑を許すことは、性奴隷制で亡くなった犠牲者への侮辱、彼女たちの記憶に対する侮辱、五〇年もの間耐え難い沈黙の中で抱えてきた真実を語るため名乗り出たサバイバーの勇気への侮辱です。この戦争犯罪における被害者の方たちにとって耐え難いだけでなく、紛争状況下で性暴力が行われるのを見続けている我々すべてにとっても、耐えられるものではありません。また、秘密や嘘のない最善の未来を持つ権利を有し、その確保のため日本の過去の現実を十全に知る必要のある日本の若い世代のためにも見過ごすことはできません。女性たちが軍の性奴隷制のため集められたことはいまや歴史的に証明されており、この真実を否定する人のみが不処罰の永続化を許し、今日ではよく知られているように、現代の戦争で同類の犯罪が繰り返されるのを許すのです。

わたしはVAWW‐NETジャパンの姉妹たちと完全に連帯し、この闘いを続けます。

二〇〇五年二月五日

（カナダ国際NGO「権利と民主主義」女性の権利コーディネーター〈VAWW‐NETジャパン訳〉）

もしもあなたがわたしを助けるためにおいでになったのなら、それは時間の無駄です、
あなたにとってもわたしにとっても。
あなたの解放がわたしの解放とつながるものだからおいでになったのなら、それなら手と手を合わせて働き始めましょう

（一九九八年九月、イスタンブールで行われた「女性の地球的リーダーシップセンター」「イスラム法下の女性たち」のリーダーシップ研修でアイーシャ・イマームが紹介した詩）

●海外からのメッセージ・3

被害者の尊厳を取り戻すために

韓国挺身隊問題対策協議会

「女性国際戦犯法廷」国際実行委員会構成団体

＊

韓国挺身隊問題対策協議会は、NHK番組改ざんの真相を勇気を持って告白された長井さんに敬意を表し、緊急

集会等、この問題の言及に必死に活動されているＶＡＷＷ－ＮＥＴジャパン、そして日本の皆さまに連帯のメッセージを送ります。

二〇〇〇年一二月に東京で開かれた女性国際戦犯法廷を主催した国際実行委員会のメンバーであった挺対協は、この法廷番組改ざんに断固として異議を唱え、真相究明及び、ＮＨＫの責任を追及します。

本日（二月四日）には、日本軍「慰安婦」の被害者であるイ・ヨンスンハルモニがこの世を去りました。今年に入ってまだ一ヶ月足らずだというのに韓国では四人ものハルモニが亡くなりました。（台湾でもお一人、亡くなられています）ハルモニの死をそのまま聞き流すのではなく、もう一度ハルモニたちの人生を想像してみて下さい。彼女たちの慰安所での生活、戦後の沈黙、苦痛の日々。ＮＨＫの番組改ざんは、視聴者に真実を伝えることや関心を持たせることを阻みました。そして何より被害者の尊厳を否定したのです。

ＮＨＫ裁判のため、懸命に活動されてきたＶＡＷＷ－ＮＥＴジャパンの皆さんの努力が、ＮＨＫの内部告発を引き出したと思います。この問題は単に報道規制や知る権利の問題にとどまらず、日本の政治家が介入して事実を歪曲し、加害の歴史を正しく見つめなおすことを制止した重大な問題であります。戦後六〇周年である今年、日本国内で戦後補償問題、日本軍性奴隷制問題解決のために活動している団体、女性団体、また研究者や一般市民が団結して、日本の過去清算を要求し、正義の実現のための活動が発展していくことを望みます。そして挺対協も韓国で出来る限りの活動をしていきます。

二〇〇五年二月四日

海外からのメッセージ・4

メディアに対する政治介入と日本軍性奴隷制を裁いた民衆法廷への嫌がらせについて

アジア太平洋女性・法律・開発フォーラム

*

私たちは、日本の公共放送NHKが二〇〇一年一月三〇日に放映した、二〇〇〇年に開かれた「女性国際戦犯法廷」を扱った番組に対して、日本政府が介入し、昭和天皇の有罪判決を含めて、この法廷に関する基本情報が「編集」されたことに対し、深く憂慮しています。この事実は最近になって明らかになったものです。政府のこの介入は日本国憲法が保障する表現と報道の自由に対する侵害です。

さらに、メディア関係者やジャーナリストの一部が、この性奴隷制被害者の正義のために活動し、法廷を共催したVAWW‐NETジャパンに対して嫌がらせを行なったと知って、私たちはひどく憤慨しています。メディアと政治家のこのような不理解や誤った認識の根本原因は、日本政府がこの戦時性奴隷制に対する自らの責任について否定的姿勢をとり、日本が批准してきた人権諸条約に対する責務を回避していることにあります。

「日本軍性奴隷制を裁く女性国際戦犯法廷」は戦時性奴隷制の被害者に正義をもたらそうと、市民社会のグループが二〇〇〇年一二月に開きました。国際的に活躍されている法律家らが判事、検事、法律顧問として法廷に参加し、人権活動家や専門家らが数々の証言や証拠資料を法廷に提出しました。その判決は当時の国際人権・人道法、国際慣習法、また当時日本が加盟国であった、戦争に関する国際条約に基づいて出されました。この法廷と判決の大きな意義は国際的に認知され、国連人権委員会や国際労働機関、女性差別撤廃委員会の報告書などでもふれられています。

私たちは、日本政府がメディアの独立と表現の自由を保障するよう強く求めます。そのために、NHKと日本政府はNHKに対する政治介入について迅速で十全な調査を行なうよう強く要求します。そして再度、日本政府に、当時の国際法に違反するこの戦時性奴隷制の責任を十分に認め、その被害者に対する賠償を実施することにその努力を向けるよう求めます。

第Ⅴ部　資料

●———資料・1　　VAWW-NETジャパン編

女性国際戦犯法廷の開廷に至るまで

1　「慰安婦」問題の1990年代——その１〈真相究明と謝罪を求めて〉

1990・1　尹貞玉さんが、韓国紙「ハンギョレ新聞」に「挺身隊取材記」を連載。

・5　盧泰愚韓国大統領の訪日韓国女性団体「挺身隊」(＝「慰安婦」を指す) 問題解決の声明を出す。

・6・6　**日本政府官僚、国会で「(「慰安婦」) は民間業者が連れ歩いた」と答弁。**

・10　のちに韓国挺身隊問題対策協議会（以下、「挺対協」と略記）を結成（同年11月）する女性団体が日本政府に「公開書簡」を送る。

1991・8　**韓国の「慰安婦」被害者金学順さん名乗り出る。**

・12　**金さんら３人の「慰安婦」が、東京地裁へ「補償」を求めて提訴。**

1992・1　吉見義明教授が軍関与資料を発見したことが報道される。

・1　**日本政府、軍関与を認める。**宮沢喜一首相（当時)、訪韓時に謝罪。被害者の名乗り出が続く。

・7　日本政府、第一次調査報告を発表。

1993・2　挺対協が国連人権委員会に審議を申し入れる。国際公聴会でオランダ人、南北朝鮮等の被害者が証言。

・6　ウィーン人権会議で論議——「性奴隷制……等武力紛争下の女性の権利へのすべての侵害について、効果的な対応が必要」。

・8　**第二次調査報告。河野官房長官、談話で強制性をみとめ謝罪。**
「慰安所における生活は、強制的な状況下での痛ましいものであった。……当時の朝鮮半島はわが国の統治下にあり、その募集、移送、管理等も、甘言、強圧による等、総じて本人たちの意思に反して行われた」と強制性をみとめ、「当時の軍の関与の下に、多数の女性の名誉と尊厳を深く傷つけた」と「お詫びと反省」。

・8　第１回アジア連帯会議フィリピンで運動体結成。その後、続々とア

ジア各国で被害者が名乗り出る運動体が結成される。その間も提訴つづく。韓国、フィリピン、在日韓国人、オランダ、中国、台湾の被害者。

1995・7　日本政府は「女性のためのアジア平和国民基金」を立ち上げ、道義的責任として被害女性に民間募金による「償い事業」を開始。被害者の求める「補償」は回避。

2 「慰安婦」問題の1990年代——その2 〈新たな流れ－責任者処罰〉

1993～1994　**旧ユーゴ・ルワンダの国際戦犯法廷**——強かんを「人道に対する罪」の定義の中で個別の罪として独立に記載・起訴。

1994・2　韓国の被害者と挺対協が責任者の処罰を求めて東京地検に告訴・告発（受理されず）。

〈処罰対象〉①軍「慰安婦」制度を企画・立案しこれを執行するよう指示・命令した重要な軍人、②「慰安婦」を暴行及び脅迫、欺罔によって募集することに大きな役割を果たした指揮者と民間人業者、③その慰安所を管理・運営した部隊の責任者。末端の将兵の処罰は想定せず。

＊性暴力の責任者処罰に関する世界の動き。

1995・9　**北京世界女性会議・行動綱領**「武力紛争下の強かんは戦争犯罪」「戦時中の女性に対する強かん、……性奴隷制についての①十全な真相究明、②**女性に対する戦争犯罪に責任のあるすべての犯罪者の訴追**、③被害者への十全な補償（フル・リドレス）」。

1996・2　「女性への暴力特別報告官」報告（**クマラスワミ報告**）——個人補償の実現、資料の開示、公的謝罪、歴史教育、責任者処罰を日本政府に勧告。4月に国連で「業績を歓迎し、報告に留意」との表現で採択。

3 女性国際戦犯法廷の開廷に至るまで

1996・12　「新しい歴史教科書をつくる会」発足。教科書から「慰安婦」記述の削除を求める。年末から97年にかけ「つくる会」への抗議相次ぐ。

1997・2	姜徳景（韓国の被害者）さんが、「責任者を処罰せよ」という絵を遺して死去（124頁に掲載）。
・秋	**「戦争と女性への暴力」国際会議**（東京、20ヵ国40人が参加）開催。VAWW-NETインターナショナル結成。
1998・4	松井やより（VAWW-NETジャパン代表）が、国連人権委員会（ジュネーブ）において開いたＮＧＯフォーラム（「武力紛争と女性」）で女性国際戦犯法廷を提案し、世界の賛同を得る。 **第５回アジア連帯会議（ソウル）で「女性国際戦犯法廷」を提起し、決議に盛り込まれる。**
・6	VAWW-NETジャパン正式発足。
・7	常設的な法廷として**国際刑事裁判所設立規程**で合意（賛成120、反対７、棄権21。2003年60ヵ国の批准で発効）。戦時性暴力の国際犯罪化が規程に明記されたのは女性法律家・人権活動家の世界的ネットワーク「ICCにジェンダー正義を求める女性コーカス」の働きによる成果。
・8	国連人権委員会差別防止・少数者保護小委員会に**マクドゥーガル報告書提出**――①「慰安婦」制度の責任者処罰、②被害者個人への国家補償。
1999・2	ソウル会議で**法廷の国際実行委員会が結成される。** ＊加害国と被害国（韓国、フィリピン、中国、台湾、北朝鮮、インドネシア＝呼びかけを含む６ヵ国）、国際諮問委員会の三者により構成。ほか法律顧問を設ける。 ＊「法廷憲章」作成を合意。
・6	韓国・ソウルで国際実行委員会開催。被害国６ヵ国と日本がそれぞれ検事団を選任・起訴状をまとめることで合意。
2000・3	中国・上海で「慰安婦」問題国際シンポジウム開催。国際検事団会議も行われる。 ＊北朝鮮がはじめて検事団会議に参加する。
・5	VAWW-NETジャパン調査チーム（日本人のみ）が訪朝。
・5	＊インドネシア、検事団への参加決定。
・6	南北首脳会談（金大中大統領－金正日軍事委員長）。
・7	フィリピン・マニラ国際検事団会議・国際実行委員会開催。

＊「法廷憲章」採択――個人の刑事責任と国家の責任の両方を裁く。国際法の原則、人間の良心、ジェンダー正義に照らした判決。

＊韓国から北朝鮮に南北統一起訴状作成、提起する。

＊東チモールが国際会議に参加。

・9　台湾・台北で国際検事団会議・国際実行委員会開催。

＊各国が起訴状をもちより、それをもとに首席検事が共通起訴状をまとめる。

＊正式に南北コリア検事団結成（検事団長は韓国の朴元淳弁護士）。

＊東チモールの検事団、参加決定。

＊マレーシア、検事として参加決定。

・10　首席検事の共通起訴状と各国検事団の起訴状および「宣誓供述書」（証拠文書、口述書とその英訳）をオランダ・ハーグの裁判官会議に提出。

2000・12／8～12　女性国際戦犯法廷を開廷。

法廷は、8ヵ国（地域）から64人の被害者、南北コリア・中国・台湾・フィリピン・インドネシア・オランダ・東チモール・マレーシアの9ヵ国・地域の各国検事団と首席検事2人、判事5人（内1名欠席）他で構成（「女性国際戦犯法廷の構成」45頁参照）。

2001・12　オランダのハーグで最終判決法廷開催。

●――資料・2　VAWW-NETジャパン編

2000年「女性国際戦犯法廷」日程

12月7日(木)　会場・九段会館

18：30　前夜祭

12月8日(金)　会場・九段会館

10：30　開廷の言葉（国際実行委員会）
　　　　開廷宣言（首席判事）
10：55　冒頭陳述（首席検事）
11：40　アミカス・キュリエ（今村嗣夫）
12：20　各国発表　南北コリアⅠ
13：10　休廷（昼食）
14：40　各国発表　南北コリアⅡ
17：20　専門家証言：日本軍の構造（林博史）
18：00　休廷

12月9日(土)　会場・九段会館

10：10　開廷
　　　　専門家証言：天皇の責任（山田朗）
11：35　各国発表　中国
13：20　休廷（昼食）
14：40　各国発表　フィリピン
16：20　専門家証言：「慰安婦」制度（吉見義明）
17：40　各国発表　台湾
18：50　休廷
　　　　～ビデオ上映会

12月10日 (日)	会場・九段会館

10：15　各国発表　マレーシア
10：40　各国発表　オランダ
11：35　各国発表　インドネシア
13：00　休廷（昼食）
14：30　専門家証言：トラウマとＰＴＳＤ（レバ・ムラジェノビッチ）
14：55　日本検事団：日本の国家責任
15：15　専門家証言：国際法における国家責任(フリッツ・カルスホーベン)
15：45　各国発表　東チモール
16：25　各国発表　日本：日本人「慰安婦」(藤目ゆき専門家証言)
17：00　元日本軍兵士証言
17：40　アミカス・キュリー（鈴木五十三・藤谷邦雄）
18：05　首席検事最終報告
18：55　休廷
～アジア文化の夕べ

12月11日 (月)	会場・九段会館

「現代の紛争下の女性に対する犯罪」国際公聴会

12月12日 (火)	会場・日本青年館

10：00　判決の概要
13：00　記者会見・デモ・国会議員訪問

●――――資料・3　　VAWW-NETジャパン編

1990年以降の日本政府による「慰安婦」問題等への公約・公的発言年表

主に1990年代以降の日本政府首脳による「慰安婦」問題（●)、「植民地支配、侵略戦争」などへの責任を認める発言・談話（◆)、国際的な動き(＊)を収録した。

〈1972年〉

◆９月、日中共同宣言（田中角栄首相―周恩来国務院総理)「日本側は、過去において日本国が戦争を通じて中国国民に重大な損害を与えたことについての責任を痛感し、深く反省する。」

〈1990年〉

＊５月、盧泰愚韓国大統領が来日。６月、日本政府官僚の「慰安婦」問題への軍関与否定発言をきっかけに「慰安婦」問題が浮上。

〈1991年〉

＊８月、韓国の金学順さんが、初めて「慰安婦」制度の被害者であると名乗り出る。

〈1992年〉

＊１月、宮沢喜一首相訪韓を前に、軍関与を立証する資料が発見されたとの報道。

●１月13日、加藤紘一内閣官房長官、「(「慰安婦」制度への）軍の関与は否定できない」と談話発表、一転して軍関与を認める。

●７月６日、日本政府、「慰安婦」問題に関する第一次調査結果発表。加藤紘一内閣官房長官、「……**慰安所の設置、慰安婦の募集に当たる者の取締り、慰安施設の築造・増強、慰安所の経営・監督、慰安所・慰安婦の衛生管理、慰安所関係者への身分証明書等の発給等につき、政府の関与があったことが認められたということである**。……政府としては、国籍、出身地の如何を問わず、いわゆる従軍慰安婦として筆舌に尽くし難い辛苦をなめられた全ての方々に対し、改めて衷心よりお詫びと反省の気持ちを申し上げたい。また、このような過ちを決して繰り返してはならないという深い反省と決意の下に立って、平和国家としての立場を堅持するとともに、未来に向けて新しい日韓関係及びその他の

アジア諸国、地域との関係を構築すべく努力していきたい。」と表明。

〈1993年〉

＊「慰安婦」問題のアジアへの広がり。

＊ウィーン世界人権会議で「女性の人権」がはじめて明記。

●8月4日、日本政府、「慰安婦」問題に関する第二次調査結果発表。河野洋平内閣官房長官、談話で「今次調査の結果、長期に、かつ広範な地域にわたって慰安所が設置され、数多くの慰安婦が存在したことが認められた。慰安所は、当時の軍当局の要請により設営されたものであり、慰安所の設置、管理及び慰安婦の移送については、旧日本軍が直接あるいは間接にこれに関与した。慰安婦の募集については、軍の要請を受けた業者が主としてこれに当たったが、その場合も、甘言、強圧による等、本人たちの意思に反して集められた事例が数多くあり、更に、官憲等が直接これに加担したこともあったことが明らかになった。また、慰安所における生活は、強制的な状況の下での痛ましいものであった。

なお、戦地に移送された慰安婦の出身地については、日本を別とすれば、朝鮮半島が大きな比重を占めていたが、当時の朝鮮半島はわが国の統治下にあり、その募集、移送、管理等も、甘言、強圧による等、総じて本人たちの意思に反して行われた。

いずれにしても、本件は、当時の軍の関与の下に、多数の女性の名誉と尊厳を深く傷つけた問題である。政府は、この機会に、改めて、その出身地のいかんを問わず、いわゆる従軍慰安婦として数多くの苦痛を経験され、心身にわたり癒しがたい傷を負われたすべての方々に対し心からお詫びと反省の気持ちを申し上げる。また、そのような気持ちを我が国としてどのように表すかということについては、有識者のご意見なども徴しつつ、今後とも真剣に検討すべきものと考える。

われわれはこのような歴史の真実を回避することなく、むしろこれを歴史の教訓として直視していきたい。われわれは、歴史研究、歴史教育を通じて、このような問題を永く記憶にとどめ、同じ過ちを決して繰り返さないという固い決意を改めて表明する。」

◆8月10日、細川護熙首相、「侵略戦争」発言。

◆11月6日、細川護熙首相、日韓首脳会談（金泳三大統領）で、日本語の強制使用、創氏改名、慰安婦、強制連行など具体的な歴史事実を挙げて「わが国の植民地支配によって、耐え難い苦しみと悲しみを経験されたことについて、加害者として心から反省し、深く陳謝したい」と表明。

〈1994年〉

＊９月、北京世界女性会議、行動綱領に性奴隷制度被害に関し「真相究明、加害者処罰、十全な補償」盛り込まれる。

〈1995年〉

◆８月15日、村山富市首相、「戦後50周年の終戦記念日にあたって」(村山談話)「わが国は、遠くない過去の一時期、国策を誤り、戦争への道を歩んで国民を存亡の危機に陥れ、植民地支配と侵略によって、多くの国々、とりわけアジア諸国の人々に対して多大の損害と苦痛を与えました。私は、未来に過ち無からしめんとするが故に、疑うべくもないこの歴史の事実を謙虚に受け止め、ここに改めて痛切な反省の意を表し、心からのお詫びの気持ちを表明いたします。また、この歴史がもたらした内外すべての犠牲者に深い哀悼の念を捧げます。」

〈1996年〉

＊クマラスワミ「女性に対する暴力」特別報告者、国連人権委員会に「戦時下軍隊・性奴隷制に関する報告」提出、日本政府に法的責任求める。

●８月～、女性のためのアジア平和国民基金（アジア女性基金）「償い金」支給事業において、「償い金」を受け取った女性を対象に「首相の手紙」を送付（手紙に署名した歴代総理は橋本龍太郎、小渕恵三、森喜朗、小泉純一郎）：「いわゆる従軍慰安婦問題は、当時の軍の関与の下に、多数の女性の名誉と尊厳を深く傷つけた問題でございました。私は、日本国の内閣総理大臣として改めて、いわゆる従軍慰安婦として数多の苦痛を経験され、心身にわたり癒しがたい傷を負われたすべての方々に対し、心からおわびと反省の気持ちを申し上げます。

我々は、過去の重みからも未来への責任からも逃げるわけにはまいりません。わが国としては、道義的な責任を痛感しつつ、おわびと反省の気持ちを踏まえ、過去の歴史を直視し、正しくこれを後世に伝えるとともに、いわれなき暴力など女性の名誉と尊厳に関わる諸問題にも積極的に取り組んでいかなければならないと考えております。」

〈1998年〉

＊７月、国際刑事裁判所（ICC）ローマ規程成立。

＊８月、マクドゥーガル戦時・性奴隷制特別報告者「武力紛争下の組織的強かん、性奴隷制等に関する最終報告」、国連人権委員会差別防止・少数者保護小委員会で採択。

◆10月８日、日韓共同宣言（小渕恵三首相－金大中韓国大統領）「両首脳は、日

韓両国が21世紀の確固たる善隣友好協力関係を構築していくためには、両国が過去を直視し相互理解と信頼に基づいた関係を発展させていくことが重要であることにつき意見の一致をみた。

小渕総理大臣は、今世紀の日韓両国関係を回顧し、我が国が過去の一時期韓国国民に対し植民地支配により多大の損害と苦痛を与えたという歴史的事実を謙虚に受けとめ、これに対し、痛切な反省と心からのお詫びを述べた。

金大中大統領は、かかる小渕総理大臣の歴史認識の表明を真摯に受けとめ、これを評価すると同時に、両国が過去の不幸な歴史を乗り越えて和解と善隣友好協力に基づいた未来志向的な関係を発展させるためにお互いに努力することが時代の要請である旨表明した。

また、両首脳は、両国国民、特に若い世代が歴史への認識を深めることが重要であることについて見解を共有し、そのために多くの関心と努力が払われる必要がある旨強調した。」

〈2002年〉

◆９月17日、日朝平壌宣言（小泉純一郎首相－金正日軍事委員会委員長）「日本側は、過去の植民地支配によって、朝鮮の人々に多大の損害と苦痛を与えたという歴史の事実を謙虚に受け止め、痛切な反省と心からのお詫びの気持ちを表明した。」

〈2003年〉

●12月３日、細田博之内閣官房長官、元「慰安婦」の李容洙さん・ベアトリス・トゥアソンさん二名と面会し、「これは父親世代の罪。心から反省しおわびをする」と謝罪した。中山文科相の発言に対しては、「政府の考え方とは違い、理解できない発言だ。政府の政策に変更はない」と話した。同日の会見で細田官房長官は「先の大戦において女性の尊厳と名誉を傷つけた問題で、心からのお詫びと反省の気持ちを表した」と述べた。

〈参考〉外務省ＨＰ，女性のためのアジア平和国民基金ＨＰ，新聞各紙。

●———資料・4　VAWW-NETジャパン編

国連関係諸機関による勧告など

条約機関の最終コメントは該当部分をすべて引用した。特別報告者の報告は重要と思われる部分、勧告にあたる部分を中心に抽出・引用した。ILO条約適用専門家委員会所見はポイントを要約するとともに一部引用した。

【女性差別撤廃委員会最終コメント】

1994年 (A/50/38)

633. 委員会は、日本の報告が他のアジアの諸国からの女性に対する性的搾取及び第二次世界大戦中の女性に対する性的搾取に関する問題を真剣に反映していないことにつき失望の意を表明した。(以下略)

635. ……委員会は、また、日本政府に対し、これらの最近の問題及び戦争に関連する犯罪を取り扱うため具体的かつ効果的な措置をとること及びその措置につき次回の報告で委員会に報告することを勧奨する。

2003年 (CEDAW/C/2003/II/CRP. 3/Add.1/Rev. 1)

25. ……いわゆる「従軍慰安婦」の問題に関しては、第2回・3回報告の審議以前、以後にとられた措置について、締約国が提供した包括的な情報を評価しつつ、委員会は、この問題についての懸念が継続していることに留意する。

26. ……委員会は、締約国がいわゆる「従軍慰安婦」問題を最終的に解決するための方策を見出す努力を行うことを勧告する。

【経済的、社会的および文化的権利に関する委員会最終コメント】

2001年 (E/C. 12/1/Add. 67)

26. 当委員会は、アジア女性基金による戦時中の「慰安婦」への補償の申し出に対して懸念を有している。この基金は民間資金を中心とし、対象となる女性にとって十分な補償とは考えられない。

53. 当委員会は、日本が「慰安婦」を代表する組織との間で、遅きに失しないうちに犠牲者の期待に添う補償方法について十分な協議を行うよう強く勧告する。

【ラディカ・クマラスワミ女性対する暴力、その原因と結果に関する特別報告者の報告】

1995年　予備報告書（E/CN. 4/1995/42）

291. 第二次大戦後約50年が経過した。しかし、この問題は、過去の問題ではなく、今日の問題とみなされるべきである。それは、武力紛争時の組織的強かんおよび性奴隷を犯した者の訴追のために、国際的レベルで法的先例を確立するであろう決定的な問題である。象徴的行為としての補償は、武力紛争時に犯された暴力の被害女性のために補償による救済への道を開くであろう。

1996年　日本軍「慰安婦」問題報告書（E/CN.4/1996/53/Add. 1)※1

137. 日本政府は以下を行うべきである。

a．第二次世界大戦中に日本帝国軍によって設置された慰安所制度が国際法の下でその義務に違反したことを承認し、かつその違反の法的責任を受諾すること。

b．日本軍性奴隷制の被害者個々人に対し、人権および基本的自由の重大侵害被害者の原状回復、賠償および更正への権利に関する差別防止少数者保護小委員会の特別報告者によって示された原則に従って、賠償を支払うこと。多くの被害者がきわめて高齢なので、この目的のために特別の行政審査会を短期間内に設置すること。

c．第二次世界大戦中の日本帝国軍の慰安所および他の関連する活動に関し、日本政府が所持するすべての文書および資料の完全な開示を確実なものにすること。

d．名乗り出た女性で、日本軍性奴隷制の女性被害者であることが立証される個々人に対して、書面による公式謝罪をなすこと。

e．歴史的現実を反映するように教育カリキュラムを改めることによって、これらの問題についての意識を高めること。

f．第二次大戦中に慰安所への募集および収容に関与した犯行者をできる限り特定し、かつ処罰すること。

1998年　国家による暴力報告書（E/CN. 4/1998/54)※1

38. 日本政府は、「慰安婦」に対する過去の暴力問題を扱う歓迎すべき努力をした。日本政府と歴代首相が自責の念を表明し、元「慰安婦」に謝罪した。「アジア女性基金」という民間基金が個々の被害者に200万円支給した。100人以上の被害者が基金の受け取りを申し入れ、約50人が現に償い金を受け取った。基金は、元「慰安婦」

がいても、文化的理由で名乗り出ることのできない国では、高齢女性を援助する試みを行っている。日本政府は「アジア女性基金」の医療福祉事業に政府予算から７億円を提供した。国民の関心を高める努力を行い、学校教科書にこの悲劇を掲載して、将来繰り返すことのないようにしている。しかし、日本政府は法的責任を認めていない。おそらく国内裁判所での６件の裁判の判決を待っているのであろう。

2001年　武力紛争下において国家により行われた、または容認された女性に対する暴力報告書（1997-2000)(E/CN.4/2001/73)

要旨

（略）第二次世界大戦中の日本の軍性奴隷制の加害者の不処罰が続いていることは、加盟国が依然として過去における強かんおよび性暴力の行為の責任者を調査し、訴追し、処罰することを怠っている数多くの実例の一つにすぎない。（以下略）

Ⅰ．日本：「慰安婦」裁判の進展

92．（略）1996年の報告で本特別報告者が行った一連の勧告や、人権の促進と保護に関する人権小委員会の特別報告者が、武力紛争下の組織的強かん、性奴隷制および奴隷制類似慣行に関する最終報告書の付属文書で示した勧告に関しても、これを実施する試みはまったくなされていない。

（93.アジア女性基金について、94―95.下関判決を含む、「慰安婦」裁判の状況）

96．2000年12月、日本の「慰安婦」制度の被害者に対する補償を日本政府が拒否し続け、加害者の不処罰が続いていることに光をあてるため、女性団体は「日本軍性奴隷制を裁く女性国際戦犯法廷」（2000年東京法廷）を開催した。南北コリア、フィリピン、インドネシア、東ティモール、中国、オランダに在住する「慰安婦」の詳しい証拠が集められ、ついに記録として入手可能となった。これらの証拠は国際検事団が著名な人物からなる国際判事団に提出した。判事団による認定の概要は日本政府の法的責任および犯罪の加害者を処罰するプロセスの設置の必要性を再度確認するものだった。しかし、日本政府は出廷していなかった。

2003年　最終報告書付属文書１（E/CN.4/2003/75/Add.1)※２

1043.（略）日本政府はいまだに第二次世界大戦中、軍性奴隷として捉えられた「慰安婦」に対する法的責任を受け入れていない。日本政府はまた、そのような犯罪の責任ある加害者の多くを処罰していない。

【ゲイ・J・マクドゥーガル武力紛争下の強かん、性奴隷制および奴隷類似慣行に関する特別報告者の最終報告】

1998年 (E/CN. 4/Sub. 2/1998/13)※3

第6章　救済措置、第3節　勧告

63. (略) 国連は、「慰安所」に関与して生存している責任者を探し出し、訴追する義務を日本に完全に果たさせることと、同様に他の諸国が、日本以外の裁判管轄権内で加害者の逮捕と訴追を援助するため、あらゆる手段を講じることを保障する義務がある。(以下略)

65. 「アジア女性基金」がいかなる意味でも法的賠償にあたらない以上、前述の損害賠償を支払うための行政基金を、適切な資格のある外国代表も加えて設置しなければならない。その実現を目指して国連人権高等弁務官は、日本政府とともに、「慰安婦」に対して公式に金銭補償を提供できるような適切な補償計画を迅速につくるため、政策決定権を与えられた国内外の指導者からなる専門委員を任命すべきである。(以下略)

第7章　結論

68. 本報告書の結論として、日本政府は、人権法と人道法に対する重大な責任があり、その違反は全体として人道に対する罪に相当する。(以下略)

69. 戦争終結から半世紀以上たってもこうした請求の問題が解決できていないことは、女性の生命がいまだにいかに過小評価されているかを示す証拠である。(中略) 今や日本政府は、十分な救済のために不可欠な決定的措置をとる責任がある。

2000年 (追加報告) (E/CN. 4/Sub. 2/2000/13)※3

第6章　第2次世界大戦中の日本の軍事的性奴隷制に関する発展

71. 性奴隷制が記録されたケースでもっともひどい事件の1つは、第二次世界大戦中の日本帝国軍が関連した強かん収容所の制度であった。特別報告者の任務を創設する主なきっかけとなったのも、アジア全域のいわゆる「慰安所」で奴隷とされた20万人以上の女性と少女に対する被害の実態と性格について国際的な認識が高まったことであった。(以下略)

72. いわゆる「慰安婦」に対して犯された蹂躙行為は、大部分は救済されないままである。被害者にはなんの賠償もなされていない。公式賠償もなく、法的責任の公的認知もなく、訴追もされていない。(中略) それゆえ、日本政府は国際法のもと

での義務を十分に果たしていない。

【ILO条約適用専門家委員会（CEACR）所見】

1996年３月

- 慰安婦は性奴隷であり、強制労働条約違反。
- 委員会は救済を命ずる権限がないので、補償、賃金の救済を日本政府が行うよう希望。

1997年３月

- 小委員会での議論を検討、戦時適用除外を否定し条約違反と結論。
- 強制労働の不法な強要は刑事犯罪として処罰すべきでそれは加盟国の義務である。
- アジア女性基金の活動に留意。

1999年３月

アジア女性基金で解決していないとの労働組合の報告、下関判決を引用、マクドゥーガル報告に注目し、「委員会は政府に速やかに措置を講じるよう、また被害者に補償するために裁判所の判決に沿って、あるいは他の方策を講じて応えることを要望する。年を追うごとにこの問題の解決はさらに急を要してきている」。

2001年３月

法的に補償問題は条約によって解決済みと認める。各国労組の反対意見も紹介し、マクドゥーガル報告の見解も留意。「日本政府が請求者および請求者を代表する団体との協議のうえ、遅きに失しないうちに犠牲者の期待にかなうような方法で犠牲者に補償する他の方策を見いだすことを望む」。

2002年３月

個人の請求権問題について、1992・８・27柳井外務省条約局長答弁、原爆裁判、シベリア抑留者補償請求訴訟の日本政府答弁を紹介した全造船労組の報告に注目、個人の請求権問題と「慰安婦」・強制労働被害者からの請求に答えるためにとった措置を詳しく報告するよう希望。

2003年３月

- 個人請求権の法的根拠に関して、条約、日本政府の過去の発言、国連人権機関の報告（マクドゥーガル報告、クマラスワミ報告）、女性国際戦犯法廷判決、日米裁判所の答申と判決を詳細に引用。個人の請求権の法的根拠について「本委員会としては疑問のままとする。日本政府の見解は必ずしも独立の専門家に指示されていないことを注記する」とした。2000年の所見で日本政府の主張は正しいと述べたが、請求権についてのコメントは避けたと付記。
- 二国間条約・多国間条約の法的効果はILOの権限外であり、性奴隷について最終的な申し立てをすることはできないし、しないと再確認。将来的に日本政府が被害者の期待に応えることを希望すると繰り返し言明。「総会委員会は三者間ベースでこの事柄を考慮したいと願うかもしれない」。

2004年３月

前回の結果を繰り返し、総会委員会で議題にならなかったことに言及。

※１　クマラスワミ報告書研究会「女性に対する暴力」2000年、明石書店の訳を引用。

※２　VAWW-NETジャパン翻訳チーム「女性対する暴力をめぐる10年」2003年、明石書店の訳を引用。

※３　VAWW-NETジャパン「戦時性暴力をどう裁くか」2000年、凱風社の訳を引用。

（2005年１月30日現在）

●―――資料・5

女性国際戦犯法廷を知るためのブック・ビデオガイド

〈法廷をもっと知るために〉

◆VAWW-NET Japan編『日本軍性奴隷制を裁く2000年女性国際戦犯法廷の記録（全6巻)』緑風出版

○第1巻『戦犯裁判と性暴力』（内海愛子・高橋哲哉責任編集）

○第2巻『加害の精神構造と戦後責任』（池田恵理子・大越愛子責任編集）

○第3巻『「慰安婦」・戦時性暴力の実態Ⅰ――日本・台湾・朝鮮編』(金富子・宋連玉責任編集）

○第4巻『「慰安婦」・戦時性暴力の実態Ⅱ――中国・東南アジア・太平洋編』（西野瑠美子・林博史責任編集）

○第5巻『女性国際戦犯法廷の全記録Ⅰ』【法廷審理の克明なドキュメント】（松井やより・西野瑠美子・金富子・林博史・川口和子・東澤靖責任編集）

○第6巻『女性国際戦犯法廷の全記録Ⅱ』【起訴状・ハーグ判決文全文】（松井やより・西野瑠美子・金富子・林博史・川口和子・東澤靖責任編集）

◆VAWW-NETジャパン編『Q＆A女性国際戦犯法廷――「慰安婦」制度をどう裁いたか』明石書店

◆VAWW-NETジャパン編『裁かれた戦時性暴力――「日本軍性奴隷制を裁く女性国際戦犯法廷」とは何であったか』白澤社

◆VAWW-NET Japan編訳／松井やより・前田朗解説『戦時性暴力をどう裁くか――国連マクドゥーガル報告全訳』（増補新装2000年版）凱風社

◆THE WOMEN'S INTERNATIONAL WAR CRIMES TRIBUNAL JUDGEMENT（判決英語全文）

◆VAWW-NETジャパン『日本軍性奴隷制を裁く「女性国際戦犯法廷」意見書・資料集』(「法廷」提出の専門家意見書、慰安所マップ、判決要旨ほか収録)

◆VAWW-NETジャパン『「女性国際戦犯法廷」――世界と日本の報道から』（国内外の報道記事の切り抜き集）

◆『VAWW-NETジャパン・ニュース』2001年1月号「女性国際戦犯法廷」報告特集号（2001年1月号以外のニュースバックナンバーは各100円）

◆VAWW-NETジャパン編『ここまでひどい！「つくる会」歴史・公民教科書』明石書店

〈法廷を映像で観るために〉

◆ビデオ「沈黙の歴史をやぶって――女性国際戦犯法廷の記録――」（VHS日本語版64分・英語版68分）――個人価格5000円・ライブラリー価格20000円

※英語版はNTSC方式とPAL方式のビデオがあります。御注文の際には方式の別を明記して下さい。

◆ビデオ「ハーグ最終判決」（VHS日本語版・英語版ともに33分）――個人価格4000円・ライブラリー価格20000円

◆ビデオ　ダイジェスト版「女性国際戦犯法廷」の記録――（VHS日本語版21分）――個人価格3000円・ライブラリー価格20000円

◆ビデオ『日本の「慰安婦」問題』（VHS日本語版11分）――個人価格3000円・ライブラリー価格20000円

〈購入案内〉

ご希望の方は書名・冊数・送り先等必要事項をご記入のうえ、VAWW-NETジャパンまでFAXまたは郵送でお申込みください。

VAWW-NETジャパン

〒112-0003　東京都文京区春日１－16－21　文京春日郵便局留

TEL&FAX03-3818-5903　E-mail vaww-net-japan@jca.apc.org

姜 徳 景
「責任者を處罰しろ——平和のために」

あとがき

今年（二〇〇五年）一月の朝日新聞のスクープ以来、あれほど日本社会をにぎわせたＮＨＫ番組政治圧力問題は、真相の解明がなされないままどこかに追いやられようとしています。しかし、事件は何一つ解決していません。ＮＨＫのコンプライアンス「調査結果報告書」も真実に向き合うものではありませんでした。私たちは、この問題を「何事もなかった」として終わらせることはできません。いえ、終わらせてはならないのです。

最近も安倍氏は全国地方議員の「日本大勉強会」で、この問題は安部氏や中川氏を葬ろうとする「政治的なテロ」であり、「朝日新聞の捏造記事」「朝鮮総連と地下水路でつながっている勢力がみなグルになって仕掛けてきた行為」といった誹謗・中傷発言を行っています。安倍氏ら「日本の前途と歴史教育を考える国会議員の会」の国会議員たちは、中学歴史教科書の「慰安婦」記述を反対し、その記憶を封じることに懸命になってきました。しかし、いくら加害の歴史をなかったことにしようとも、真実を消し去ることはできないのです。過去の過ちを真摯に反省できない国は、アジアどころか国際社会の「信頼」を得ることはできません。

ＶＡＷＷ-ＮＥＴジャパンは、非暴力・平和の社会、女性の人権が確立する社会の実現を目指して運動を続けてきました。ＮＨＫの番組改ざんに対して裁判を起したのも、そうした社会の実現のためにこの問題を曖昧にしてはならないと考えたからです。真実が明らかにされ責任が明確にされるまで、私たちは闘い続けます。

出版に当たっては、「法廷」で日本検事団を担ってくださった川口和子弁護士、東澤靖弁護士、阿部浩己教授、また、メディア論に詳しい吉見俊哉東京大学教授、服部孝章立教大学教授、「メディアの危機を訴える市民ネットワーク」の板垣竜太さん、教科書問題に詳しい「子どもと教科書全国ネット21」事務局長の俵義文さんには多大なご協力をいただきました。この場を借りて心から感謝申し上げます。

また、本書の出版を快く引き受けてくださいました世織書房の伊藤晶宣さんに、心からお礼申し上げます。

二〇〇五年四月

西野瑠美子・金富子

編者紹介――VAWW-NETジャパン

正式名称は［「戦争と女性への暴力」日本ネットワーク］。

1997年に世界20カ国40名の海外参加者を招いて東京で開催された「戦争と女性への暴力」国際会議をへて、翌98年６月に正式に発足。「慰安婦」問題、国家主義と軍事主義、戦争と女性への暴力の３つを柱に、戦争・武力紛争下の女性への暴力根絶と女性の人権の確立を願い、非戦・非暴力・平和な社会の実現をめざして活動。

連絡先・〒112－0003　東京都文京区春日１－16－21 文京春日郵便局留
TEL&FAX：03－3818－5903　E-mail : vaww-net-japan@jca.apc.org
ホームページ：http : //www.jca.apc.org/vaww-net-japan
郵便振替口座：00120 - 3 - 31955　加入者名：VAWW-NET Japan

執筆者一覧

西野瑠美子（VAWW-NETジャパン共同代表）
金　富子（VAWW-NETジャパン運営委員）
池田恵理子（VAWW-NETジャパン運営委員）
渡辺美奈（VAWW-NETジャパン運営委員）
川口和子（弁護士、「女性国際戦犯法廷」日本検事団長）
東澤　靖（弁護士、「女性国際戦犯法廷」日本検事団）
阿部浩己（神奈川大学法学部大学教授、「女性国際戦犯法廷」日本検事団）
吉見俊哉（東京大学社会情報研究所教授）
板垣竜太（同志社大学教員、「メディアの危機を考える市民ネットワーク」事務局）
俵　義文（「子どもと教科書全国ネット21）」事務局長）
服部孝章（立教大学社会学部教授）

ＮＨＫ番組改変と政治介入
〈女性国際戦犯法廷をめぐって何が起きたか〉

2005年６月１日　第１刷発行©

編　者｜VAWW-NETジャパン
発行者｜伊藤晶宣
発行所｜㈱世織書房
組版・印刷所｜㈱マチダ印刷
製本所｜協栄製本(株)

〒220-0042 神奈川県横浜市西区戸部町７丁目240番地　文教堂ビル
電話045(317)3176　振替 00250-2-18694

落丁本・乱丁本はお取替いたします　Printed in Japan
ISBN4-902163-15-2